이기는 선거의 법칙

이기는 선거의 법칙

2021년 9월 10일 초판 인쇄
2021년 9월 15일 초판 발행

지은이 | 정연주
교정교열 | 정난진
펴낸이 | 이찬규
펴낸곳 | 북코리아
등록번호 | 제03-01240호
주소 | 13209 경기도 성남시 중원구 사기막골로 45번길 14
우림2차 A동 1007호
전화 | 02-704-7840
팩스 | 02-704-7848
이메일 | sunhaksa@korea.com
홈페이지 | www.북코리아.kr
ISBN | 978-89-6324-796-0(93340)

값 22,000원

이기는 선거의 법칙

정연주

북코리아

일러두기

1. 이 책은 국회의원선거와 지방선거 출마를 준비하는 정치인이나 선거사무 관계자들이 향후 선거 준비 및 실무에 도움이 되는 내용 위주로 작성했습니다.

2. 공직선거법, 정당법, 정치자금법과 관련된 법원 판례, 헌법재판소 결정, 중앙선거관리위원회의 질의회답, 공직선거 및 정당 · 법규운용자료, 정치관계법사례예시집 등을 참고하여 작성했습니다.

3. 판례, 헌법재판소 결정문, 중앙선거관리위원회 질의회답 및 사례예시집 내용은 요약한 것이므로 자세한 내용을 알고 싶은 분은 원문을 참고하시기 바랍니다.

4. 이 책의 법규명 등은 필요에 따라 다음과 같이 약기했습니다.
   - 공직선거법: 선거법, 법
   - 공직선거관리규칙: 규칙
   - 정치자금법: 정자법
   - 선거관리위원회: 선관위
   - 정치관계사례예시집: 예시집
   - 중앙선거관리위원회 질의회답: 회답

추천사

선거를 '민주주의 꽃'이라고 합니다. 이 꽃을 피우기 위해서는 선거가 깨끗하고 공정하게 치러져야 합니다. 그러기 위해서는 선거에 참여하고 관여하는 정당과 후보자는 물론 유권자, 선관위 등 참여자 모두의 노력이 함께 어우러져야 합니다. 이들 참여자는 각자의 고유영역에서 서로 연계되어 있어 만약 어느 한 곳에 균열이 생기면 선거는 민주주의의 꽃으로 결코 발전할 수 없습니다. 또한 이러한 민주주의 추구목적을 달성하기 위해서는 실천의지가 중요합니다.

먼저 정당 · 후보자는 법을 지키며 공정한 게임을 해야 합니다. 유권자 역시 공명선거의 파수꾼으로 시민의식을 가지고 올바르게 투표권을 행사해야 합니다. 그리고 선관위는 심판자로서 선거를 공정하게 관리해야 합니다.

이 책은 선거관리위원회에서 30여 년간 근무하면서 쌓아온 선거관리 경험과 폭넓은 현장실무지식을 바탕으로 생동감 있게 작성한 선거법의 정석이라 할 수 있습니다. 이른바 선거관리 전문가가 쓴 선거전문 서적으로, 향후 선거의 내비게이션 역할을 하는 데 손색이 없을 것으로 생각됩니다. 공직선거의 양대 축이라 할 수 있는 선거이론과 선거법 실전 분야를 통합 작성하여 차별화를 시도했고, 선거시스템 전체의 균형을 잡아주고자 했습니다.

우선, 이론 편은 심리학, 자기계발서 등 타 분야의 적절한 비유를 통해 이해력을 높이고, 실전 분야와 연계하여 설명한 점이 매우 인상적입니다. 실전 편은 후보자의 신분과 시기별 구분, 선거운동 방법 등을 상세히 기술하여 선거에 입후보하는 참여자가 필요한 부분만 읽어도 쉽게 선거 정보를 얻을 수 있어 큰 도움이 되리라 생각됩니다.

방대한 선거법과 정치자금법 중 가장 기본적으로 습득해야 할 핵심 사항 위주로 일목요연하게 정리한 점에서 독자들에게 매우 유익한 도서이자 교재가 되리라 생각됩니다. 이 책을 통해 후보자 등 정치인은 선거 전체에 대한 안목을 넓히는 계기를 마련하게 될 것이고, 선거 준비와 실전에 체계적으로 대응하게 해줄 것으로 믿습니다. 또한 선거에 관심 있는 독자에게는 우리나라 선거의 작동원리는 물론 선거시스템 전체를 이해하는 데 큰 도움을 줄 것으로 생각됩니다.

김상봉

고려대 행정대학원장, 한국도시행정학회장 역임

들어가며

이길 수 있다고 믿는 사람만 이긴다

"선거를 축제처럼 치르자"라는 구호는 희망사항일 뿐 실제 선거는 외나무다리 위에서 벌이는 처절한 한판 싸움과 같다. 그 싸움은 전쟁과 흡사하다. 싸움에서 이기기 위해서는 준비가 답이다. 《손자병법》 〈군형(軍形)〉 편을 보면 "이기는 군대는 이겨놓고 싸움에 나서고, 지는 군대는 싸움부터 하고 승리를 찾는다"라고 했다. 이를 선거에 대입하면 "이겨놓고 선거를 치르면" 된다. 선거에 출마하는 후보자는 누구나 이기기 위해 출마한다. 하지만 그 준비 방법, 접근 방향 등은 후보자마다 각기 다르다.

그동안 공직선거에 출마했던 많은 정치인을 보면 체계적인 준비 없이 지인들의 조언, 귀동냥 등에 의존하여 선거를 준비하고 치르는 경우가 많았다. 또한 선거법에 대한 기본적인 지식도 없이 선거를 치르다가 신분을 잃는 정치인을 숱하게 목격했다. 이와 같은 전철을 밟지 않기 위해서는 선거법에 대한 이해와 철저한 준비가 필요하다. 즉 당선이라는 목적지까지 제대로 안내하는 선거 내비게이션 또는 최소한의 선거 지도를 장착해야 하는데, 이것이 이 책을 집필하게 된 동기이기도 하다.

4년마다 선거를 치르는 후보자 입장에서는 까다로운 선거법이 부담스럽다. 문제는 한정된 시간 내에 방대한 선거법 내용을 습득하고 체계적으로 준비하기가 어렵다는 것이다. 이는 선거에 출마하는 정치인과 선거사무 관계자 모두의 숙제이고 관심사다. 한 번의 실수는 곧 패배와 직결되므로 철저히 준비하고 대처해야 한다.

방법을 알면 선거가 보이고, 선거를 알면 당선이 보인다. 이 책은 그 방법을 제시할 것이고, 독자는 힌트를 얻을 것이다. 즉 이른 시일 내에 선거 전반에 대한 이해를 높이고, 그와 동시에 실전에 도움을 주는 것이 이 책의 목표다. 총 6장으로 구성되어 있으며, 1장부터 6장까지 각 장은 서로 연결되어 있고 서로 영향을 주기 때문에 연계시켜 설명했다. 그러므로 선거 전반에 대한 맥락을 짚을 수 있다. 1장, 2장 및 3장은 이론 분야로 총론, 서론에 해당하고, 4장, 5장, 6장은 실전 분야로 각론, 본론에 해당한다. 그러므로 이론 편을 통해 기초를 다진 다음, 실전 편을 읽으면 이해가 훨씬 빠를 것이다.

운동경기에서 좋은 기록을 내기 위해서는 선수가 기본 자질을 갖추는 것이 선결조건인 것처럼 선거판에서도 당선을 위해서는 후보자가 일정한 자격을 갖추는 것이 중요하다. 그래서 우선 1장에서는 공직선거 후보자의 자격과 선거에 영향을 미치는 환경 등을 중심으로 서술했다. 그런 다음 가용자원 등을 어떻게 활용할 것인지 큰 틀을 짠 후, 가용자원을 누가 언제 어떻게 무엇을 활용할 것인지 세부적으로 다루었다. 전자가 2장 실행 가능한 선거전략 짜기라면, 후자는 3장 선거시스템 구축 · 운영이다. 2장이 소프트웨어라면, 3장은 하드웨어다. 그리고 2장과 3장은 이 책을 지탱해주는 핵심 요소로 선거판의 키워드이기도 하다. 하드웨어 없는 소프트웨어는 사상누각에 불과하고, 소프트웨어 없는 하드웨어는 고철 덩어리에 불과하다. 2장은 선거전략 개념과 도구 등을 중심으로, 3장은 시스템을 움직이는 조직 등을 중심으로 설명했다.

선거는 표가 팩트다. 정당 · 후보자는 한정된 시간 내에 선거운동을 통해 득표 활동을 해야 한다. 4장은 실전으로, 신분에 따라 어떻게 효율적으로 선거운동을 할 것인지를 중심으로 알아본다. 하지만 당선되어도 반칙해 처벌받으면 신분을 상실할 수도 있다. 그래서 5장에서는 신분에 영향을 주는 중대선거범죄를 중심으로 알아보고, 사건 · 사고를 미연에 방지하기 위한 전략을 다룬다. 운동경기에 비유하면 4장이 일반종목 중 공격이라면, 5장은 수비에 해당한다. 그리고 기업과 개인뿐만 아니라 선거판에서도 돈, 즉 회계는 매우 중요하다. 6장은 선거비용 및 정치자금이라는 특수 종목에 해당하며 수비와 공격을 함께 다룬다. 즉 선거비용제한액 범위 내에서 정치자금을 어떻게 효율적으로 수입 · 지출할 것인지, 어떤 방법으로 선거비용을 지출하여 보전비용을 많이 받을 수 있는지 등에 대해 설명했다.

선거법상 우리나라의 공직선거는 크게 대통령선거, 지역구 · 비례대표 국회의원선거, 지역구 · 비례대표 지방의회의원선거 및 지방자치단체의 장선거로 구분할 수 있다. 선거법은 각 선거별 선거운동 방법 등에 대해 일부 다르게 규정을 두고 있다. 이 책에서는 한정된 지면을 고려하여 공직선거 중 대표적인 선거로 우리의 일상생활에 많은 영향을 미치는 임기만료에 의한 지역구 총선과 시 · 도지사, 기초단체장선거 및 지역구 지방의회의원선거를 중심으로 작성했다. 시 · 도교육감선거는 「지방교육자치에 관한 법률」에서 선거법상 시 · 도지사선거 관련 규정을 대부분 준용하여 그대로 적용하면 된다. 또한 작성범위는 선거법 중 선거인명부, 후보자, 투 · 개표, 당선인 등 절차사무는 제외하고, 선거운동 및 제한 · 금지,

선거비용, 벌칙 분야 등을 중심으로 작성했으며, 정치자금법은 정치자금 수입 · 지출, 정치자금 기부 · 모금 등을 중심으로 작성했음을 밝혀둔다.

이 책은 30여 년간 선관위에 근무하면서 얻은 노하우와 경험, 선거 관계자들의 조언, 자기계발서, 리더십, 심리학, 마케팅 분야 등 풍부한 독서량을 바탕으로 방대한 선거법과 정치자금법 중 정치인 등이 꼭 알아야 할 내용 위주로 압축하여 생동감 있게 작성했다. 특히 3S라 할 수 있는 Simple(단순화), Smart(스마트), Speed(스피드)가 이 책의 전체를 떠받치고 있다. 또한 딱딱한 선거법과 정치자금법을 독자들이 쉽게 이해할 수 있도록 구어체로 작성했으며, 시각적인 효과를 높이기 위해 강조할 사항을 문단 하단에 Tip 박스로 음영 처리했다.

이 책을 통해 공직선거에 출마하는 정치인 및 관계자가 이른 시간 내에 선거에 대한 이론과 실전을 파악하는 계기가 되고, 당선으로 가는 길목에서 디딤돌이 되기를 희망한다. 분명한 것은 이 책을 통해 선거법과 정치자금법을 바라보는 시야를 넓힐 수 있으며, 나만의 마스터키를 발견하게 될 것이다. 그리고 선관위 직원, 선거에 관심이 많은 학생은 물론 일반 독자에게도 선거법과 정치자금법에 대한 기본 지식을 습득하는 데 큰 도움이 되리라 확신한다.

정연주

CONTENTS

CONTENTS

CONTENTS

CONTENTS

CONTENTS

1장.

공직선거 후보자의 자격

'~답게'를 실현하자

'~답게'란 사람이나 사물을 선정하는 기준, 특성이나 자격이 있음, 자신만이 할 수 있는 일 등을 의미하는 접미사로 자주 사용한다. '~답게'는 어떤 요건을 갖추고, 그 자리에 걸맞은 역할을 해야 빛을 발한다. 그 요건으로는 자격(자질)과 전문성 등을 들 수 있다. 사람은 사람답게 살아야 하고, 프로스포츠 팀은 프로답게 경기를 해야 한다. 선거판의 주체인 후보자는 후보자답게, 유권자는 유권자답게 생각하고 행동해야 한다. 또한 지원군인 정당, 선관위 역시 마찬가지다. 그래야 인생이 아름답고, 선거 역시 품격이 높아지고 아름답다. 아름다운 동행, 아름다운 선거는 그 궤를 같이한다. '~답게'를 충족시킬 때 우리는 그 사람을 존경하고, 어떤 행위에 대해 지지와 박수를 보낸다.

선거판을 달구는 후보자, 유권자, 정당, 선관위 등은 각자 당선, 아름다운 선거 등을 위해 '~답게'에 공을 들인다. 하지만 선거환경이 선거판에 영향을 주거나 방해하기도 한다. 때로는 선거판 자체를 바꿔놓기도 한다. 그래도 각자 법을 준수하고 공정하게 관리하여 '~답게'를 실현해야 한다.

선거환경의 주요 변수로는 양대 중심축인 정당의 정치이념과 선거제도를 들 수 있다. 정당의 이념은 보수와 진보로 양분하지만, 중도형, 혼합형 등 다양하다. 정치는 생물인지라 정당은 대표자의 교체 등 정치 상황에 따라 통합(합병) 또는 분화(분당)를 통해 새롭게 태어나기도 하고 소멸되기도 한다. 선거제도는 최상위 법인 헌법과 그 이념을 실현하기 위한 선거법으로 작동된다. 선거법은 지속적인 정치 수요와 정치 현실을 반영하고 새로운 가치를 창출하기 위해 법 개정을 통해 살아있는 법으로 거듭난다.

1장에서는 선거의 특징과 후보자의 자격에 대해 알아본 후, 선거환경에 영향을 주는 변수로는 무엇이 있는지 그리고 선거의 꽃이라 할 수 있는 선거운동의 개념 등을 중심으로 살펴본다.

1.
선거는 결코 축제가 아니다

1) 선거는 전략과 조직 싸움

세상에서 가장 재미있는 구경이 싸움 구경과 불구경이라고 한다. 이 중에서 더 재미있는 구경을 꼽으라면 싸움 구경을 꼽고 싶다. 그 이유는 간단하고 단순하다. 싸움 구경은 싸움이 끝나면 한쪽은 패자로 울지만, 그래도 한쪽은 승자로 웃는다. 반면, 불구경은 불이 꺼지면 재만 남기 때문에 모두가 패자로 운다. 선거 과정을 지켜보는 것은 싸움 구경을 지켜보는 것과 흡사하다. 《전쟁론》의 저자 클라우제비츠(Karl Clausewitz)는 "전쟁은 다른 수단에 의한 정치의 연속"이라고 했다. 이를 선거에 대입하면 전쟁 = 싸움 = 정치 = 선거라는 등식이 성립한다. 후보자는 사각의 링에 오른 격투기 선수처럼 목숨을 걸고 상대와 싸워야 한다. 그리고 싸움에서 이겨야 한다.

싸움에서 이기려면 전략을 잘 짜고, 체력을 단련시켜 근육을 길러야 한다. 선거판[1]도 마찬가지다. 컴퓨터에 비유하면 전자가 선거전략으로 소프트웨어라면, 후자는 선거조직(시스템)으로 하드웨어다. 그 싸움은 현직과 공직선거에 출마를 준비하고 있는 정치신인(이하 '정치신인'이라 함), 기존 출마 경험자 등(이하 '정치신인' 등이라 함)과의 싸움이다. 이 싸움에서 이기려면 방향타라 할 수 있는 선거전략을 잘 짜고, 실행 가능한 선거조직을 구축하여 효율적으로 운영해야 한다. 선거는 전략과 조직 싸움이기 때문이다. 선거전략은 2장에서, 선거조직은 3장에서 다룬다.

Tip 이 책의 작성범위

공직선거 중에서 가장 재미있는 싸움 구경은 지역구 국회의원선거(이하 '총선'이라 함)와 임기만료에 의한 전국동시지방선거(이하 '지선'이라 함) 중 시 · 도지사선거 및 시 · 도교육감선거,[2] 자치구 · 시 · 군의 장선거(이하 '기초장선거'라 함), 지역구 시 · 도의원선거(이하 '광역의원선거'라 함), 지역구자치구 · 시 · 군의원선거(이하 '기초의원선거'라 함)다[이하 '총선 등'이라 함]. 왜냐하면 이들 선거는 학연 · 지연 등이 얽혀있고, 향후 당선자의 역량에 따라 지역경제에 직접적인 영향을 미치기 때문이다. 반면 대통령선거(이하 '대선'이라 함)와 비례대표국회의원선거, 비례대표지방의회의원선거는 선거의 성격, 규모, 당선자 결정 방식 등에서 총선 등과 차이가 있다. 그래서 이 책에서는 한정된 지면을 고려하여 총선 등을 중심으로 작성했다. 그리고 선거법 중 선거인명부, 후보자, 투 · 개표, 당선인 등 절차사무는 제외하고, 선거운동, 선거법위반행위 제한 · 금지, 선거비용 및 벌칙 분야 등을 중심으로 작성했으며, 정치자금법은 정치자금 수입 · 지출, 정치자금 기부 · 모금 등을 중심으로 작성했음을 밝혀둔다.

1 선거가 치러지는 판세, 형국이라 할 수 있다. 선거판의 전체적인 틀을 강조하기 위해 예술 분야에서 차용한 '구도', 후보자의 인지도 등을 분석하기 위해 '판세'라는 용어를 사용하기도 한다.

2 「지방교육자치에 관한 법률」에 의거 공직선거법의 시 · 도지사선거에 관한 규정을 준용하도록 하고 있는데, 이에 대해서는 1장 5. 다. 시 · 도교육감선거 관련 공직선거법 및 정치자금법 준용 등에서 다룬다.

유리한 방향으로 법을 개정하는 경우 등을 들 수 있다. 따라서 정치신인 등은 이를 극복하기 위해 법이 나에게 건네준 원단을 내 몸에 맞게 재단하여 새로운 옷을 입고 싸워야 한다. 그렇지 않으면 거추장스러운 천 조각을 두르고 싸워야 하는 어려움이 있다. 다행히 SNS 플랫폼이 기울어진 운동장을 평평한 운동장으로 바꿔놓는 데 크게 기여하고 있다는 점은 고무적이다.

선거법에서는 후보자가 되려는 사람(이하 '입후보예정자'라 함), (예비)후보자 등에게 시기별 선거운동을 허용하거나 제한 · 금지하고 있다. 하지만 이를 어떻게 운용할지는 각자 천차만별이다. 약자인 정치신인 등이 현실의 장벽을 넘어서기 위해서는 자신만의 무기로 차별화해야 한다. 이 차별화는 돌을 옮길 때 맨손보다는 지렛대나 도르래가 효율적인 것과 같은 선물을 준다. 이는 선거전략이 필요한 이유이기도 하다. 선거전략은 2장에서, 선거운동의 개념, 방법 및 제한 · 금지는 1장 5. 선거법 허들 넘기, 4장, 5장에서 각각 다룬다.

Tip 선거판의 강자 SNS 플랫폼

SNS(Social Network Service)는 신속 · 정확한 쌍방향 정보공유, 유연한 네트워크 구축 등으로 무장한 선거판의 강자다. 바로 카톡, 페이스북, 인스타그램 등의 SNS · 온라인플랫폼(이하 'SNS 플랫폼'이라 함)이다. 이들 매체는 사생활은 물론 관련 산업 전반에 영향을 미치고 있으며, 선거판에서도 막강한 영향력을 행사하고 있다. SNS 플랫폼에 대해서는 4장에서 다룬다.

2.
선거판을 달구는 조직

1) 닉네임이 많은 선거의 주인공, 후보자

후보자는 선거의 주인공이다. 진정한 주인공이 되기 위해서는 선거에서 이겨야 한다. 선거에 이기려면 당연히 싸움꾼이 되어야 한다. 그래서 1장의 제목을 공직선거 후보자의 자격으로 정했다. 이는 후보자의 자격 기준을 제시하고 독자와 공감하고 싶어서다. 당연히 좋은 후보자를 뽑기 위해서다. 뒤에서 설명하겠지만, 후보자의 자격 요건을 대표하는 키워드를 들자면 네 가지, 즉 가치관, 역량, 커뮤니케이션, 변화로 요약할 수 있다. 장사를 하는 사람은 제품을 팔면 돈이 들어오고, 강사는 강의라는 지식을 팔면 강사료를 받는다. 하지만 선거판에서 정치신인 등은 미완성 제품(?)인 가치를 팔고 배지를 단다. 물론 일부 선택받은 후보자에게만 주어지는 구조다.

선거법에서 후보자와 비슷하게 사용되는 단어로 입후보예정자, 예비후보자, 경선후보자 등이 있다. 첫째, 입후보예정자는 후보자등록을 하지 아니하였으나 후보자가 될 의사를 가진 자를 말하며, 그 의사를 반드시 외부에 공표할 필요는 없고 그 의사를 예상할 수 있으면 족하다.[6] 둘째, 예비후보자란 입후보예정자로서 관할선거구 선관위에 예비후보자로 등록한 자를 말한다(§60의2). 그리고 셋째, 경선후보자란 당내경선의 후보자로 등재된 자를 말하며(§57의2②), 넷째, 후보자란 관할선거구 선관위에 후보자등록을 마친 자를 말한다(§49).

Tip 후보자의 신분 취득 순서

입후보예정자 ⇒ 예비후보자 ⇒ 경선후보자 ⇒ 후보자

2) 공명선거의 파수꾼, 유권자

유권자란 선거할 권리를 가진 사람을 말한다. 이와 유사하게 사용되는 단어로 선거인, 선거권자, 선거구민, 투표권자 등이 있다. 첫째, 선거인은 선거권을 가진 사람으로서 선거인명부 또는 재외선거인명부에 올라있는 자를 말한다(§3). 선거법상 선거범죄의 적용과 관련해서는 선거인명부 또는 재외선거인명부에 등재될 자격이 있는 자도 포함한다(§230①1). 둘째, 선거권자는 선거권이 있는 사람을, 셋째, 선거구민은 특정 선거구의 주민

6 후보자가 되려는 사람은 입후보 의사를 확정적으로 외부에 표출하거나 그 신분 · 접촉대상 · 언행 등에 비추어 입후보 의사를 객관적으로 인식할 수 있을 정도에 이른 사람을 말한다(대법원 2001.6.12. 선고 2001도1012).

을, 넷째, 투표권자는 투표할 권리가 있는 사람을 말한다. 이 책에서는 편의상 흔히 쓰이는 '유권자'로 표기하고자 한다.

선거판에서 유권자를 바라보는 시각은 양면성을 띠고 있다. 공명선거의 파수꾼으로 높게 평가하거나, 군중심리에 휩쓸리는 레밍(Leming, 들쥐)으로 평가절하하기도 한다. 이는 정당·후보자에 대한 다양한 정보 부족으로 인해 정당·후보자의 가치를 정확하게 판단하는 데 한계가 있기 때문이다. 이런 연유로 선거공약 등 정책을 보고 이성적으로 투표하기보다는 선거 분위기에 휩쓸려 감성적으로 투표하는 경향이 있다. 그래서 선거에서 이기려면 유권자의 감성을 자극하는 전략을 구사하라고 조언한다.

Tip 민심은 표심

《맹자》에서는 "민심을 따르면 성공하고 거역하면 실패한다"라고 했으며, 마키아벨리는 《군주론》에서 "어떤 일이 있어도 인민의 증오를 사서는 안 된다"라고 역설했다. 또한 《후한서》에서는 "물은 배를 띄울 수도 있지만, 또한 배를 뒤집을 수도 있다"라고 말했다. 그래서 예부터 권력을 빼앗는 것보다 민심을 얻는 게 더 어렵다고 했다. 그만큼 과거나 지금이나 민심의 힘은 막강하다. 흔히 말하는 '여론', '바람', '군중심리'다. 인간의 감정은 화산의 '마그마'와 같다. 누가 그 마그마를 먼저 폭발시켜 선거 분위기를 내 편으로 가져오느냐의 싸움이다. 이 선거 분위기가 바람을 일으키기도 하고 때로는 격랑이 되기도 한다.

3) 현대 민주주의의 최고 발명품, 정당

현대 민주정치의 중심에는 정당이 있다. 그래서 정당을 현대 정치의 생명선, 현대 민주주의의 최고 발명품이라고 한다. 정당은 공천뿐만 아니라 선거공약, 선거이슈 등을 만들고 여론을 수렴하는 등 선거판에서 중추적인 역할을 하고 있다. 대선에 임하는 각 정당은 최고의 선(善)을 추구한다. 즉 여당은 정권을 재창출하는 것이고, 야당은 집권하는 것이다. 반면 총선은 많은 소속 국회의원을 당선시켜 다수당을 차지하는 것이고, 지선은 시 · 도지사선거 및 자치구 · 시 · 군의 장선거(이하 '지방자치단체장선거'라 함)에서 많은 소속 당원을 당선시켜 지방권력을 장악하는 것이다.

정당제도와 선거제도의 관계는 동전의 양면과 같다. 정당 없는 선거는 상상도 할 수 없다. 정당법 제2조(정의)에서는 정당의 주요 기능 중 하나로 '후보자 추천 또는 지지'를 명백히 밝히고 있다. 정당이 후보자의 공천 권한을 가지고 있기 때문에 선거에 출마하려는 정치인이라면 반드시 넘어야 할 큰 산이다. 이 책 3장 2. 유권자의 투표행태분석에서 다루겠지만, 유권자의 후보 선택 시 정당지지도가 차지하는 비중이 매우 높은 편이다. 지지도가 높은 정당에서 공천을 받는다는 것은 당선으로 가는 지름길이기 때문에 주요 정당은 정치인들로 수요가 넘치고 문전성시를 이룬다. 당내경선에 대해서는 4장에서 다룬다.

Tip 정치신인의 정당 줄서기

아직 정당에 가입하지 않은 정치신인이라면 정당의 이념이 자신의 코드와 맞는지, 공천을 받을 수 있는지, 당선 가능성이 있는지 등에 대해 따져보고 결정해야 한다. 특히 2022년 6월 1일 실시하는 제8회 지선에 출마하는 정치신인의 경우 대선판세도 고려해야 한다. 왜냐하면 어느 정당을 선택하느냐에 따라 나의 성적표가 달라지고, 향후 정치 활동에 결정적으로 영향을 미치기 때문이다.

4) 공명선거 실현의 집행자, 선거관리위원회

선관위는 선거와 국민투표의 공정한 관리, 정당 및 정치자금에 관한 사무를 처리하기 위해 설치된 국가기관으로, 국회 · 정부 · 법원 · 헌법재판소와 같은 지위를 갖는 합의제 헌법기관이다(헌법 §114). 선관위는 선거법 위반행위가 발생할 경우 선거범죄 조사권 등을 발동하여 조사한 후, 조사 결과 위반행위 적발 시 사직당국에 고발 조치 등을 한다. 이런 연유로 선관위를 기피하거나 두려워하는 정치인들이 있다. 선관위는 선거라는 게임의 심판이자 조력자다. 후보자 등에게 선거법을 안내하여 위반행위가 발생하지 않게 하는 것이 최우선 목표다. 후보자 없는 선관위는 존재가치가 없다. 자주 전화하고 방문하고 괴롭혀라. 득이 되면 득이 되었지 결코 손해 보는 장사는 아니다.

> **Tip 선관위 소속 기관은?**
>
> 중앙선관위에는 인터넷언론사의 인터넷홈페이지에 게재된 선거보도의 공정성을 유지하기 위해 인터넷선거보도심의위원회(§8의5)를, 각급선관위에는 선거법상 대담 · 토론회 등을 공정하게 주관 · 진행하기 위해 선거방송토론위원회(§8의7)를, 중앙선관위와 시 · 도선관위에는 선거에 관한 여론조사의 객관성 · 신뢰성을 확보하기 위해 선거여론조사심의위원회(§8의8)를 각각 설치 · 운영하고 있다.

3.
공직선거 후보자의 자격

1) 출마할 준비는 되었나요?

무슨 일을 추진하든 성과를 내기 위해서는 목적이 있어야 하며, 일정한 조건을 갖추고, 철저하게 준비한 후 실행에 옮겨야 한다. 벤저민 프랭클린은 "준비에 실패하는 것은 실패를 준비하는 것이다"라고 말했다. 첫째, 목적이 구체적이고 분명해야 한다. 목적 뒤에는 왜(Why) 목적을 세웠는지가 숨어있다. 공직 출마도 마찬가지다. '왜 출마하지?'가 과제다. 주관식 문제로 답은 각자 다를 것이다. 이 문제가 해결되어야 목적에 의미를 부여하고, 동기를 유발하여 몰입할 수 있다. 동기는 어떤 일을 하든 토대라고 할 수 있으며, 이는 집을 지을 때 터를 다지고 그 위에 주춧돌을 올려놓는 것과 마찬가지다. 흔히 미션, 꿈이라고도 하는 '왜?'는 목적지를 안내하는 셰르파다. 생텍쥐페리(Saint Exupery)는 《어린 왕자》에서 "만약 배를 만들게 하고 싶다면, 사람들에게 목재나 일감을 나눠주는 일보다 그들에게 바다에 대한 동경심(꿈)을 먼저 키워라"라며 꿈, 목적의 중요성을 강조했다. 이는 창업자의 확고한 동기와도 같다.

이 주춧돌이 튼튼해야만 기둥을 세우고 대들보, 서까래를 올려 튼튼한 집을 지을 수 있다. 그런데 주춧돌은 대체재가 없다. 주춧돌이 세워지면 성능 좋은 내비게이션을 구입한 것과 마찬가지다. '왜?'라는 물음에 확신이 서지 못한다면 선거판에서 완주하기 버겁고, 좋은 결과를 기대하기도 어렵다. 왜냐하면 이길 수 있다고 믿는 사람만 이길 수 있기 때문이다. 이는 모든 싸움, 경기의 기본이다. 《나는 왜 이 일을 하는가》의 저자이자 전략 커뮤니케이션 전문가인 사이먼 사이넥(Simon Sinek)은 골든 서클(golden circle) 세 가지(why, how, what)를 도출한 후 why의 중요성을 강조하고 있다. '왜?'가 해결되어야 다음 단계인 어떻게(how) 무엇을(what)로 발을 내디딜 수 있다. 둘째, 조건 구비 여부다. 선거판에서는 후보자의 자질을 말한다. 후보자가 이기는 싸움에서 갖춰야 할 마음자세 등은 아래와 같이 요약할 수 있다. 셋째, 철저한 준비다. 이에 대해서는 2장 선거전략과 3장 선거시스템에서 다룰 것이다. 그리고 넷째, 실전을 통해 목표를 구체화하는 것이다. 이에 대해서는 4 · 5 · 6장에서 살펴본다.

Tip 이기는 싸움은 준비가 답이다

첫째, 먼저 자신의 생각과 행동을 바꾸고, 실천해야 한다. 생각은 나 중심에서 유권자 중심으로, 소극적인 성격은 적극적인 성격으로, 부정적인 마인드는 긍정적인 마인드로 바꾸고 변해야 한다. 생각의 힘은 잠긴 문을 여는 열쇠와 같다. 행동은 보조석에서 운전석으로 자리를 옮기고 실천해야 한다. 행동을 해야 동기가 부여되는 게 인간이다. 누에가 나방으로 변신하는 것처럼 성장 메커니즘이 필요하다. 그리고 바꾼 것들을 행동을 통해 습관화해야 한다.

둘째, 나만의 퍼스널브랜드를 구축하자. 브랜드는 기업과 개인의 핵심 자산이다. 나의 브랜드는 유권자에게 신뢰를 심어주고 가치와 경쟁력을 높여준다. 브랜드를 확장하기 위해서는 온 · 오프라인 네트워크를 통해 유권자의 마음속에 나를 지속적으로 각인시켜야 한다. 스펙 관리 못지않게 브랜드 관리도 중요하다. 나의 콘셉트[7]가 담긴 책 출간이 안성맞춤이다.

셋째, 혼자보다는 둘, 둘보다는 셋이 강하다. 나의 부족한 부분을 채워줄 에이스 조력자, 전문가 또는 참모 등은 나의 든든한 지원군이 된다. 애플, 구글 등 세계적으로 위대한 기업들의 CEO 옆에도 뛰어난 조력자가 있었다. 타인의 힘을 빌려 목표를 성취하는 리더가 진정한 리더다.

넷째, 효율적인 시간 관리다. 선거 일정에 포커스를 맞춰 틀(framework)을 짜고, 로드맵을 그린 다음 실천하자. 틀은 무엇을 어떻게 해야 할지 생각을 구체화해주고, 로드맵은 장기적인 이미지를 시각화하여 나만의 시간표는 물론 습관화, 패턴화라는 선물도 제공한다. 이는 긴 선거 여정의 비타민이다.

다섯째, 자료를 수집하고, 정보를 파악한다. 선거구 안의 기초자료, 상대 정치인, 정당 등에 대한 객관적인 자료와 정보를 파악하고 분석하는 것이 먼저다. 자료스크랩을 위해 에버노트(Evernote), 마이크로소프트의 원노트, 구글의 킵노트 소프트웨어(앱)를 사용하는 사람들도 있다. 이기는 싸움의 토대는 정보력에 달려있으므로 주변에 다양하고 좋은 안테나를 세워두자. 관심을 가져야 정보도 보인다. 이른바 컬러배스 효과(color bath effect)[8]다. 정보는 정보를 낳고 좋은 결정을 지원하여 좋은 결과를 가져다준다. 치밀하게 정보를 수집해야 지피지기(知彼知己)가 가능하다.

첫째, 구체적이고 차별화된 신념이 있어야 한다. 출마하기 위해서는 정당 입당, 공천신청 등 수많은 시험대에 서서 정당, 유권자 등 외부 평가자로부터 혹독한 검증을 받아야 한다. 100M 달리기는 더 잘하기 위해 과거의 기록을 경신하면 되지만, 선거는 격투기처럼 상대와 경쟁해야 한다. 이는 타 후보자보다 비교우위에 있어야 함을 의미한다. 공천을 앞둔 정당 입장에서는 공천 신청자가 선거구에서 이길 수 있는지 여부가 주요 판단

7 남과 나를 구분 짓는 핵심 개념으로, "상대방이 기억하는 나에 대한 정의"라 할 수 있다(장문정, 2017).

8 색을 입힌다는 의미로 한 가지 색에 집중하면 해당 색을 가진 사무들이 눈에 띄는 현상을 말한다.

사항이다. 그러므로 공천 신청자는 정당과 제3자에게 준비된 후보자임을 보여주고 설득해야 한다. 그 준비는 남들과 다른 구체적이고 차별화된 무기가 있어야 하고, 다른 사람으로부터 인정받아야 한다.

정치신인 등은 공직선거에 출마를 앞두고 출마해서 당선될까, 창피당하지는 않을까, 가족들이 반대하지는 않을까 등등 머리가 복잡하다. 대부분 출마 여부를 앞두고 지인이나 선후배 등에게 먼저 자문을 구한다. 배우자에게는 미리 말하면 대부분 반대할 것이 뻔하기 때문에 맨 나중에 말한다. "수신제가 치국평천하(修身齊家 治國平天下)"라고 했다. 가족의 동의와 지지가 중요하고, 최후의 보루임을 잊지 말자.

공직 출마는 공적 행위로 자신의 모든 것에 대해 유권자 등으로부터 평가를 받고, 잘못이 밝혀질 경우 책임을 감수하겠다는 약속이다. 선거자금보다 자신의 속살이 외부에 훤히 드러나는 것이 두려워 출마를 포기하는 사람이 의외로 많다. 출마를 앞두고 나만의 원칙과 기준도 중요하지만, 주변 사람들의 다양한 의견을 듣는 게 좋다. 정치신인 등이 무리하게 출마하거나, 과거의 미련과 집착, 또는 매몰비용(sunk cost) 때문에 출마하는 경우라면 재고해야 하지만, 확신이 선 정치신인 등이 주변의 부정적인 평가가 두려워 자신의 꿈을 접는 것도 문제다. "자신에 대한 확신은 더 멀리까지 나아갈 수도 있다. 사람들은 가장 훌륭한 논거를 가진 사람에게 설득되는 게 아니라 가장 큰 확신을 가진 사람에게 설득된다."(잭 내셔, 2018)

Tip 내 패를 먼저 보여주지 마라

《손자병법》〈허실(虛實)〉 편을 보면 "공격에 능한 장수는 적이 어디를 수비해야 좋을지 모르게 만들고, 방어에 능한 장수는 적이 어디를 공격해야 좋을지 모르게 만든다"라고 했다. 이는 틈을 보이지 말라는 의미다. 선거를 앞두고 언론의 주목을 받기 위해 서둘러 출마 사실을 알리는 정치신인 등이 있다. 결론부터 말하면 나의 출마 사실, 패를 너무 빨리 먼저 보여줘서는 안 된다. 이는 기선을 제압하는 것이 아니라 나의 치부를 먼저 보여주는 격이다. 스스로 단련을 통해 내공을 쌓고 유리한 위치를 선점한 후 호루라기를 부는 게 유리하다. 덩샤오핑의 정책 도광양회(韜光養晦, 빛을 감춘 채 어둠 속에서 은밀히 힘을 기른다)가 필요하다. 패를 먼저 보여주면 상대 정치신인 등으로부터 견제구가 들어오고, 선관위에서 감시 · 단속하기 시작한다. 욕속부달(欲速不達, 일을 빨리 하려고 하면 도리어 이루지 못함)이라는 고사성어도 있다. 남의 패를 보고 내 패를 내밀어도 늦지 않다. 먼저 설쳐대는 사람보다 등 떠밀려 나오는 사람이 고수다. 유능한 마케터는 고객에게 제품을 먼저 파는 게 아니라 고객과 신뢰를 쌓은 후 제품을 판다.

둘째, 공직선거 출마는 스펙이 아니다. 공직에 출마하는 이유는 당연히 당선이다. 그런데 의외로 즉흥적으로 출마하는 경우도 많다. 이는 갑자기 떠오른 아이디어만 가지고 창업하는 것과 마찬가지로 승산이 낮다. 주변 지인들이 당선 가능성이 있으니 출마해보라는 식의 인사치레 권유나, 비행기 띄워주는 사람들의 립서비스에 좌지우지되어서는 안 된다. 영웅심, 막연한 기대심리 또는 경력을 쌓기 위해 출마하거나, 차기를 염두에 두고 출마하는 것이라면 포기하는 게 낫다. 미완성 제품을 시장에 출시해서는 안 된다. 워런 버핏은 "위험은 자신이 무엇을 하는지 모르는 데서 다 가온다"라고 말했다. 철저한 사전분석을 한 후 내가 확신할 수 있는 곳에 투자해야 한다는 말이다. 이길 수 있는 싸움이라는 확신이 설 때가 출마 타이밍이다.

정치신인의 첫 무대 성적표는 향후 정치생명과 직결된다. 선거 결과 득표율이 저조할 경우 자신의 이름을 알리는 게 아니라 유권자에게 나쁜 이미지만 남길 뿐이다. 향후 정치활동에 득이 아니라 독(毒)이며, 디딤돌이 아니라 걸림돌이 된다. 처음 출마하여 낙선하더라도 어느 정도 강한 인상을 주어야 후일을 기약할 수 있다. 다만, 낙선이 예상되는 특정 지역, 이른바 험지에 출마하는 경우는 예외다. 나의 득표 결과는 고스란히 선관위 통계자료시스템에 기록되고 보존된다. 중앙당 또는 시·도당에서 공천 심사할 때 이 저조한 성적표가 나의 발목을 잡는다. 공직선거에 출마하는 것은 스펙이 아니다. 진정한 스펙은 선거에 이겨서 배지를 다는 것이다. 싸울 준비도 되지 않은 상태에서 사각의 링에 오르는 것은 무모한 도전일 뿐이다. 객기는 용기가 아니다. 정치판은 내일이 없다. 출마했으면 이겨야 한다.

Tip 용의 꼬리보다 뱀의 머리가 먼저

선거는 이상이 아니라 현실이다. 무모한 직진보다 우회도로를 이용하거나, 개울을 건널 때 징검다리를 밟고 건너는 방법도 좋은 전략이다. 정치신인 등이 무리하게 기초장선거에 출마하여 계속 실패하는 사례를 자주 본다. 우선 지방의원선거에 출마하여 당선된 후 이를 디딤돌 삼아 기초장선거에 도전하는 것도 좋은 방법이 될 수 있다. 이런 것이 오히려 정상의 정치라고 생각한다. 먹을 수 없는 그림의 떡을 먹으려고 해선 안 된다. 왜냐하면 그림의 떡으로 배를 채울 수는 없기 때문이다. 용(龍)도 개천에서 나오면 개미가 뜯어먹는다고 했다. 용의 꼬리보다 뱀의 머리가 되는 게 현명할 때가 있다.

셋째, 거저 당선된 후보자는 한 명도 없다. 《논어》에서는 "장인이 일을 잘하려면 반드시 연장을 다듬어야 한다"라고 했으며, 톨스토이는 "미리 준비한다는 것은 미리 안다는 것과 같다"라고 했다. 이는 앤더스 에릭슨(K. Anders Ericsson)이 주장한 1만 시간의 법칙과도 그 궤를 같이한다. 누구나 꿈을 이루기 위해서는 일정한 기간 단련을 통해 내공을 쌓아야 한다. 위대한 탄생 뒤에는 시간, 연습 등 양적인 자양분이 필요하다. 씨를 뿌려야 추수할 수 있고, 인풋이 있어야 아웃풋이 있다. 사람들은 공짜가 자주 발생하는 것으로 착각하고 무임승차하려고 한다. 공짜 밥이 없는 것처럼 공짜 당선도 없다. 마법과 만병통치약은 없다. 따라서 코를 풀려면 손을 대야 한다. 선거판은 거저 당선되는 것을 용납하지 않는다.

예전 고시생들 사이에서 회자된 명언이 하나 있다. "열심히 공부하고 시험에 떨어질 수는 있어도 공부하지 않고 합격한 사람은 없다"라는 말이다. 점프하기 위해서는 스프링처럼 일단 몸을 수그려야 한다. 선거판 역시 철저한 준비 없이 이길 수는 없다. 예를 들어 공천심사 체크리스트 항목을 보면 분야별 공천 신청자들이 평소 준비해야 할 항목들이 많다. 공천 신청자가 유권자 몇 명을 추천하여 입당시켰는지 등 포인트 항목이 많다. 정치 신인의 경우 체크리스트 자체를 모르고 있다. 공천신청 시 좋은 점수를 받기 위해 미리 준비한 신청자와 과거의 좋은 사회경력만 믿고 도전하는 신청자의 평가점수는 다를 수밖에 없다.

우리의 일상생활을 보면 모든 것이 협상의 연속이다. 성공적인 협상의 비결은 협상 테이블이 아니라 협상을 시작하기 전에 어떻게 준비했느냐가 성패를 좌우한다. 선거판도 따지고 보면 후보자와 유권자가 보이지 않는 협상을 벌이는 것이다. 성공한 많은 사업가는 자신의 성공을 운에 돌린다. 루이 파스퇴르는 "행운은 준비된 자에게 미소 짓는다"라고 했다. 보물섬을 찾기 위해서는 배를 준비해야 한다. 준비가 실력을 만들고 실력 있는 사람에게 운도 따른다. 즉 준비하고 실력을 쌓았기 때문에 운도 따르고, 세렌디피티(Serendipity)[9]가 일어나는 것이다. 준비 → 실력 → 운이라는 순환 고리는 한 세트다. 선거판에 도전했으면 강가에서 신발이 물에 젖을까 봐 망설이지 말고 강에 온몸을 풍덩 던져야 한다. 비에 옷이 완전히 젖

9 생각지 못한 귀한 것을 우연히 발견하는 능력, 우연을 붙잡아 행운으로 바꾸는 힘 또는 노력한 후에 찾아오는 우연한 행운 등의 의미로 사용되고 있다.

으면 오히려 비를 즐길 수 있다. 하나를 얻으려면 하나를 희생해야 한다. '기회비용'은 그 대안이다. 누구든지 일에 가치를 부여하고 전력을 다해야 최고가 되는 것처럼, 후보자 역시 스스로 공직출마에 가치를 부여하고 전력을 다해야 배지가 보인다. 큰 그림을 완성하려면 그림에만 몰입하고 그려나가면 된다. 애플의 유명한 광고 카피 "다르게 생각하라(Think Different)" 처럼, 어느 분야든 좀 미쳐야 목표가 선명하게 보이고 성공한다.

Tip 우리는 다르고, 그들은 다 똑같다?

선거 종료 후에는 항상 뒷담화가 있게 마련이다. 자신의 실패를 남 탓으로 돌리기 바쁘고, 타 후보자의 당선은 바람 때문에, 운이 좋아서 등 비하성 발언을 서슴없이 내뱉고 깎아내린다. 나의 성공은 자랑스럽지만, 남의 성공은 평가절하한다. 아류 아시타비(我是他非)다. 우리는 다르고, 그들은 다 똑같다는 식의 편향적 사고가 자리 잡고 있다. 고시에 합격한 분들의 발자취를 들여다보면 젊은 시절 피나는 노력과 열정을 불사른 결과물이다. 거저 고시에 합격한 사람이 한 명도 없듯이, 거저 당선된 후보자는 한 명도 없다. 단언한다.

넷째, 현재의 나를 평가하는 게 먼저다. 출마 의지나 열정이 넘쳐도 모든 것을 해결해주지는 않는다. 인내력, 의지력도 시간이 지나면서 양초처럼 녹아내리고, 스마트폰 배터리처럼 방전된다. 주변 사람의 사소한 말 한마디, 차가운 시선에 속절없이 무너진다. 이것이 이른바 자아고갈 이론(ego depletion theory)[10]이다. 자신의 가장 큰 경쟁자는 바로 자신이고, 나 자신을 가로막는 사람도 바로 나라고 한다. 나를 아는 게 모든 일의 시작점

---

10 플로리다 주립대학교 심리학과 로이 바우마이스터(Roy Baumeister) 교수가 주장한 이론으로, 인내력(의지력)을 연료(fuel)에 비유하여 더 많이 사용할수록 더 빨리 바닥을 드러낸다는 이론이다.

이기 때문이다. 대부분의 사람은 자기중심성 때문에 자신의 물건을 과대평가하고, 자신과 관련이 있는 것에 가치를 더 부여하는 경향이 있다. 이른바 '소유효과(endowment effect)'다. 선거판에서도 많은 후보자가 자신을 과대평가하는 경향이 있다. 후보자들이 생각하는 예상 득표수를 모두 합치면 선거구 내 전체 선거인 수보다 더 많은 결과가 나오는 것이 단적인 사례다. 그런 면에서 현재의 나를 알고 나를 평가하는 데 도움을 주는 메타인지(meta cognition)[11]와 자기인식능력[12]이 필요하다. 정신분석 용어인 투사(projection)를 시도하거나 수험생이 활용하는 오답노트 작성도 같은 원리다.

나에 대한 평가 방법으로는 내부평가와 외부평가를 들 수 있다. 내부평가 방법은 미국 경영컨설턴트인 앨버트 험프리(Albert Humphrey)가 고안한 SWOT 분석[13]을 들 수 있다. 직장인이라면 한 번쯤 해보거나 들어본 적이 있는 경영전략 기법이다. 내부평가는 향후 선거 여정의 기준점이 되기 때문에 평가가 객관적일수록 계획 오류(Planning Fallacy)[14]를 줄일 수 있다. 외부평가 방법으로는 선거법 제108조에서 허용하는 여론조사가 있다. 객관적인 방법으로 통용되는 여론조사에 대해서는 5장 3. 중대선거범죄에서 자

11 자신이 아는 것과 모르는 것을 자각하는 것과 문제점을 찾아내고 해결하며 자신의 학습과정을 조절할 줄 아는 지능과 관련된 자기인식을 말한다.

12 조직심리학자 타샤 유리크는 "자기인식능력은 자신을 명확하게 보는 능력이다. 자신이 어떤 사람인지, 다른 사람은 자신을 어떻게 생각하는지, 자신이 주변 세상과 어떻게 어울리는지 아는 능력이다"라고 정의했다(김종철, 2021). 자기인식은 위기와 문제해결의 열쇠다.

13 기업의 내부 환경을 분석해 강점과 약점을 발견하고, 외부 환경을 분석해 기회와 위협을 찾아내 이를 토대로 강점은 살리고 약점은 보완하며, 기회는 활용하고 위협은 억제하는 마케팅 전략을 수립하는 것을 의미한다. 이때 사용되는 4요소인 강점(Strength) · 약점(Weakness) · 기회(Opportunity) · 위협(Threat)을 SWOT라고 하는데, 이 중 강점과 약점은 경쟁기업과 비교할 때 소비자로부터 강점, 약점으로 인식되는 것이 무엇인지, 기회와 위협은 외부환경에서 유리한 기회, 불리한 요인은 무엇인지를 찾아내 마케팅에 활용하는 것을 말한다.

14 앞으로의 일에 대한 낙관적 전망과 자신에 대한 과대평가 때문에 많은 계획을 세웠다가 오히려 시간이나 비용이 더 소요되는 현상을 뜻한다.

세히 설명한다. 그리고 후보자 자신의 과거 범죄경력, 병역문제 등 아킬레스건이 있다면 심각하게 고민하고 결정해야 한다. 나의 흠이 상대에게는 호재이기 때문이다.

Tip 선거판에서도 SWOT 분석이 필요한가?

결론부터 말하면 SWOT 분석은 기업이 마케팅 전략을 세울 때 유용하게 사용되지만, 변화무쌍하고 예측 불가능한 선거판에서 적용하기에는 한계가 있다고 본다. 대선 이외의 선거에서는 더욱 그렇다. 왜냐하면 사람의 확증편향[15] 때문에 출마 욕구가 강한 후보자는 강점과 기회에 후한 점수를 주는 반면, 출마 욕구가 낮은 후보자는 약점, 위험에 더 후한 점수를 받을 가능성이 크다. SWOT 분석은 객관적인 것처럼 보일 뿐 너무 주관적이고 임의적이다. 이미 출마를 결심한 후 SWOT 분석을 하는 것은 분석을 위한 분석이 될 가능성이 크다. 평가대상이 기업은 제품이지만, 선거는 사람(후보자)이다. 게다가 사람은 남을 평가할 때는 예리하고 분석적이지만, 자신을 평가할 때는 한없이 관대하고 개략적이다.

다섯째, 선거구 결정과 선거자금 확보다. 소선거구제인 총선과 광역의원선거는 명칭 · 관할구역 및 정수가 법정사항으로 선거법 제25조(별지 1)와 선거법 제26조(별지 2)에 각각 규정을 두고 있다. 반면 중선거구제인 기초의원선거는 선거법 제26조에 명칭 · 구역 및 의원정수를 시 · 도조례로 정한다. 총선, 시 · 도지사선거, 시 · 도교육감선거, 기초장선거는 일부 정치인을 제외하고는 대부분 쉽게 결정한다. 문제는 광역의원선거와 기초의원선거(이하 '지방의원선'거라 함)다. 지방의원선거는 선거구역이 겹치기 때문에 어떤 선거에 출마할지, 기초의원선거는 중선거구제이기 때문에 어

15 자신의 신념과 일치하는 정보는 받아들이고 과대평가하면서 그렇지 않은 정보는 무시하거나 과소평가하는 선택적 사고 형태를 말한다.

떤 선거구에 출마할지 등 신중한 접근이 필요하다. 어느 선거 · 선거구를 선택하느냐에 따라 당락이 바뀔 수도, 어부지리로 배지를 달 수도 있다.

Tip 선거 · 선거구 선택 시 고려사항

출마를 앞둔 정치인이라면 첫 번째 과제는 어느 선거, 선거구에 출마할지 여부다. 고려해야 할 사항을 보면 외부적 요인으로는 정당 지지도, 소속 정당의 당내경선 방식, 현직의 인지도 등이 있고, 내부적 요인으로는 지역 내 자신의 인지도, 생활근거지, 출신학교, 사회활동, 상대 후보자와의 경쟁력 등을 들 수 있다. 그리고 지방의원선거 공천에는 현직 지역구 국회의원과 당원협의회장의 영향력이 큰 편이다.

공공기관이나 사기업을 막론하고 사업추진에 앞서 가장 먼저 검토하는 게 바로 예산, 즉 돈이다. 돈이 없으면 모든 게 허사다. 일부 정치인을 제외하고는 대부분 선거자금이 여유롭지 못하다. 한때 술좌석에서 회자되었던 선거자금 지출액에 대해 요즈음도 오해하는 사람들이 많이 있는 것 같다. 과거 총선의 경우 20~30억 원은 써야 당선된다는 게 정설(?)이었다. 그 풍문이 지금도 사실일까? 과거에는 몰라도 지금은 낭설이라고 감히 말하고 싶다. 지레 겁먹을 필요는 없다. 중앙선관위에서 발행한 제21대 총선 총람을 보면 지역구 후보자 1인당 선거비용 총 지출액(평균)은 전국평균 선거비용제한액 1억 8,200만 원 대비 54.8%인 9,976만 원이었다. 후보자가 고의로 누락한 선거비용, 박빙 선거구의 비공식적인 지출 등 플러스알파를 하면 편차는 좀 있을 것이다.

2) 후보자의 자격

전쟁에서 승패를 좌우하는 중요한 요소가 장수라면, 선거판에서는 리더인 후보자다. 1장에서 후보자의 자격이라는 소제목을 정한 것은 그만큼 후보자의 말 한마디, 행동 하나가 많은 사람에게 영향력[16]을 미치기 때문이다. "모든 조직은 한 사람의 확장된 그림자에 지나지 않는다는 말이 있다."(루이스 V. 거스너 Jr., 2014) 이는 후보자의 자격, 역량에 따라 2장 선거전략, 3장 선거시스템이 빛을 발할 수도 무용지물이 될 수도 있다는 의미와 같다. 즉, 잉크 한 방울로 깨끗한 물 전체를 흐릴 수도 있다. 후보자라는 제품은 방문으로 들어가는 문턱 같은 존재다. 그 제품의 품질에 따라 문턱의 높낮이가 정해진다. 당선이 유력한 후보자 캠프는 문턱이 낮아 도우미로 넘쳐나지만, 낙선이 유력한 후보자의 캠프는 문턱이 높아 한산하다. 마케팅도 마찬가지다. 제품의 품질이 떨어질 경우 아무리 마케팅을 해도 팔리지 않지만, 제품의 품질이 탁월할 경우 마케팅을 하지 않아도 잘 팔린다.

선거조직의 품격은 리더인 후보자의 품격이 좌우하는데, 이 품격이 선거 결과에 영향을 미친다. 후보자는 그에 걸맞은 무기로 무장하여 상대 후보자와 대결해야 하고, 차별화된 나만의 이미지, 브랜드 등을 포지셔닝(positioning)[17]하여 유권자에게 보여주고 검증받아야 한다. 여기서는 품격 있는 후보자가 갖춰야 할 조건에 대해 알아본다.

---

16 리더십의 정의에 대해 "그룹이 추구하는 목표를 위해 추종자들이 기꺼이 노력하도록 그들에게 영향을 끼치는 행위"(G. R. Terry), "특정 목표를 향해 나아가는 사람과 사람 사이의 영향력"(R. Tannenbaum) 등 다양한 정의를 종합해보면 리더십이란 영향력으로 요약된다.

17 "잠재고객의 마인드에서 자기 자신을 차별화하는 방식을 의미한다."(잭 트라우트 · 앨 리스, 2021)

첫째, 구체적인 비전(vision)[18]을 제시하고, 적응력을 갖춰야 한다. 비전은 개인에게는 사명(mission)과 함께 인생 여정의 북극성 또는 나침반 같은 존재다. 또한 앞으로 나아가게 해주는 희망, 꿈이다. 비전이 조직이 추구하는 방향이라면, 전략은 그곳으로 가게 해주는 수단이다. 비전은 조직에는 조직이 추구하는 방향을 제시하고, 조직원들에게는 동기를 유발하고 공유하여 함께할 사람들을 한군데로 모이게 한다. 쉽게 표현하면 지렛대 역할이다. 선관위의 비전은 좋은 정치를 지향하고, 국민과 함께하며, 미래를 열어가는 것이다. 리더는 비전을 제시하고 방향을 정하는 사람이지 관리자는 아니다. 선거판은 여기에 비전으로 유권자를 설득해야 한다. 정보화시대의 유권자는 과거의 바보 유권자가 아니다. 그러므로 유능한 리더로서 급격한 외부환경 변화에 적응하고 성장하기 위해서는 리더 시프트[19]가 필요하다. "적응력, 즉 새로운 환경에 맞추기 위해 변화를 만드는 능력(또는 변화되는 능력)은 리더의 결정적 자질이다."(존 맥스웰, 2020)

둘째, 열정과 실행력이 있어야 한다. 랠프 왈도 에머슨(Ralph Waldo Emerson)은 "인류의 어떠한 위대한 일도 열정 없이 이루어진 일은 없다"라고 했다. 열정은 목표를 향해 자신을 끌고 가는 엔진과 같으며, 선거 여정의 중간에 찾아오는 슬럼프를 극복하게 해주는 피로회복제 또는 해독제와 같다. 덤으로 조직과 구성원에게 에너지를 전달해준다. 일부에서는 스콧 애덤스의 책 제목처럼 《열정은 쓰레기다》라고 주장하기도 하고, 콘텐츠 자본론을 주장하며 열정을 평가절하하기도 한다. 하지만 콘텐츠가 아무리 좋아도 열정이 없다면 퇴색된다. 최고라는 단어 뒤에는 대부분 열정이라는 단어가 숨어있다. 그런데 문제는 열정을 지속시키는 게 어렵다는

18 조직이 장기적으로 지향하는 목표, 가치관, 이념 등을 통칭하는 개념을 의미한다.

19 리더십을 변화시키는 능력이자 의향으로, 조직적 · 개인적 성장을 강화한다(존 맥스웰, 2020).

것이다. 그래서 필요한 게 자존감과 확신이다.

"열정의 마음은 명확한 목표와 동기에 의해 촉발되고, 촉발된 열정의 마음이 말과 표정으로, 행동으로 드러나게 된다."(나폴레온 힐, 2021) 컴퓨터 작업을 하려면 플러그를 콘센트에 꽂고, 파워 버튼까지 눌러야 한다. 안전핀을 제거하지 않은 수류탄은 그저 고철덩어리일 뿐이다. 그래서 시작하는 사람을 리더라고 말한다. 영국 속담에 "작은 실행은 많은 생각보다 더 가치가 있다"라는 말이 있다. 어떤 목표 또는 전략을 세우든, 생각이 아무리 좋아도 실행하거나 행동하지 않으면 아무런 가치가 없다. 그래서 완벽한 계획보다 빠른 실행이 낫다고 한다. 이는 실행력이 목표달성의 디딤돌이기 때문이다. 조건 따지고 완벽만 추구하다가는 기회는 사라진다. 중요한 것은 부족한 대로 일단 실행한 후, 나중에 계획을 수정 · 보완하면 된다. 왜냐하면 현장에는 변수가 많기 때문이다.

"구슬이 서 말이라도 꿰어야 보배다"라는 우리 속담이 실행력의 중요성을 단적으로 말해주고 있다. 《손자병법》 〈시계(始計)〉 편에도 "법령은 누가 잘 시행하고 있는가?(法令孰行)"라고 하여 실행의 중요성을 강조하고 있다. 램 차란외는 《실행에 집중하라》에서 "실행은 성공에 불가결한 지적 요소로 실행력의 차이가 경쟁력의 차이를 가져오므로 실행의 3대 핵심 프로세스(인력, 전략, 운영)를 이해하고 실행하라"라고 강조한다. 실행력은 선거전략과 선거시스템의 토대다.

셋째, 커뮤니케이션을 주도하는 리더가 되어야 한다. 커뮤니케이션은 조직의 혈관으로 조직, 팀워크의 알파이자 오메가다. 커뮤니케이션 형태는 읽고, 쓰기, 말하기, 듣기 네 가지다. 《하버드비즈니스리뷰》가 성공에 도움이 되는 요인을 분석한 결과 응답자의 94.7%가 커뮤니케이션 능력을 꼽았다. 이는 커뮤니케이션이 중요하지만, 실행하기가 어렵다는 말과 같다. 이렇게 중요한 커뮤니케이션이 "상대방을 이해하기보다는 자신의 관점에서만 문제점을 지적하고 해결책을 제시하거나, 진단과정을 거치지 않고 처방부터 하려 하기 때문에 실패한다."(스티븐 코비, 2017) 또한 조직에서 커뮤니케이션의 중요성을 알지만 정작 문을 닫는 사람은 바로 리더다. 의사를 소통시키는 게 아니라 일방적으로 의사를 단절시키고 지시한다. 이는 트위터를 할 때 리트윗과 멘션 없이 혼자 자신의 말만 전송하는 것과 같다.

조직에서 커뮤니케이션의 목적은 구성원과의 관계를 개선함으로써 구성원들이 일을 원활하게 진행하고 성과를 내도록 하는 데 있다. 그러자면 리더는 구성원들이 가진 강점을 통해 능력을 발휘하고 성과를 낼 수 있도록 도움을 주어야 한다. 즉, 스윗스팟(sweet spot)[20]을 찾을 수 있게 도와야 한다. 리더가 의사를 표시할 때는 단순하고 직접적인 방식으로 해야 한다. 그래야 혼란을 최소화할 수 있다. "리더는 이끌면서 상황에 따라서는 따라야 한다. 리더는 뭘 할지를 지시하는 사람이 아니라 왜 하는지를 설명하는 사람이며,"(조코 윌링크 외, 2017) "훌륭한 리더는 구성원들이 서로 소통할 수 있도록 힘을 실어주고, 관계를 맺을 수 있는 기반을 마련해 도구를 제공한다."(세스 고딘, 2020)

Tip 먼저 이해하고, 다음에 이해시켜라

커뮤니케이션은 지시하는 일방통행이 아니라 협조를 얻고 교감 · 교류하는 쌍방통행이며, 상대방의 처지를 생각하는 마음이 기본이다. 그러자면 "먼저 이해하고 다음에 이해시켜라. 공감적 경청과 처방하기 전에 진단하려는 노력이 필요하다. 공감적 경청은 이

20 테니스 라켓 등을 이용하여 공을 맞히는 최적지점, 즉 자기가 원하는 방향으로 가장 멀리 가장 빠르게 날아가게 만드는 것을 말한다.

해하려는 의도를 가지고 경청하는 것이다. 내가 먼저 상대방을 이해하는 것, 즉 진정한 이해를 추구하는 것으로 다른 사람이 가진 준거 틀의 내면에 들어가는 것을 말한다. 처방하기 전에 진단하라는 것은 우리가 진단을 신뢰하지 않는 의사의 처방에 대해서도 신뢰하지 않을 것이기 때문이다."(스티븐 코비, 2017) 이는 성공적인 커뮤니케이션의 핵심요소다. 이는 작가가 자기만의 일방적인 주장을 독자에게 강요하는 것이 아니라 글에 자기 생각이 녹아들어 가 독자가 공감하게 만드는 것과 같다. 리더십은 커뮤니케이션이라고 할 정도로 커뮤니케이션이 중요한 도구임에도 우리나라 선거판의 후보자는 의뢰가 아니라 지시가 보편적이다.

넷째, 신념과 설득력을 겸비해야 한다. "신념은 육체를 지배하고, 육체는 행동을 지배하며, 행동은 성공을 결정한다"라고 한다(스텐 비첨, 2017). 이는 생각의 크기가 성공의 크기를 좌우한다는 말과도 같다. 말에도 뼈가 있어야 하고 심지가 굳어야 한다. 그래야 내가 내린 결정이 흔들리지 않고 열정이라는 장작불이 활활 타게 할 수 있다. 자신에 대한 신념, 확신이 있어야 유권자 앞으로 다가가 설득할 수 있다. 설득은 설득하는 사람이 원하는 방향으로 다른 사람이 행동하게 하는 힘을 지닌 커뮤니케이션이다. 설득은 유권자의 마음을 움직이기 때문에 일방적인 홍보보다 유용하다. 여기에 스토리로 덧칠하면 설득력을 더 높일 수 있다.

Tip 선거는 스토리 전쟁

어느 분야든 자신의 가치를 알리고 제3자에게 각인시키는 데 자주 등장하는 단어가 있는데, 바로 스토리다. 스토리를 가진 사람에게는 주요 무기인 셈이다. 이 무기는 사람의 마음을 움직이는 마력이 있다. 이 마력이 특히 선거판에서는 선거의 종류를 불문하고 약발이 잘 먹힌다. 흙수저 성공신화 등 자신의 능력으로 성과를 내고 만든 스토리는 파도가 해안가 백사장의 모래를 적시고 집어삼키는 것처럼 유권자의 마음을 움직이는 힘을 부여한다. 그 전파자는 입과 온 · 오프라인 매체를 통해서다. 대선의 경우 선거법 제70조(방송광고) 방송광고의 전파력이 막강하다. 이는 과거 대선 결과가 말해주고 있다.

> 스토리는 후보자의 지지율도 춤추게 하고 승리를 이끄는 메신저다. 선거는 스토리 전쟁이니까.

후보자가 면대면(face to face), 선전인쇄물, 시설물, SNS 플랫폼 등을 통해 지지 · 호소하는 것은 대부분 유권자를 설득하는 과정이다. 그러므로 나만의 무기로 유권자를 설득해야 유권자가 반응하고 표로 연결된다. 이는 마케팅에서 소비자에게 소구(訴求, appeal)[21]하는 설득방식과 유사하다. 설득에는 언변이나 목소리 톤 같은 언어적 요소와 더불어 표정이나 시선, 제스처 같은 비언어적 요소도 중요하다. 설득의 핵심 기술은 상대방이 이해할 수 있고 공감해야 한다. 즉, 설득의 뿌리에는 공감이 자리 잡고 있다.

다섯째, 구성원들을 '신뢰'하고 '위임'해야 한다. 거문고는 대현과 소현이 잘 어울려야 좋은 화음을 내는 것처럼 조직도 역할 분담이 이루어져야 좋은 성과를 낼 수 있다. 그 바탕에는 신뢰가 자리 잡고 있다. 리더가 구성원을 신뢰하고 기대치를 높이면 구성원의 기대치도 높아지고, 구성원은 더욱 열심히 일하여 좋은 성과를 낸다. "크게 기대하면 크게 얻는다"라고 했다. 《명심보감》에는 "사람을 의심할 거면 쓰지 말고, 사람을 썼으면 의심하지 말라"라는 문구가 있고, 《서경》에는 "현명한 사람에게 일을 맡기되, 맡겼으면 두 마음을 품지 말라"라고 했다. 이는 교육심리학 용어인 피그말리온 효과(Pygmalion effect)[22]와 상통한다. 후보자가 선거사무장, 팀

---

21 소비자의 구매욕을 자극하기 위해 상품이나 서비스의 특성이나 우월성을 호소하여 공감을 구하는 것을 말한다.

22 사람에 대한 믿음, 기대, 예측이 실제로 일어나는 경향을 말한다. 하버드대학의 심리학 교수인 로버트 로젠탈과 르노 야콥슨이 공동으로 수행한 연구로, 경영학에서도 연구가 꾸준히 이루어지고 있다.

장들을 믿고 뽑았으면 끝까지 믿고 함께 가야 한다. 이와 같은 선순환 시스템은 3장 선거시스템의 핵심요소다.

후보자가 해야 할 일은 많고 시간은 정해져 있는데, 혼자서 북 치고 장구 칠 수는 없다. 배터리를 충전해두어야 바로 사용할 수 있는 것처럼, 후보자는 시간과 에너지를 비축해놓아야 한다. 리더십은 혼자서 하는 게 아니라 하게 만드는 것이다. 《한비자》는 "삼류는 자신의 능력을 쓰고, 이류는 타인의 힘을 활용하고, 일류는 타인의 능력을 이끌어낸다"라고 했다. 타인의 능력을 빌려 내 것으로 만들고 무장하는 리더가 고수 리더다. 다른 사람의 능력을 이용하고, 빌리는 기술은 역발상이 필요하기 때문에 어렵다. "리더십이란 일종의 불완전한 동그라미로, 어느 부분은 아랫사람들이 그릴 수 있게 남겨놓아야 한다. 아무리 똑똑해도 모든 일을 혼자 할 수는 없는 법이다."(리슈에칭, 2016) 한때 기업경영에서 유행한 레버리지, 일본 교세라 창업자인 이나모리 가즈오의 아메바 경영[23]과도 흡사하다. 오케스트라의 지휘자는 독주 연주자와 다르게 생각하고 행동해야 위대한 오페라 작품을 만들어낼 수 있다. 후보자는 큰 틀만 결정하고 자신이 잘하는 일에만 집중하면 된다. 나머지는 팀장 등 참모진에게 위임하여 함께 가야 한다. 후보자는 최고의 리더지만, 팀장은 현장 리더다. 후보자는 큰 그림의 구도(構圖)만 잡으면 된다. 색칠까지 하면 곤란하다.

여섯째, 여유와 자신감을 갖는 것이다. 정치인이 지지율에 목을 매는 것은 방송국 PD가 시청률에 목을 매는 것과 같다. 지지율이 선거 결과와 관련 있다면, 시청률은 광고 수입과 직결되기 때문이다. (예비)후보자의 여

23 회사조직을 단세포 생물인 아메바처럼 소규모 조직으로 쪼갠 뒤 각 집단의 리더에게 인사, 정보, 자금, 기술에 대한 전권을 주고 작은 CEO 역할을 맡기며, 더 나아가 각 집단이 거둔 성과를 독립채산제 방식으로 평가한다.

론조사 결과 지지율이 하락한 것으로 언론에 공표될 경우 한숨을 쉬거나 사무실을 초상집 분위기로 만드는 후보자가 있는데, 정말 하수다. 형세가 좀 불리하다고 조급해하고, 좀 유리하다고 경거망동해서는 안 된다. 그래서 로버트 그린은《권력의 법칙》에서 리더의 토대로 감정 통제 능력을 꼽았다. 조직의 방향을 설정하고 조직원의 동기를 부여해야 하는 리더라면 허장성세(虛張聲勢)는 아니더라도 최소한 여유로운 척, 웃는 척이라도 해야 한다. 포커게임의 승패는 포커페이스를 누가 잘 유지하느냐에 달려있다고 한다. 여유의 반대는 '공포'다. 공포가 실패보다 더 나쁘다고 한다. 이는 공포가 자신을 망치게 하고 리더십 자체를 뿌리째 흔들기 때문이다. 후보자라는 나침판이 흔들리면 시스템도 방향감각을 상실한다. 나를 힘 빠지게 만들고 멈추게 하는 것은 바로 나 자신임을 명심하자.

여유와 자신감의 뿌리는 코치와 독서를 들 수 있다. 코치는 후보자의 역량을 확장시켜주는 도구다. 하지만 일부 후보자는 자신이 최고라고 생각한 나머지 코치에 관심이 적다. 독서는 생각 키우기의 아이콘이다. 매리언 울프는《책 읽는 뇌》에서 "독서는 선천적인 능력이 아니다. 인류가 독서를 발명해낸 이후 인간은 이 발명품을 통해 뇌 조직을 재편성했고, 그렇게 재편성된 뇌는 인간의 사고능력을 확대시켰다"라고 했으며, 권오현은《초격차》에서 "독서는 관심의 영역을 확대하고, 사고의 폭을 확장시켜준다. 또한 생각의 근육을 키워주며, 판단력을 정교하게 만들어준다"라고 했다.

좋지 않은 일은 전염병처럼 빨리 번진다는 사실을 명심하자. 리더가 바쁘다고 하면 여유 없는 상황이 팀원에게 전해진다. 이는 리더의 표정, 몸짓, 말 한마디가 조직 구성원들에게 크게 영향을 미치기 때문이다. 그래서 나온 게 수신(修身)을 의미하는 셀프 리더십이다. 이는 자신을 효과적으로 통제하거나 이끌지 못하면 스스로 무너져 경쟁에서 이길 수 없기 때문이다. 후보자는 외유내강(外柔內剛)의 소유자로 늘 여유롭게 행동하고, 자신감이 있어야 한다. 자신감은 현금보다 더 중요한 자산이라고 한다. 자신감은 부드러움, 유연함, 긍정적인 생각의 다른 표현이다. 자신감 역시 전염성이 강해 조직에 활력을 불어넣는다. 어떤 일이든 태연하게 해내고 유머감각이 있는 리더를 볼 때 사람들은 그의 능력을 실제보다 더 높게 평가하는 경향이 있다. 이는 "약한 것이 강한 것을 이기고, 부드러운 것이 억센 것을 이긴다"라는 노자의 사상과 맥을 같이한다. TV 광고모델을 선발할 때 가장 중요한 조건은 표정이 밝고 풍부한 사람이라고 한다. 거기에 백배 공감한다. 후보자도 모델과 다를 바 없다. 표정이 어두운 후보자는 다른 선거 준비보다 연기학원에 가서 웃는 표정 연기를 먼저 배우는 게 현명할지도 모른다.

3) 좋은 후보자와 나쁜 후보자

리더로서 나의 성적표는?

앞에서 선거는 이분법 논리가 판친다고 했다. 직장에 가면 좋은 상사와 나쁜 상사가, 집에 가면 좋은 아빠와 나쁜 아빠가 있듯이 선거사무소에 가면 좋은 후보자와 나쁜 후보자가 있다. 내가 어느 부류에 속하는 사람인지 방향이 정해지면, '좋은' 또는 '나쁜'이라는 단어가 향후 나를 평가하는 도구 또는 잣대가 된다. 이 잣대는 나의 인생, 직장, 사회생활의 성적표로 둔갑한다. 이 성적표가 누구는 승진시키고 누구는 회사를 떠나게 만드는 칼끝이 된다. 또한 이 성적표 때문에 오너가 물러나기도 한다. 그럼 이런 결과는 누구 책임이란 말인가? 원인을 제공한 바로 '나'다. 그런데 그 차이는 사소한 한마디의 말, 행동 하나에서 판가름 난다. 이는 바람처럼 보이지도 않고, 빛의 속도처럼 빠른 말의 전파력 때문이다. 앞에서 리더십을 영향력이라고 했다. 리더는 그 영향력을 통해 결과나 성과를 내야 하는 사람이기도 하다. 그러자면 많은 변수를 연결시켜야 하는데. 그 접착제가 바로 말이다. 따라서 말이 리더의 무기임을 잊지 말자!

나는 어떤 후보자가 되고 싶은가?

야구는 투수 놀음이고, 기업은 CEO 놀음이라고 한다. 투수와 CEO가 팀과 조직에서 차지하는 비중이 그만큼 크다는 의미다. 완벽한 사람이 없듯이 완벽한 리더도 없다. 또한 모든 구성원으로부터 좋은 평가를 받는 리더도 없다. 어느 조직의 특성이나 환경 등에 따라, 보는 시각에 따라 평가 잣대가 다르기 때문에 리더를 무 자르듯이 평가하기는 어렵다. 그래도 어떤 리더가 좋은 리더인지를 알아보는 것은 의미가 있다. 박유진 · 김태형은《올바른 인생성공을 위한 리더십》에서 "좋은 리더란 사람들에게 긍정적 영향을 끼치며 좋은 성과를 만들어 조직이나 사회의 발전에 도움이 되는 리더라 할 수 있으며, 나쁜 리더란 사람들에게 부정적 영향을 끼치며 나쁜 성과를 만들어 조직이나 사회의 발전에 도움이 되지 못하거나 발전을 저해하는 리더"라고 말하고 있다.

캐럴 드웩은《마인드셋》에서 리더를 고정 마인드셋 리더와 성장 마인드셋 리더로 구분하여 여러 CEO의 사고를 분석한 후 성장 마인드셋 리더의 특징을 세 가지로 제시했고, 짐 콜린스는《좋은 기업을 넘어 위대한 기업으로》에서 리더를 5단계로 나누고 위대한 기업에는 언제나 단계 5의 리더가 있었다며 이들의 특징을 제시하고 있는데, 이는 매우 의미심장하다. 좋은 리더의 특징을 세 가지로 요약하면 겸손, 의지, 책임감이다. 나쁜 리더가 문제 되는 것은 리더 자신만의 문제에 국한되는 게 아니라 구성원들에게도 부정적인 영향을 미치기 때문이다. 이른바 나쁜 낙수효과다. 반면 이재형은《완전한 리더십》에서 나쁜 리더의 특징으로 여섯 가지, 즉 독단(독선), 무책임, 권위주의, 편애(편견), 감정 자제력 부족, 공사 불분명을 꼽았다.

Tip 리더의 함정

《인문학 리더십》의 저자 조슬린 데이비스는 리더가 빠지기 쉬운 여덟 가지 함정의 예를 다음과 같이 들면서 주의할 것을 강조하고 있다. 의미가 있는 여덟 가지 잣대를 놓고 자신의 점수를 체크해보자. 여덟 가지 함정은 다음과 같다. ① 맹점을 무시한다("내 말이 맞다니까"). ② 인간관계를 순진하게 생각한다("다들 날 사랑해!"). ③ 감상적인 면을 깔본다("쓸데없는 짓 그만해"). ④ 단순한 답만 좇는다("명백하잖아"). ⑤ 너무 일찍 승리를 선언한다("내 일을 끝냈어"). ⑥ 적응에 실패한다("이 방법으로 해왔어"). ⑦ 남의 강점을 폄훼한다("내가 전문가야"). ⑧ 지배하고 포기한다("내가 하라기 전에는… 아, 관두자고").

좋은 리더와 나쁜 리더의 유형

취업포털 잡코리아는 2016년 10월 11일 tvN 새 프로그램 〈소사이어티 게임〉과 함께 직장인과 대학생, 구직자 1,154명을 대상으로 좋은 리더, 나쁜 리더에 대한 설문조사 결과를 발표했다. 이 여론조사 결과가 선거 현장의 후보자와 직접적으로 비교할 수는 없지만, 간접적으로 참고하면 도움이 될 수 있다. 응답자가 뽑은 좋은 리더 유형 1위는 상하 간에 소통이 원활한 리더(66.2%)였다. 이어 팀원 모두에게 성장의 기회를 주는 리더(36.4%), 공정하고 객관적인 리더(34.9%), 팀원을 인간적으로 대우하는 리더(34.4%), 장기적인 안목과 통찰력이 있는 리더(33.2%), 직무능력이 뛰어난 리더(26.9%) 순이었다. 나쁜 리더 유형 1위는 말을 바꾸는 리더(45.8%)였다. 이어 팀과 팀원의 실수에 책임을 지지 않는 리더(42.0%), 권위적인 리더(39.9%), 상하 간의 소통이 안 되는 리더(33.4%), 팀원의 성과를 가로채는 리더(33.4%), 팀원을 차별하는 리더(28.3%), 직무능력이 부족한 리더(28.3%), 불필요한 야근을 시키는 리더(24.4%) 순으로 응답했다. 과연 나는 어느 항목에 속하는 후보자인지, 어떤 후보자가 되고 싶은지 스스로에게 물어보자.

4) 후보자가 주의해야 할 것들

액셀보다 브레이크가 더 중요하다

아이가 걷기 시작하면서 나타나는 특징 중 하나는 앞만 보고 달리는 행동이다. 이는 본능대로 움직이기 때문이다. 당연히 옆, 뒤를 살필 겨를이 없다. 물론 후진기어는 작동되지 않는다. 이런 행동은 어른이 되어도 크게 다르지 않다. 이런 행동을 사고로 치환시키면 무엇을 할 것인지가 주요 관심사이지, 무엇을 하지 말아야 할 것인지는 무시하고 애써 외면한다. 그러다가 주변의 작은 장애물 앞에서 속수무책 당하기 일쑤다. 선거판에 뛰어든 후보자 역시 별반 다르지 않다. 살다 보면 액셀보다 브레이크가 더 중요할 때가 많다. 후진기어 작동은 덤이다. 브레이크가 고장 난 자동차는 살상용 무기에 불과할 뿐 자동차가 아니다. 선거판에서만큼은 특히 그렇다. 하지만 후보자와 참모들의 행태를 보면 액셀만 밟으려 하지 브레이크를 밟는 데는 도통 관심이 없다. 선거판에서 이기기 위해 직진은 하되 주변에 싱크홀(sink hole)이 있지는 않은지 살얼음판을 걷는 심정으로 걷자. 선거법의 칼끝이 당신을 불구자로 만들지도 모른다. 별표(*)도 중요하지만 물음표(?)에 관심을 갖자! 그런 의미에서 5장은 내 몸을 보호해주는 쓴 보약이다.

가장 소중한 것을 경계하라

직장에서 힘든 것은 일 때문이 아니라 사람 때문이라고 한다. 그 원인은 사람이 사람을 신뢰하지 못하는 데 있다. 그런데 선거판에서는 역설적으로 나한테 가장 소중하고 도움을 주는 사람 또는 물건을 경계해야 할 때가 있다. 신뢰의 반대말은 불신이 아니라 배신이다.《도덕경》에는 "인간의 화와 복은 맞물려 있다"라고 했다. 이를 선거판에 대입하면 충신과 역적은 같은 공간, 선거사무소 안에 함께 있다는 말과 같다. 사람 폭탄(?)이 터질 때 제일 무섭고 후유증이 크다. 또한 휴대폰도 우리 모두에게 너무 소중하고 편리한 도구이지만, 내 목을 조이는 무기가 될 수 있다. 선관위, 검찰, 경찰에서 디지털포렌식을 통해 휴대폰 안에 있는 증거자료를 확보하여 들여다볼 수 있다. 겨울에 눈길을 가면 발자국을 남기듯이 핸드폰이 풍부한 증거자료를 제공한다. 영장 담당 판사가 영장을 발부할지 여부를 판단할 때 수십 페이지의 정황증거 자료보다 카톡 멘트 한 줄이 더 영향을 준다고 한다. 명심하자!

돈선거는 가라

4년마다 선거라는 큰 장(?)이 서다 보니 간혹 학교 선후배 및 동료, 사회 친구 등 여러 유형의 불청객, 선거 브로커들이 갑자기 접근해온다. ① '세 과시형'으로 동호회, 향우회 등 회원 수천 명을 관리하고 있다고 자랑하는 사람들, ② 지역별 책임자 1~2명을 두고 이들에게 필요한 활동비를 주어야 한다며 돈선거[24]를 충동질하는 사람들, ③ 노골적으로 대가를 요구하는 사람 등등 참으로 수법도 교묘하고 다양하다. '을(乙)'인 후보자의 불안 심리를 이용하여 우산을 받쳐주고 선거가 끝나면 1등 공신 운운하며 이권을 챙기거나 인사청탁 등을 요구할 사람들이다.

후보자 입장에서는 계륵이다. 버리자니 안티로 돌변할 것 같고, 함께 가자니 난감하다. 대가를 바라거나 돈을 요구하는 사람들이 있다면 고르디우스 매듭(Gordian Knot)을 한 번에 잘라내는 것처럼 단호하게 거절해야 한다. 쉬운 일은 아니지만 검은 유혹을 뿌리쳐야 한다. 그런 사람들과 같은 배에 승선할 경우 진창에 빠지기 십상이다. 단, 거절은 하되 원수로 만들지는 말자. 이들은 후보자를 비방할 사람이지만, 거절도 잘해야 한다. 도리스 컨스 굿윈의 《권력의 조건》에서 보여주는 라이벌까지 끌어안은 링컨의 포용 리더십은 아니더라도 적당한 선에서 금을 그어주자. 그것이 정치다. 《손자병법》을 보면 "아랫사람이 원한을 품으면 망한다"라

---

24 1960~1970년대의 고무신 선거, 막걸리 선거처럼 후보자 등이 득표를 위해 은밀하게 유권자에게 금품 · 음식물 등을 제공하는 금권선거를 말한다.

고 했다. 돈선거를 근절하겠다는 입법자의 의도가 반영된 「공직선거 및 선거부정방지법」(1994.3.16)이 제정된 지도 벌써 27년이 지났지만, 아직도 근절되지 않고 있다. 나 역시 조합장선거의 돈선거 근절에 동참하기 위해 2016년 돈선거 관련 석사논문을 쓴 적이 있다. 조직의 지원을 받아 이룬 나의 조그마한 성과였다.

네거티브 선거운동은 No!

싸움에서 이기려면 상대 후보자의 전력을 약화시키는 게 필요하고 중요하다. 하지만 그 방법은 정당해야 한다. 장사에 상도(商道)가 있듯이 선거판에도 정도(政道)가 있다. 네거티브의 단골 메뉴는 사생활 문제, 부동산 투기, 병역기피, 성추행 등 다양하다. 후보자 본인이 네거티브 선거운동의 주체가 되어 공격할 수도 있고, 객체가 되어 수비할 수도 있다. 일반적으로 주체가 되는 게 유리하다고 하는데, 상대 후보자로부터 역공을 받을 수 있어 주체가 되는 게 반드시 유리한 것은 아니다. 네거티브 선거운동 과정에서 허위사실 공표죄, 후보자 비방죄로 처벌받을 수 있으므로 유의해야 한다. 그리고 비록 소문일지라도 확인 과정을 거쳐 공표해야 함은 물론이다. 어떠한 소문이 있다고 공표한 경우 소문의 내용이 허위이면 소문이 있다는 사실 자체는 진실이라 하더라도 허위사실 공표죄가 성립한다(대법원 2016.12.27. 선고 2015도14375). 소문이 있더라도 반드시 사실 여부를 확인하고 공표해야 한다. 시대가 변하고 있다. 네거티브 선거운동 또는 상대 후보자와 불필요한 경쟁을 하는 데 시간 낭비하지 말고 차라리 유권자를 위한 가치를 창출하는 데 전력을 다하는 선거전략이 득표활동에 도움이 된다.

이런 네거티브 선거운동은 유권자에게 실제로 영향을 미친다는 실증적 연구 결과가 있다. 지난 2007년에 나온《대통령 선거에서 네거티브 전략의 효과에 관한 실증적 연구》(이국희, 경기대 정치전문대학원 박사학위논문)를 보면 527명을 대상으로 실시된 조사에서 "네거티브 선거운동이 선거 결과에 실제 영향을 미친다고 생각하느냐?"라는 질문에 86.9%가 긍정적으로 답변했다. 또 구체적 사실로 확인된 후보자의 개인 비리나 의혹으로 공격해 전력을 약화시키는 네거티브 선거운동에 대해 60.9%가 "좋은 방법은 아니지만 선거전략으로 필요하다고 본다"라고 응답했고, 응답자의 71.9%는 "선택하려던 후보에 대해 재검증하겠다"라고 응답했다. 구체적인 사실로 확인되지 않은 네거티브 선거운동의 경우 "해서는 안 된다"라는 응답이 65.9%로 가장 높았으나, 그래도 "선택하려던 후보를 재검증하겠다"라는 응답이 49.2%로 나왔다(CBS 노컷뉴스, 2018.6.11자). 좀 오래된 연구 결과이지만 현재와 크게 다르지 않을 것이다.

4.
선거환경은 어떤가?

1) 누가 세를 확보하고 활용하나?

선거는 분위기 싸움

후보자인 나만 열심히 노력하면 당선된다는 고정관념은 버려야 한다. 모든 후보자가 당선되기 위해 출마했고, 목숨을 걸고 혈투를 벌인다. 무조건 노력하는 것과 효율성은 별개다. 노력도 스마트하게 해야 한다. "하늘은 열심히 하는 사람을 돕는 게 아니라 옳은 방법으로 일하는 사람을 돕는다"라는 말이 있다. 꾸준히 노력하고 연습하는 것도 중요한 덕목이긴 하지만 그게 전부는 아니다. 가장 중요한 것은 방법이 옳아야 한다. 그리고 방법을 알면 일에 흥미를 느끼기 때문에 준비도 훨씬 수월하다. 선거도 전략과 시스템이라는 방법을 알고 제대로 활용하면 적은 대가를 지불하고도 많은 것을 얻을 수 있다. 그러므로 이 책의 2장 선거전략과 3장 선거시스템은 출마를 준비하는 정치인에게 필요한 도구다.

세(勢)는 기(氣)와 유사하여 전쟁이나 마케팅, 선거판 등 모든 분야에 적용된다. 세와 기는 심리적 요인으로, 이를 어떻게 다스리고 받아들이느냐에 따라 결과물은 천양지차다. 기업의 광고, 4장에서 설명하는 선거운동 시 지지 · 호소도 결국 심리전이다. 심리학 공부는 유권자를 이해하고, 홍보효과를 높이는 데 유용한 수단이다. 잭 트라우트와 앨 리스는 "광고란 한마디로 심리학 실습"이라고 말했다. 반드시 할 수 있다는 자세, 즉 '기세', 운동경기 해설자들이 사용하는 '분위기 싸움'이라는 멘트, 풍수지리의 지형지세, 《손자병법》의 형세 및 연예인들의 대세 등에 사용하는 기, 세는 모두 같은 의미다.

선거 분위기를 선점하는 게 이기는 지름길

세는 싸움 결과를 가늠하는 잣대로, 주도권을 잡는 쪽이 이긴다. 세는 실력이나 어려운 외부환경을 뚫고 나가게 해주는 힘이 있다. 선거판도 마찬가지다. 그래서 많은 정치인이 세를 잡기 위해 모든 방안을 동원한다. 선관위는 심판자로서 불법행위를 예방하고 선거 과열을 방지하기 위해 차분하고 조용한 선거 분위기를 바라지만, 후보자는 기, 세를 충전시켜 우위를 점하기 위해 최대한 선거 분위기를 띄워야 한다. 스포츠 경기에서 우열을 가리기 어려울 때 누가 초반에 기선을 잡느냐가 승패를 가르는 것처럼 선거판도 누가 초반에 세를 선점하느냐가 당락을 좌우한다. 중요한 것은 싸움을 결정하는 세 역시 사람이 만드는 것이다. 장작에 불을 지피는 데 토치가 필요한 것처럼 선거판에서 세를 키우기 위해서는 말이라는 불씨를 잘 퍼뜨리는 사람이 필요하다. 케빈 켈리(Kevin Kelly)는 웹사이트 테크니엄(The Technium)에 "1천 명의 진정한 팬(1,000 True fans)" 제하의 글에서 1천

명 정도의 진정한 팬(골수팬)을 만들면 예술가, 음악가, 사진사 등으로 성공할 수 있다(먹고살 수 있다)고 주장하고 있는데, 이는 설득력이 높다. 선거판에서도 그대로 통용된다. 1천 명이라는 기준이 절대적인 숫자는 아니지만 선거별 일정 규모의 진정한 팬(골수팬) 확보는 의미가 크다. 이들 골수팬이 토치 역할을 한다. 그래서 후보자마다 팬카페, 팬클럽[25] 등을 통해 팬덤을 만드는 것이다.

Tip 정치신인 등은 유력 당선자와 라이벌 구도를 만드는 게 먼저다

《손자병법》〈군쟁(軍爭)〉 편을 보면 "전쟁터에 적보다 먼저 도착하여 유리한 곳을 점령하고 적군을 기다리는 군대는 편안하고, 적군보다 늦게 도착한 군대는 쉴 틈 없이 싸움에 임해야 하므로 피로하다"라고 말했다. 이는 어떤 상황에서도 적에게 주도권을 빼앗겨서는 안 된다는 게 핵심이다. 잭 트라우트 외는《마케팅 불변의 법칙》에서 현대사회에서 고객은 분야별 1위, 2위 둘밖에 기억하지 못한다고 주장한다. 당연히 1위 제품이 포지셔닝을 선점하여 고객의 마음속에 각인되기 때문에 해당 분야에서 1위가 되는 것은 매우 중요하다. 이게 현직의 강점이다. 그러므로 3위 이후 순위는 변방, 주변인으로 전락한다.

정치신인은 유력 당선자에 비해 뒤에서 출발하기 때문에 존재가치가 미미하고 모든 게 불리하다. 이때 필요한 게 점을 찍고 주목을 끄는 것이다. 태풍의 눈이 되어 골든크로스(golden cross)를 보여주는 것이다. 그래야 유력 당선자와 라이벌 구도를 만들 수 있다. 마치 자석의 원리와 같다. 정치권에서는 주목을 끌기 위해 현직 또는 최고 권력자를 공격하는 전략을 구사하기도 한다. 강자를 쳐야 자신이 대단해 보이기 때문이다. 정치신인 등은 첫째, 초반에 임팩트 있는 방법으로 홍보해야 한다. 이는 도미노 게임에서 첫 번째 도미노(domino)를 제대로 넘어뜨려야 하는 원리와 같다. 다만, 에너지와 추가 비용은 감수해야 한다. 이는 자동차가 급출발 때 연료를 많이 소모시키는 원리와 같다. 이는 마케터들의 제1원칙이다. 둘째, 참신성, 좋은 이미지 등 나만의 콘셉트, 브랜드로 무장하여 상대 후보군을 선두그룹에서 밀어내야 한다. 그래야 언론 등으로부터 주목을 받고 세

---

25 후보자의 팬클럽 활동 등에 대해서는《예시집》참조

몰이를 할 수 있다. 셋째, 이들을 지렛대 삼아 포텐을 터뜨려야 한다. 즉, ○○ 하면 '아, 그 후보자!'를 떠올려야 한다. 포지션을 잡지 못하면 자칫 본게임에 오르지도 못한다.

2) 동조화 현상은 바람보다 무섭다

선거판은 샅바 싸움의 장

선거환경을 씨름 경기에 비유하면 샅바에 해당한다. 흔히 자신에게 유리한 상황을 만들기 위해 상대방과 벌이는 신경전을 "샅바싸움 한다"라고 말한다. 씨름 경기에서 누가 상대방의 샅바를 1cm 더 깊이 잡느냐에 따라 승패에 영향을 주기 때문에 "씨름 경기는 샅바싸움"이라고 말한다. 그 1cm가 선거판의 판세를 뒤집고 당락을 좌우한다. 또한 선거판을 바다에 비유하면 선거환경은 파도, 후보자는 배, 유권자는 손님에 비유할 수 있다. 튼튼한 배라야 많은 손님을 태울 수 있고, 거친 파도에도 항해할 수 있다.

나의 선거구 역시 선거환경에 따라 수시로 변한다. 내가 출마 선언을 할 때, 예비후보자등록 후 후보자등록을 할 때까지 선거환경이 수시로 변할 수 있다. 나의 경쟁자가 포기할 수도 있고, 낙하산 타고 내려온 새로운 강자가 출현하여 선거판이 요동칠 수도 있다. 지속적으로 정보와 자료를 수집하고 상황에 민첩하게 대처해야 한다. 긴장의 끈을 놓는 순간 게임에서 진다.

제8회 지선의 성적표는 20대 대선의 복사판, 동조화 현상

아무래도 선거환경 변수 중 최고의 복병을 들자면 코로나19다. 코로나19는 제21대 총선 시 선거운동 방법에 많은 변화를 가져다주었음은 물론 선거 결과에도 결정적인 영향을 미쳤다. 제21대 총선은 '코로나 선거'였다고 해도 과언이 아니다. 우리나라 선거 역사상 처음으로 20대 대선과 제8회 지선을 2022년 한 해에 치른다. 내년 양대 선거도 코로나19가 선거판을 집어삼킬지도 모른다. 향후 선거판세를 예측하기는 어렵지만, 양대 선거를 앞두고 정치판에는 새로운 정치 수요가 맞물려 이합집산 또는 합종연횡 등의 형식으로 정당의 통합과 분화가 있을 것이다. 정부권력과 지방권력이라는 전리품을 차지하기 위한 양대 선거는 과거 어느 해보다 치열하게 전개될 것이 분명하다.

양대 선거의 승부처는 2022년 3월 9일에 치러지는 대선이다. 양대 선거 간격이 83일에 불과하여 대선에서 패한 정당은 6월 1일에 실시하는 지선에서도 고전할 것이 뻔하다. 지선의 판세, 성적표는 대선의 판세, 성적표의 복사판이 될 가능성이 매우 크다. 이른바 동조화 현상(同調化現象, decoupling) 때문이다. 지선의 경우 특정 지역 · 선거구는 동전 던지기에 비유할 수 있다. 지선에 출마하는 정치신인 등의 입장에서는 어느 정당의 공천을 받느냐가 당락을 가르는 주요 변수가 될 수 있다. 즉 나의 의지, 노력과 무관하게 외부 변수의 희생양이 될 수도 있다.

3) 현직 효과는 극복하기 어려운가?

오늘의 강자가 내일의 강자는 아니다

똥개도 자기 집 앞에서는 50%는 먹고 들어간다고 했다. 선거판도 마찬가지인데, 이른바 현직 효과다. 그래서 일부에서는 정치신인 등이 현직과 경쟁하는 것은 차(車), 포(包) 떼고 장기를 두는 것과 같다고 말하기도 한다. 선거법 규정을 봐도 현직 효과는 분명히 존재한다. 이는 마케팅 분야에서 1위 브랜드가 포지셔닝을 선점하여 시장점유율이 상대적으로 높은 것과 같다. 국회의원은 선거법 제111조의 의정보고, 언론 노출 등을 통해 자신을 알릴 수 있고, 참모 등 조직을 통해 각종 정보를 신속히 얻을 수 있는 등 이점이 많다. 지방자치단체장은 조직, 인력 등 지방권력을 쥐고 있어 국회의원보다 오히려 현직 효과를 더 누릴 수 있다. 그래서 선거법은 현직 지방자치단체장과 정치신인 등과의 공정한 게임을 위해 제9조, 제57조의6, 제60조, 제85조, 제86조, 제266조, 제268조 등에서 자치단체장의 재임 중 선거운동을 하지 못하도록 통제 · 규제 장치를 두고, 위반 시 강한 책임을 묻고 있다. 그리고 지방자치단체장은 선거구역이 당해 지방자치단체의 관할구역과 같거나 겹치는 총선에 입후보하고자 하는 때에는 당해 선

제21대 총선 및 제7회 시 · 도지사선거 현직 당선 비율

구분	제21대 총선	제7회 시 · 도지사선거
정수(석)	253	17
현직 당선자 수(명)	121	7
비율(%)	41.7	41.2

거의 선거일 전 120일까지 그 직을 그만두어야 한다(§53⑤본문).

게임도 한번 이겨본 사람이 다음에 이길 확률이 높고, 고기도 먹어본 사람이 잘 먹는다고 한다. 현직이 반드시 유리할까? 외관상 유리해 보일 뿐 반드시 그렇지는 않다. 지난번 당선되었다고 이번 선거에 또 당선될 것이라는 보장은 없다. 성공이 성공을 낳지는 않듯이, 당선이 당선을 낳지는 않는다. 현직도 당선될 수 있다는 믿음이 간절한 후보자만이 배지를 달 수 있다. 모든 일이 마음 먹기 나름이고, 뜻이 있는 곳에 길이 있다고 했다. 나 역시 30여 년간 선관위에 근무하면서 예외 사례를 많이 보았다. 제21대 총선 및 제7회 시 · 도지사선거 관련 아래 통계자료를 보면 현직이 50% 이하로 절대적으로 유리한 것이 아님을 보여주고 있다.

현직, 당면 과제는 리스크 관리

현직 당선 비율이 낮은 이유는 외부의 정치 상황, 정당 내 역학관계로 인한 공천탈락 등 여러 요인이 있겠지만, 현직의 리스크 관리(risk managemant) 미숙이 중요한 부분을 차지한다. 자책골을 넣거나 똥볼을 차고, 주요 정책실패 등으로 자신의 주가를 떨어뜨리며, 성공한 개인 · 기업들이 흔히 저지르는 성공의 함정(success trap)[26]에 빠지기도 한다. 또한 지식 착각(illusion of knowledge)[27]도 한몫을 한다. 더군다나 내부관점 편향[28]이 돌이킬

26 미국 하버드대학교 심리학자 엘렌 랭거 교수가 처음 제시한 개념으로, 과거 경험에 사로잡혀 급변하는 환경에 적응하지 못하고 몰락하는 것을 의미한다.

27 전문지식이 많을수록 자신의 경험과 지식을 과신하여 오히려 실수를 범할 가능성이 증가하는 경향을 말한다(신병철, 2017).

28 객관적인 자료를 무시한 채 자신은 예외라는 생각이나 믿음을 말한다. 그래서 운전 중 통화가 사고 위험을 5배나 높인다는 사실을 알면서도 자신은 운전 실력이 뛰어나기 때문에 괜찮다고 생각하는 사람들이 많다(리처드 럼멜트, 2019).

수 없게 만든다. 성공의 함정에 빠지면 혁신도 어려운데, 이는 유동성 함정에 빠지면 통화정책이 통하지 않는 것과 같다. 인텔의 전 CEO 앤드루 그로브는 "사업의 성공에는 항상 실패의 씨앗이 잉태되어 있다"라는 멋진 말을 남겼다.

외부환경은 급속히 변화하는데 나만 변하지 않으려고 발버둥 치고, 쓰던 근육만 사용하면 새로운 근육은 만들어지지 않을 뿐만 아니라 가지고 있던 근육마저 사라진다. 리처드 포스터(Richard J. Foster)는 《창조적 파괴》에서 "지금 시장을 지배하고 있는 승자들은 동시에 내일의 잠재적인 패자일 수도 있다"라고 말한 후, 현재를 창조적으로 파괴(혁신)하는 기업만이 미래를 가질 수 있다는 결론을 제시했다. 자신감은 필요하지만, 자만심의 덫에 걸려들면 안 된다. 자만심은 자멸감을 가져다준다. 지금 잘나가는 현직도 상대를 과소평가해서는 안 된다.

현직과 정치신인 등은 도망자와 추격자의 싸움과 같다. 달아날 때 달아나지 못하면 추격당한다. 현직이 특히 유의해야 할 점은 지난 선거 때 추진했던 시각, 진부(cliche, 클리셰)하고 틀에 박힌 사고의 덫에 걸리면 안 된다. 지난번 선거 때 사용했던 선거전략이 통했다고 다음번 선거에서도 통한다는 보장은 없다. 《손자병법》〈허실(虛實)〉 편에서 "한 번 전쟁에서 승리한 방법은 다시 사용하면 안 된다. 무궁한 상황의 변화에 끊임없이 자신의 모습을 변화시켜야 한다"라고 했으며, 세스 고딘은 《트라이브즈》에서 "어제 돈을 많이 벌었다고 해서 내일도 똑같은 방식으로 성공하리라는 보장은 없다"라고 말했다. 또한 짐 콜린스(Jim Collins)가 《좋은 기업을 넘어 위대한 기업으로》에서 주장한 "좋은 것은 위대함의 적이다"라는 문구를 곱씹어보자. 게임 룰이 바뀌는 순간 강자와 약자가 뒤집힌다. 강자일수록 오히려 더 긴장하고 대비해야 한다.

정치신인, 진입장벽을 넘어라

뷰카(VUCA)[29] 시대에 정치 · 경제 · 사회 모든 분야가 빠르게 변하고 있다. 첫발을 내딛는 정치신인의 경우 선거 여정에서 구불구불한 길, 울퉁불퉁한 자갈길, 비탈길은 물론 지뢰밭을 지나가야 하고 때로는 산사태로 막힌 도로를 지나가야 한다. 이는 진입장벽 때문이다. 기업이 신규 시장에 진입할 때 가장 큰 어려움으로 진입장벽을 꼽는다. 소위 기득권자의 텃세다. 그런데 시장보다 진입장벽이 더 높고, 심한 곳이 바로 선거판이다. 정치신인의 입장에서는 진입장벽, 즉 허들을 넘는 게 선결과제다. "세상의 모든 불행은 행운과 함께 오며, 모든 위기 속에 기회가 숨어있다"라고 말한다. 불황기가 역설적으로 기회인데, 이는 틈틈이 내공을 쌓아온 사람에게만 허용된다. 구글은 닷컴열풍이 붕괴된 2000년대 초반에 등장한 기업이다. 누군가의 비극이 누군가에겐 도약의 발판이 되기도 하고, "분명하지 않은 순간들이 중요한 순간들이다."(세스 고딘, 2020)

세상사 모든 일의 시작은 미미하다. 점 찍고 한 발 내딛고 한 번 해보기가 시작점이다. 도미노 게임도 그렇고 해시 태그(hashtag, 검색어 기능)의 탄생도 그랬다. 가볍게 건드린 도미노가 엄청난 힘을 발생시킨다. 해시 태그(#)도 처음에는 관련정보의 기능을 묶는 정도의 용도로 쓰였지만, 지금은 검색 등 다른 용도에도 쓰인다. 정치신인 역시 출발은 미미하다. 하지만 정치신인 자신의 노력과 환경변수 등에 따라 티핑 포인트(tipping point)가 일어날 수도 있고, 도미노 효과를 만들어낼 수도 있다. 그래서 태풍의 눈

---

29 변동적이고 불확실하고 복잡하며 모호한 사회 환경 또는 기업환경의 어려움을 말할 때 사용한다. 변동성(Volatility), 불확실성(Uncertainty), 복잡성(Complexity), 모호성(Ambiguity)의 약자로, 1990년대 초반 미국 육군대학원에서 처음 사용되기 시작했다.

이 더 무섭다. 현직 효과는 존재하지만 그렇다고 두려워할 필요는 없다. 세상에 확정적이고 절대적인 것은 하나도 없다. 최고의 팀이 매번 승리하는 것도 아니고, 무명 선수가 스타가 되기도 한다. 오늘의 기득권자가 내일의 아웃사이더가 될 수도 있고, 고정불변의 이론도 없으며, 법 원칙에도 예외가 있다. 이는 원칙이 불변의 진리가 아니기 때문이다.

그러므로 정치신인은 자신의 강점을 개발하여 차별화로 무장하면 기회는 분명히 찾아온다. 어디서든 남보다 돋보이고 튀어야 살아남는다. 현직 따라 하기는 안 된다. 사자와 악어가 강 바깥쪽에서 싸우면 사자가 이기지만, 강 안쪽에서 싸우면 악어가 이긴다. "성공으로 나아가는 위대한 전략은 무언가를 잘하게 되는 것이다. 성공은 습관이 될 수 있다."(스콧 애덤스, 2020) 정치신인의 경우 유권자와 면담하고 명함을 배부하는 것 등 작은 것부터 시작하여 하나씩 성취하고 자신감을 얻는 게 중요하다. 이 작은 것이 역전의 지렛대가 되어 진입장벽을 옮기고 넘어뜨리게 해준다. 우선 작은 점 하나에 집중하자. 《중용》에서는 "먼 곳을 가려면 가까운 곳으로부터 시작해야 하는 것과 같고, 높은 곳에 오르려면 반드시 낮은 곳으로부터 시작해야 하는 것과 같다"라고 했다. 롭 무어가 《결단》에서 "크게 생각하고, 작게 시작하라"거나, 오웨인 서비스와 로리 갤러거가 《씽크 스몰》에서 "작게 생각하고 크게 이루어라"라고 말하는 것 모두 그 뿌리는 같다. 이는 작은 성공 경험이 자기효능감을 끌어올려 다른 성공을 가져다주기 때문이다. 자기가 결정한 것이 어떤 동기보다 더 큰 힘을 발휘한다는 자기결정성이론과 궤를 같이한다. 당선이라는 그림을 그리자면 선거 막판까지 일시적인 업과 다운은 물론 시련의 고비도 있게 마련이다. 주의할 점은 후보자의 인지도가 바닥일 때 조바심을 내거나, 임계점(critical point)을 향해 가고 있을 때 오버하거나 과신하는 행동은 경계해야 한다.

출마 경험자, 고정관념을 버리자

사람이 병치레하고 나면 백신을 맞은 것처럼 항체가 형성된다고 한다. 출마 경험이 자신을 성숙시키거나 노하우라는 좋은 선물을 주기도 하고, 어떤 것들은 합리적이고 반복할 충분한 가치가 있는 것도 있다. 반면 앵커링 효과(Anchoring Effect),[30] 매너리즘, 타성, 트라우마 등 나쁜 선물을 주기도 한다. 좋은 선물은 받아들이고, 나쁜 선물은 버려야 한다. 과거의 방식, 패턴이 옳았는지 자문해보자. 새 부대에는 새 술을 담아야 하듯, 새로 짠 선거판에는 새로운 마음가짐, 콘텐츠를 담아야 한다. 선전인쇄물 등 오프라인과 SNS 등 온라인 매체가 도로라면, 콘텐츠는 그 도로 위를 달리는 자동차와 같다.

성장과 변화는 한 몸이라고 한다. 과거의 틀에 얽매이면 미래는 없다. 앵커링을 과감히 부수어야 새로운 항해를 할 수 있다. 피터 드러커는 "격동의 시대에 가장 커다란 위협은 격동이 아니라 어제의 논리를 가지고 대응하는 것"이라고 말했다(김종철, 2021). 출마 경험은 하나의 참고사항에 불과할 뿐 나의 방향타(方向舵)가 되지는 못한다. 출마 경험자는 약자가 흔히 실수하는 남 따라 하기를 하거나, 누구나 하기 쉬운 것을 추구하는, 이른바 레드오션 전략은 단연 경계 1호다. 위인전을 읽는다고 위인이 되는 것은 아니다. 즉, 생존편향(surviorship bias)[31]에 빠지면 안 된다. 차별화 등을 통해 블루오션 전략을 세워야 실패를 반복하지 않는다. 캐럴 드웩의 《마인

30 배가 정박해서 바다 깊은 곳으로 닻을 내리면 아무리 파도가 쳐도 배가 닻을 벗어나지 못하듯이, 한번 사람들의 마음에 고착된 메시지는 웬만해서는 그 고정된 틀에서 벗어나지 못하는 것을 일컫는다. 앵커링 효과는 휴리스틱(heuristic)의 일종이다.

31 가시성이 두드러지는 생존자들의 사례에 집중함으로써 생기는 편향으로 성공의 개연성을 과대평가하는 개념을 말한다.

드셋》을 참고해볼 것을 권한다. 모든 면에서 과거와 다르게 한발 앞서 생각하고, 변하고, 행동해야 한다. 그 기반은 강한 정신력이다. 자기효능감 이론(self efficacy theory)[32]이 답을 말해주고 있다.

4) 선거판의 새로운 키워드, 빅데이터

숫자는 거짓말하지 않는다

현대를 초연결, 초지능, 초융합 등으로 대표되는 4차 산업혁명 시대라고 한다. 과거나 현재의 데이터를 분석하면 미래를 예측할 수 있으며, 미래를 예측할 수 있으면 현재 어떻게 해야 할지 가늠할 수 있다. 바야흐로 데이터의 중요성이 강조되는 시대다. 일부 학자는 데이터사이언스 시대를 예언하기도 한다. 빅데이터[33] 등 데이터를 석유에 버금가는 새로운 오일이라고 한다. 이는 데이터가 오랜 시간 보존된 객관적 축적물이기 때문이다. 최근 기업, 정부, 지방자치단체 등에서도 의사결정의 신뢰성 등을 높이기 위해 빅데이터 플랫폼을 구축하여 활용하고 있다. 선거판의 경우 제21대 총선 시 모 정당에서 유세차량이용 선거운동 시 빅데이터를 이용

---

32 심리학자 앨버트 반두라(Albert Bandura)가 주장한 이론으로, "자신의 능력에 대한 성공 신념이 강할수록 실제로 성공할 가능성이 커진다"라는 이론이다. 반두라는 자기효능감을 "다양한 일을 성공적으로 해내기 위해 필요한 전략들을 개발할 수 있는 능력이 자신한테 있다는 믿음 또는 자신감"이라고 정의한다.

33 디지털 환경에서 생산되는 데이터로 영상, 이미지, 문자, 숫자 등의 정보를 말한다. "빅데이터의 핵심요소로는 세 가지, 즉 정보의 양(수집되는 총량), 정보의 다양성(모든 형식으로 된 정보의 성격), 정보의 속도(데이터가 수집되는 속도)를 들 수 있다."

하여 도움을 받았다는 언론보도가 있었지만 아직 미미한 수준이다.

우리나라 사회 · 경제 · 문화 등 대부분의 빅데이터는 통계청이 갖고 있지만, 선거 관련 빅데이터는 선거를 앞두고 여론조사기관이 실시하는 여론조사 결과, 인구수, 선거인 수, 정당, 후보자별 득표수 등 각종 공직선거 통계자료 등을 중앙선관위 홈페이지 통계시스템, 각종 공직선거 총람자료 등에 보관되어 있다. 출마하는 후보자라면 내가 출마할 지역구의 읍 · 면 · 동, 투표구별 정당 · 후보자의 득표수 상황은 기본적으로 알아보자. 숫자는 거짓말하지 않는다. 여론조사 결과와 실제 투표 결과가 크게 차이가 나지 않듯이, 지난 선거 시 득표수 상황을 보면 내 예상 득표수를 어느 정도 예측할 수 있다. 전쟁할 때는 칼보다 총, 총보다 대포, 대포보다는 미사일이 유리한 것은 자명하다. 하지만 "빅데이터는 분석자료의 속성상 인과관계가 아니라 상관관계에 대한 정보만 제공한다는 점에서 한계가 있다. 여기에 분위기 등 해석 영역인 맥락 데이터를 읽을 줄 알아야 비로소 빅데이터가 가치가 있다."(박정열, 2020) 빅데이터는 어디까지나 참고자료로 활용해야지 너무 매몰되거나 맹신해서는 안 된다.

Tip 여론조사는 결과보다 행간이 더 중요하다

"데이터가 많아도 잘 꿰어야 보물이 된다"라고 말한다. 맞는 말이다. 선거여론조사는 누가 몇 % 앞선 것보다 세부적인 정보를 통해 팩트 너머에 있는 판세를 들여다볼 줄 알고, 행간(行間)의 의미를 파악할 줄 아는 것이 더 중요하다. 튼튼한 나무의 본질이 뿌리에 있는 것처럼 눈에 띄지 않는 법이다. 음식 맛이 맛집을 만드는 게 아니라 사람 입(소문)이 맛집을 만드는 원리와 같다. 사업성공 요인을 다각적으로 분석하지만 정답은 많이 판매하는 것이고, 성공한 강연가들의 공통적인 특징은 스타일, 제스처가 아니라 아이디어다. 여론조사 결과 특정 연령층에서, 혹은 남성과 여성에서 특정 정당, 후보자에 대한 지지율 격차가 크게 나타날 때가 있다. 정당 입장에서는 향후 해당 연령대에, 혹은 해당 성에 적합한 정책을 개발하고 이를 선거공약에 반영시키는 전략이 필요하다.

5.
선거법 허들 넘기

1) 선거운동이란(§58)

선거운동이란

선거운동 개념에 대해 선거법 제58조(정의등)제1항은 "선거운동이라 함은 당선되거나 되게 하거나 되지 못하게 하기 위한 행위를 말한다"라는 규정을 둔 후, 대법원은 "선거운동은 특정 선거에서 특정 후보자의 당선 또는 낙선을 도모한다는 목적의사가 객관적으로 인정될 수 있는 행위를 말하는 것으로, 구체적으로 어떠한 행위가 선거운동에 해당하는지 여부를 판단함에 있어서는 외부에 표시된 행위를 대상으로 선거인의 관점에서 그 행위 당시의 구체적인 상황에 기초하여 객관적으로 판단하여야 한다"(대법원 2016.8.26. 선고 2015도11812 전원합의체 판결)라고 판시했다.

이런 정의 규정은 너무 추상적이어서 특정한 행위가 선거운동인지 여부를 판단하기가 매우 어렵다. 따라서 "선거운동이 되기 위해서는 첫째, 특정 선거에 관한 행위일 것, 둘째, 특정 정당(창당준비위원회를 포함) 또는 후보자를 위해하는 행위일 것, 셋째, 당선 또는 낙선에 직간접적으로 필요하거나 유리한 행위로서 자신이 당선되거나 다른 사람이 당선되게 하거나 당선되지 못하게 하는 행위일 것을 충족하여야 한다."(대검찰청, 2018) 선거운동과 유사한 당내경선운동 개념은 4장 4.에서 다룬다.

> **Tip 선거운동 개념을 왜 알아야 하지?**
>
> 선거운동 개념을 이해하지 못한다는 것은 선거법 자체를 모르는 것이며, 눈감고 선거를 치르는 것과 마찬가지다. 선거운동 개념은 이 책 5장 선거법위반행위 제한 · 금지는 물론, 선거법 제8장 선거비용, 제16장 벌칙, 제17장 보칙과 밀접하게 연관되어 있다. 어떤 행위가 선거운동에 해당하는지 여부에 따라 그 행위가 선거법 영역으로 들어올 수도 있고, 단순한 사적행위가 될 수도 있다. 선거운동에 해당하지 않을 경우 선거법의 적용을 받지 않음은 물론 당연히 처벌도 받지 않는다. 이는 구성요건 해당성이 없기 때문이다.

선거운동의 예외

반면 제58조제1항 단서에서는 선거운동이 아닌 행위에 대해 규정을 두고 있는데, ① 선거에 관한 단순한 의견개진 및 의사표시, ② 입후보와 선거운동을 위한 준비행위, ③ 정당의 후보자 추천에 관한 단순한 지지 · 반대의 의견개진 및 의사표시, ④ 통상적인 정당활동, ⑤ 설날 · 추석 등 명절 및 석가탄신일 · 기독탄신일 등에 하는 의례적인 인사말을 문자메시지(그림말 · 음성 · 화상 · 동영상 등을 포함)로 전송하는 행위는 선거운동으로 보지 아니한다.

선거법상 허용 또는 제한 · 금지되는 행위 조문 체제

선거법은 제58조(정의등)에서 선거운동에 대한 정의 규정을 둔 다음, 입후보예정자 등의 신분별 선거운동의 자유를 보장함과 동시에 제한 · 금지하는 규정을 두고 있다. 입후보예정자는 제59조(선거운동기간) 단서에서 허용하는 방법으로만 선거운동이 가능하다. 그리고 예비후보자는 제60조의3(예비후보자등의 선거운동)과 제60조의4(예비후보자공약집)에서 허용하는 선거운동 방법으로, 후보자는 제61조(선거운동기구의 설치)부터 제83조(교통편의의 제공)까지 허용하는 선거운동 방법으로 가능하다.

후보자의 선거사무소 설치 및 선거사무관계자 선임을 규정한 제61조부터 제63조(선거운동기구 및 선거사무관계자의 신고)는 이 책의 3장에서 다루고, 입후보예정자의 선거운동을 규정한 제59조 단서, 경선후보자의 당내경선운동 방법을 규정한 제57조의3, 예비후보자의 선거운동 방법과 예비후보자공약집을 규정한 제60조의3과 제60조의4, 후보자의 각종 선거운동 방법을 규정한 제64조(선거벽보)~제83조까지는 4장에서 다룬다. 그리고 선거운동의 시기 · 주체 · 방법 등에 대한 제한 · 금지는 제59조, 제60조(선거운동을 할 수 없는 자), 제84조(무소속후보자의 정당표방)부터 제118조(선거일 후 답례금지)에서 각각 규정을 두고 있으며, 정당활동에 대해서는 제137조(정강 · 정책의 신문광고 등의 제한)부터 제145조(당사게시 선전물 등의 제한)에 걸쳐 규정을 두고 있다. 이 책에서는 선거운동제한 · 금지 규정(제84조~제118조)에 대해서만 5장에서 다룬다.

Tip 선거운동의 제한 · 금지

└, 시기 제한: 제59조(선거운동기간)
└, 주체 제한: 제60조(선거운동을 할 수 없는 자)
└, 방법 제한: 제61조~제83조(허용되는 선거운동 방법), 제84조~제118조(선거운동 제한 · 금지)
★ 정당활동의 제한: 제137조~제145조

최근 판례

❶ 당내경선이 시작되기 훨씬 이전부터 입후보예정자에 유 · 불리한 기사를 실은 신문을 대량 배부하여 사전선거운동[대법원 판결 2016.12.15. 선고 2016도15744]

2) 선거운동의 자유와 제한

선거운동의 자유

선거법은 "누구든지 선거운동을 할 수 있다"(§58②본문)라고 규정하여 원칙적으로 선거운동의 자유를 보장하고 있다. 다만, "이 법 또는 다른 법률의 규정에 의하여 금지 또는 제한되는 경우에는 그러하지 아니하다"라고 규정(§58②단서)하여 제한할 수 있음을 동시에 밝히고 있다. 최근 선거운동의 자유 확대를 위해 예비후보자의 선거운동 기간과 방법 등을 확대하자는 선관위의 개정의견은 고무적이다. 선거운동의 자유를 설명할 때 등장하는 단어가 선거운동의 공정성이다. 이 양자는 선거이념의 중심축이다.

Tip 선거운동의 자유와 공정성

선거운동의 자유란 외부로부터의 부당한 간섭 혹은 침해 없이 모든 참여자가 선거운동을 자유롭게 전개할 수 있음을 의미하며, 선거운동의 공정성이란 동등자들에 대한 동등한 대우를 의미한다. 선거운동의 자유와 공정성은 긴장관계를 갖고 있기 때문에 양자의 균형, 조화는 시소게임처럼 쉽지 않다. 왜냐하면 “선거운동에 있어 자유의 무한정한 허용은 선거운동의 공정성을 제약할 수 있고, 공정성의 보장은 자유의 제약을 초래할 수 있기 때문이다”(김현태, 2007). 2020.12.29자 선거법 개정 시 말로 하는 선거운동을 허용하여 선거운동의 자유를 확대했지만, 향후 제한 · 금지규정 중 선거 결과에 덜 영향을 미치는 제90조, 제93조 등에 대해서는 제한을 최소화하거나 폐지하여 선거운동의 자유를 더 확대할 필요성이 있다. 단, 선거비용에 대한 엄격한 규제는 전제되어야 한다. 사회 · 경제 등 모든 분야가 빠르게 변화하고 있는데, 변화의 속도가 가장 더디고 획일성이 강조되는 곳이 선거판이다. 이젠 선거판도 과학혁명, 경영혁명처럼 선거혁명이 필요하다. 그 시작점은 획기적인 선거법 개정이다. 물론 전제는 당리당략이 아닌 국민적 합의에 바탕을 둔 선거법 개정이다.

선거이념 = 선거운동의 자유 + 선거의 공정성 확보 ⇒ 민주정치 발전

선거운동 시기 제한(선거법 §59)

‘선거기간’은 대선의 경우 후보자등록마감일의 다음날부터 선거일까지이고, 국선과 지선은 후보자등록마감일 후 6일부터 선거일까지다(§33③). ‘선거운동기간’은 선거기간 개시일부터 선거일 전일까지다(§59). 다만 예외적으로 다섯 가지 선거방법에 대해 허용하고 있다. 즉 첫째, 제60조의3(예비후보자 등의 선거운동) 제1항 및 제2항의 규정에 따라 예비후보자 등이 선거운동을 하는 경우, 둘째, 문자메시지를 전송하는 방법으로 선거

운동을 하는 경우, 셋째, 인터넷 홈페이지 또는 그 게시판 · 대화방 등에 글이나 동영상 등을 게시하거나 전자우편을 전송하는 방법으로 선거운동을 하는 경우, 넷째, 선거일이 아닌 때에 전화(송 · 수화자 간 직접 통화하는 방식에 한정하며, 컴퓨터를 이용한 자동 송신장치를 설치한 전화는 제외)를 이용하거나 말(확성장치를 사용하거나 옥외집회에서 다중을 대상으로 하는 경우 제외)로 선거운동을 하는 경우, 다섯째, 입후보예정자가 선거일 전 180일부터 해당 선거의 예비후보자등록신청 전까지 제60조의3 제1항제2호의 방법[단, 선박 · 정기여객자동차 · 열차 · 전동차 · 항공기의 안과 그 터미널 · 역 · 공항의 개찰구 안, 병원 · 종교시설 · 극장의 옥내(대관 등으로 해당 시설이 본래의 용도 외의 용도로 이용되는 경우는 제외)에서 주거나 지지를 호소하는 행위 제외]으로 자신의 명함을 직접 주는 경우에만 예외적으로 허용하고 있다.

2020.12.29자 선거법 개정으로 입후보예정자의 선거운동 방법이 확대되었으나, 정치인의 손발을 묶는 사전선거운동죄는 아직까지 건재하다. 돌다리도 두드려보고 건너는 게 상책이다(§254②).

Tip 선거별 예비후보자등록신청 개시일(§60의2①)

- 총선 및 시 · 도지사선거: 선거일 전 120일
- 광역의원선거, 기초의원 및 기초장선거(자치구 · 시): 선거기간개시일 전 90일
- 기초의원 및 기초장선거(군): 선거기간개시일 전 60일

최근 판례

❶ 후보자의 인지도와 지지도 향상을 도모하기 위한 선거여론조사로 사전선거운동을 함[대법원 2010.6.24. 선고 2010도3935 판결]

선거운동 주체 제한

[선거운동을 할 수 있는 자의 겸직 시 제한]

선거법 제58조제2항에서 “누구든지 자유롭게 선거운동을 할 수 있다”라는 규정을 두면서도 제60조제1항 각호에서는 선거운동이 금지되는 사람에 대해 구체적 · 제한적으로 열거하고 있다. 본 조 각 호에서 선거운동을 할 수 없는 자로 열거하고 있는 내용은 서로 독립적인 것으로 그중 어느 한 가지 항목에만 해당해도 선거운동을 할 수 없다. 예컨대, 선거운동을 할 수 있는 국회의원이 선거운동을 할 수 없는 자인 국무위원(장관)의 직을 겸직하는 경우에는 선거운동의 제한을 받는다. 지방의원의 신분으로 선거운동을 할 수 있더라도 선거운동을 할 수 없는 시(市) 새마을회 대표자를 겸임하고 있으면 선거운동을 할 수 없다(대법원 판결 2010.5.13. 선고 2009도327).

[선거운동 주체 제한과 입후보 제한의 관계]

반면, 본 조에 따라 선거운동을 할 수 없는 자라 하더라도 법 제53조제1항에 따라 입후보제한직에 해당하지 아니하여 공직선거에 입후보할 수 있는 경우에는 그 지위에 기하여 선거운동을 할 수 있다. 예컨대, 주민자치위원회위원, 통 · 리 · 반장 등은 본 조에 따라 선거운동을 할 수 없는 사람이지만, 그 직을 가지고 예비후보자 또는 후보자로 등록할 수 있고, 그 지위에서 선거운동을 할 수 있다. 또한 이들 중 국회의원 선거권이 있는 사람은 정당에 가입할 수 있고(정당법 §22), 후원회의 회원 및 후원인 자격으로 후원금을 기부할 수도 있다(정자법 §8). 선거운동을 할 수 없는 자라도 정당 · 후보자 사무소 내에서 자원봉사 하는 행위는 가능하다.

선거운동을 할 수 없는 자(§60①)

- 대한민국 국민이 아닌 자
  ☞ 대한민국 국민이 아닌 사람이 예비후보자의 배우자인 경우에는 선거운동을 할 수 있음
- 미성년자(18세 미만의 자를 말함)
- 제18조(선거권이 없는 자)제1항의 규정에 의하여 선거권이 없는 자
- 국가공무원법 제2조(공무원의 구분)에 규정된 국가공무원과 지방공무원법 제2조(공무원의 구분)에 규정된 지방공무원
  ☞ 정당법 제22조제1항제1호 단서의 규정에 의하여 정당의 당원이 될 수 있는 공무원(국회의원과 지방의회의원 외의 정무직공무원)은 선거운동이 가능함.
- 제53조(공무원 등의 입후보)제1항제2호 또는 제7호에 해당하는 자(제5호 및 제6호의 경우에는 그 상근직원을 포함함)
  - 각급선거관리위원회위원 또는 교육위원회의 교육위원
  - 다른 법령의 규정에 의하여 공무원의 신분을 가진 자
  - 공공기관의 운영에 관한 법률 제4조제1항제3호에 해당하는 기관 중 정부가 100분의 50 이상의 지분을 가지고 있는 기관(한국은행을 포함함)의 상근 임원
  - 농업협동조합법 · 수산업협동조합법 · 산림조합법 · 엽연초생산협동조합법에 의하여 설립된 조합의 상근 임원과 이들 조합의 중앙회장
  - 지방공기업법 제2조(적용범위)에 규정된 지방공사와 지방공단의 상근 임원
  - 정당법 제22조제1항제2호의 규정에 의하여 정당의 당원이 될 수 없는 사립학교교원
- 예비군 중대장급 이상의 간부
- 통 · 리 · 반의 장 및 읍 · 면 · 동주민자치위원회 위원
- 특별법에 의하여 설립된 국민운동단체로서 국가 또는 지방자치단체의 출연 또는 보조를 받는 단체(바르게살기운동협의회 · 새마을운동협의회 · 한국자유총연맹)의 상근 임 · 직원 및 이들 단체 등(시 · 도조직 및 구 · 시 · 군조직을 포함)의 대표자
- 선상투표신고를 한 선원이 승선하고 있는 선박의 선장

최근 판례

❶ 입후보예정자의 출마를 반대하는 보도자료를 언론사 기자들에게 이메일로 전송[대법원 판결 2019.12.12. 선고 2019도14362]

❷ 후보 정책간담회에 지인 동원, 후보 페이스북 친구 추가, 좋아요를 누르게 하는 방법으로 선거운동[대법원 판결 2020.2.21. 선고 2020도408]

안내하고 있기 때문이다.

중대선거범죄를 저지르면 안 돼요

중앙선관위는 그동안 각종 공직선거를 앞두고 선거의 성격, 사회 분위기 등을 반영하여 집중 감시 · 단속할 5대 중대선거범죄[34]를 지정 · 운영했다. 중대선거범죄를 들여다보면 말(입) 조심하고, 돈(지갑)과 SNS(핸드폰) 관리만 잘하면 된다. 선거 질서를 파괴하고, 선거 결과에 중대한 영향을 미칠 수 있는 중대선거범죄는 선거법상 다른 범죄에 비해 형량이 높다. 사안에 따라 차이는 있지만 판사가 정상을 참작해도 중대선거범죄 건은 후보자의 신분이 상실되는 벌금형(100만 원 이상)을 선고할 가능성이 매우 높다. 중대선거범죄에 대해서는 5장에서 다룬다.

중대선거범죄는 고의든 실수든 무조건 저질러서는 안 된다. 교통사고 10대 중과실 사고를 내지 말아야 하는 것과 같다. 선관위는 위법의 정도가 중하여 선거의 자유와 공정을 현저하게 해치는 선거범죄에 대해 검 · 경찰에 고발 조치하지만, 위법행위가 경미할 경우 경고 등 행정 조치를 한다. 하지만 경미한 행위도 계속 · 반복적으로 위법행위를 할 경우 고발 조치한다. 선관위는 선거법 안내 및 예방활동이 우선이기 때문에 검 · 경찰보다는 조치 수준이 약한 편이다. 선관위에서 행정 조치한 것은 초범이라 유예한 것뿐이지 아예 면죄부를 준 것은 아니다. 해당 후보자가 다시 선거법위반행위를 저질러 선관위에서 검 · 경찰에 고발 조치 시 기 행정 조치한 건을 함께 통보한다. 또한 "선관위로부터 경고 등을 받고도 범행

---

34 매수 · 기부행위, 후보자추천 관련 금품수수행위, 비방 · 허위사실 공표행위, 공무원 등 선거관여행위, 불법선거여론조사 공표행위를 말한다.

한 경우는 법원의 양형기준 중 형을 가중하는 양형인자로 취급되고 있다는 점"(법무법인 한결, 2020)도 유의해야 한다.

Tip 선거범죄 관련 당선무효 및 공무담임 등의 제한

선거법은 선거법위반행위를 한 자에게 제재를 가하고 있다. 첫째, 일정한 선거범죄에 대해 당선자의 신분을 박탈(§263, §264, §265)한다. 둘째, 매수죄 등 일부 죄로 징역형의 선고를 받은 자는 그 형이 확정된 후 10년간, 형의 집행유예의 선고를 받은 자는 그 형이 확정된 후 10년간, 100만 원 이상 벌금형의 선고를 받은 자는 그 형이 확정된 후 5년간 공무담임 제한을 받는다(§266). 그리고 셋째, 선거권과 피선거권이 제한된다(§18, §19). 넷째, 당선자 · 낙선자 불문하고 선관위에서 돌려받은 보전비용과 기탁금을 전부 반환해야 하기 때문에 금전적 손실이 크다(§265의2). 선거비용제한액, 보전제한 등에 대해서는 6장에서 다룬다.

교도소 담장 밖으로 떨어지기

사람은 실수하는 동물이다. 운전 중 신호를 무시하거나 핸드폰 통화하기 일쑤고, 퇴근길에 소주 한잔하다가 말실수하고 다음날 새벽에 후회하는 게 인간이다. 모호하고 까다로운 선거법은 말해 뭐하랴. 후보자 입장에서는 모든 게 지뢰밭이다. 한 번의 실수로 헛디딜 경우 모든 것을 잃을 수도 있다. 어느 조직이든 목표가 있고, 구성원들은 각자 담당 임무가 정해져 있으며, 최고의 선(善)을 추구한다. 하지만 반대편에 서면 사뭇 다르게 행동해야 한다. 게임에서 승리한 사람에게는 우수사례이지만, 패배한 사람에게는 실패사례일 뿐이다. 후보자는 당선이 최고의 선이지만, 조사공무원 또는 검 · 경찰 수사관의 입장에서는 위법행위를 한 후보자를 끝까지 추적하여 정치판에서 퇴출시키는 게 최고의 선이다.

"정치인은 교도소 담장 위를 걷는다"라고 한다. 정치인이 교도소 안으로 떨어지지 않기 위해서는 기본적으로 선거법을 알아야 하고, 이를 몸소 실천에 옮겨야 한다. 선거범죄는 선거법을 몰라 실수로 위반행위를 했다고 애원해도 바둑처럼 한 수 물려주지도, 봐주지도, 통하지도 않는다. 판사의 판결 요지는 스스로 준비하고 배워서 전쟁터에 임하라는 것이다. 상대방을 찌를 칼이 없다면 최소한 자기 몸을 보호할 방탄조끼를 입거나 호신용 비수는 지녀야 한다.

Tip 교도소 밖으로 떨어지기 위한 전략

- 첫째, 선거법 강의를 수강한다. 선거연수원, 정당연수원 등에서 개최하는 강의, 아카데미 등에 참여하라. 비용이 좀 들어도 투자할 가치가 있다. 사고의 폭을 넓힐 수 있고, 살아있는 지식을 얻을 수 있는 등 유익하고 적절한 피드백을 받을 수 있다. 덤으로 자신을 돌아보는 기회가 될 수도 있다. 지역선관위에서 개최하는 안내설명회 등에 참석하는 것은 기본이다.
- 둘째, 판례, 선관위 회답, 예시집 등을 숙지한다. 위반행위 대부분 과거에 발생했던 사건과 동일하거나 유사한 사례가 반복된다. 이들 자료집을 읽어보면 어디가 지뢰밭인지, 어떻게 지뢰밭을 통과할 수 있는지 감을 잡을 수 있다. 이 책의 최근 판례는《예시집》에 수록되지 않은 판례이므로 최근 지뢰밭을 들여다볼 수 있다.
- 셋째, 선거법 관련 교재를 구독한다. 내가 아는 게 먼저다. 테드(TED) 사이트에서 아이디어를 얻고, 사회심리학 책을 통해 대인관계를 유지하거나 유권자의 심리 등을 이해하는 데 도움을 받을 수 있는 것처럼 선거법에 대한 이해를 높이고, 새로운 홍보전략이나 아이디어를 얻을 수도 있다.
- 넷째, 중앙선관위 홈페이지를 방문한다. 선거 전반에 대한 지식을 쌓을 수 있고 각종 통계자료 등이 풍부하다. 내가 알고 위임하는 것과 모르고 위임하는 것은 차원이 다르다.
- 다섯째, 선관위와 좋은 관계를 유지한다. 선거운동 등을 하기 전에 선관위에 조언을 받고 활동하기를 권한다. 그리고 선관위 공정선거지원단원 등이 선거서비스 차원에서 후보자 선거사무소를 방문하여 위반사례 등을 안내해주는데, 이는 덤이다. 선관위와 좋은 관계를 유지하는 것은 이문이 남는 장사다. 기업에서 정치인, 투자자 등 이해관계자들과 좋은 관계를 맺기 위해 노력하는 것도 같은 원리다.

2장.

실행 가능한 선거전략 짜기

차별화로 무장하라

《손자병법》〈군형(軍形)〉 편을 보면 "승리하는 군대는 먼저 승리할 수 있는 상황을 만들어놓고 전쟁을 하고, 패배하는 군대는 먼저 전쟁을 일으키고 승리하기를 바란다"라고 했으며, 《명심보감》에서는 "계획이 치밀하지 않으면 재앙이 먼저 발생한다"라고 했다. 급변하는 4차 산업혁명 시대에는 모든 것이 나가 아니라 우리로, 개인이 아니라 팀 중심으로 바뀌고 있으며, 서로 연결되어 있다. 이와 같은 환경변화 속에서 과거의 관례 답습적인 단순사고로는 복잡한 정책 · 사회문제 등을 해결하고 대처하는 데 한계가 있다.

군대에서 사용되기 시작한 전략 개념이 오늘날 경영, 조직관리 분야 등으로 확대 적용되면서 매우 다의적 의미로 사용되고 있다. 소프트웨어라 할 수 있는 선거전략도 소기의 성과를 거두기 위해서는 함께 가야 하고, 차별화로 무장해야 경쟁력이 있다. 그래야 하드웨어라 할 수 있는 효율적인 선거시스템을 안정적으로 끌고 갈 수 있다.

레이 클라인의 국력방정식[P = (C+E+M)×(S+W)]을 보면 P(Power)는 국력, C(Critical mass)는 인구 · 영토, E(Economic capital)는 경제력, M(Military capital)은 군사력, S(Strategy)는 전략, W(Will)는 의지다. 국력방정식의 묘미는 질적변수라 할 수 있는 소프트파워(S+W)에 있다. 아무리 하드파워(C+E+M)가 크다고 하더라도 소프트파워(S+W)가 0이면 국력은 0이다. 전략은 위대한 것이다.

이 장에서는 선거판의 가늠자라 할 수 있는 선거전략의 조건, 선거전략 수립 시 고려할 사항 및 선거전략에 임하는 마음 자세 등을 중심으로 알아본다.

1.
실전에 강한 선거전략의 조건

1) 선거전략이란

전략(strategy, 戰略)이란 주로 군대에서 사용된 용어로, 《두산백과》를 보면 "전쟁에서 승리하기 위해 여러 전투를 계획 · 조직 · 수행하는 방책"이라고 정의하고 있다. 전략의 원조라 할 수 있는 《손자병법》에서는 "싸우지 않고 이기는 것"이 전략이다. 비즈니스에서는 전략에 대해 학자들이나 저자마다 다양하게 정의하고 있다.[1] 전략을 선거에 대입하여 개념을 정의하면, 선거전략이란 "당선이라는 최종 목표를 위해 나만의 선거시스템을 총동원하여 법에서 허용한 선거운동 방법을 효율적으로 활용하고, 변화하는 대외선거환경에 탄력적으로 대응하기 위한 기획"이라 할 수 있다. 최근에는 전략이 다른 단어와 복합어를 이루어 모든 분야에서 다양하

---

1 알프레드 챈들러는 "경영전략이란 장기적인 관점에서 목적과 목표를 결정하는 것, 그리고 그 목표를 달성하기 위해 행동을 채택하고 자원을 배분하는 일", 고토사카 마사히로는 "특정 조직이 어떤 목표를 달성하기 위한 경로", 마이클 포터(Michael E. Porter)는 "전략이란 무엇을 포기할 것인지 묻는 과정"이라고 정의했다.

게 사용되고 있다. 대표적인 예로 전략적 기획(Strategic Planning), 전략적 혁신(Strategic Innovation), 전략적 사고(Strategic Thinking) 등을 들 수 있다.

전략이라는 단어를 접할 때마다 그 전략이 중요해 보이고, 좋은 아이디어가 있는 것 같다. 또한 왠지 어떤 문제가 바로 해결될 것 같고, 승리할 것 같은 좋은 느낌을 받는다. 이는 전략이 어떤 목표에 도달하기 위한 최적의 방법을 뜻하기 때문이다. 즉 전략은 기본적으로 미래 목표를 세우고, 그것을 달성하기 위한 기획을 수립하는 것으로, 목표 달성을 위한 시나리오다. 시나리오이므로 목표를 만족시키고, 도구들이 타당한지를 예측해야 한다. 《손자병법》〈시계(始計)〉 편을 보면 싸우기 전에 승률 계산[묘산, 廟算]을 먼저 하고 전략을 짜라고 했다. 그러므로 단순히 구상만 하는 것은 전략이 될 수 없다. 티끌이 모여 태산이 되려면 전략이 필요하다. 이는 도미노게임을 성공하려면 도미노 줄을 잘 세워야 하는 것과 같다. 이 책의 선거전략 역시 1장 3. 후보자의 자격, 4. 선거환경과 3장 선거시스템이 조화를 이뤄야 함은 당연하다. 그래야 4장을 통해 홍보효과를 극대화할 수 있다.

Tip 전쟁전략과 선거전략의 차이

전쟁과 선거의 공통점은 이기기 위해 싸우는 것이고 이겨야 위대한 것이다. 반면, 전쟁에서 사용되는 전략이 선거전략과 다른 점은 전쟁이 적군과 아군의 일대일 싸움이라면, 선거는 상대 후보자 외에 제3자라 할 수 있는 유권자가 중간에 끼어있다는 것이다. 유권자는 장막에 가려진 비무장지대(DMZ)와 같다. 중요한 것은 싸움에서 이기기 위해서는 비무장지대에 있는 유권자의 지지, 협조가 절대적으로 필요하다는 점이다. DMZ라는 '파이'는 이미 정해졌기 때문에 이 파이를 많이 차지하는 사람이 승자다. 이는 생산자와 소비자 간 가교 역할을 하는 마케팅, 플랫폼 기업과도 흡사하다.

2) 선거전략 목표 및 체계

Tip 선거전략의 목표 및 체계

목표 ⇒ 선거전략기획 ⇒ 선거매뉴얼 ⇒ 체크리스트

선거전략의 나침반, 최종목표 설정

전략은 목표를 달성하기 위해 세우는 것이다. 목표는 비전의 구체적이고 현실적인 좌표로, 올바른 방향으로 안내하는 나침반 같은 존재다. 팀에게는 노력해야 할 동기를 제공하고, 생산성을 향상시킬 수 있게 해주며, 또한 팀이 추진해나갈 전망을 만들어낸다. 이는 작가가 글을 쓸 때 제목을 정해놓고 쓰는 것과 같다. 목표를 설정할 때 기업은 대개 구체적인 계량적 수치로 표현하고 달성 기간을 정한다. 개인은 승진, 자격증 취득, 경제적 목표 등 다양하다. 반면 선거는 유권자에게 후보자라는 제품을 잘 홍보함으로써 득표를 많이 하여 당선되는 것이 최종 목표다. 출발점에 선 입후보예정자 입장에서 최종목표는 장기목표다. 이를 위해 선거에 임하는 후보자는 목표달성 능력과 함께 반드시 이루겠다는 목표의식을 갖춰야 한다. 피터 드러커는 목표달성 능력을 키우기 위한 다섯 가지 핵심사항을 제시하고 있다. 즉 ① 체계적인 시간 관리를 하고, ② 노력을 외부공헌, 결과에 연결시키며, ③ 강점을 바탕으로 성과 내기다. 그리고 ④ 탁월한 성과를 낼 수 있는 몇 가지 중요한 것에 집중하며, ⑤ 목표달성을 위한 의사결정을 내리는 것이다.

단순한 꿈과 목표는 다르다. 목표를 명확하게 설정할수록 사람은 더 몰입하게 되고, 전력을 다하게 된다. 목표설정은 모든 것을 실현시키는 키인 셈이다. 돋보기로 빛을 모아 종이를 태우는 것처럼 하나의 초점에 집중해야 한다. 목표가 없으면 선거전략도, 실행계획도 의미가 없다. 일부 정치신인의 경우 차기, 차차기를 겨냥해 출마하는 경우가 있는데, 이는 목적지, 타깃이 없기 때문에 눈 가리고 총을 쏘는 포수와 같다. 여기에 목표, 기한, 우선순위를 설정하면 몰입도를 더 높일 수 있다. "우선순위 없는 목적의식은 무력하다."(게리 켈러 외, 2017)

신분 변화를 고려한 단위목표 설정

1장 1. 3)에서 "선거는 결과가 과정을 구축한다"라고 결과의 중요성을 설명한 바 있다. 그렇다고 과정이 무의미하다거나 무시하라는 얘기는 아니다. 하늘을 봐야 별을 딸 수 있고, 일에도 순서와 절차가 있다. 어떤 목표를 달성하기 위해서는 여러 단계와 과정을 거쳐야 한다. 목표 역시 하늘에서 뚝 떨어지는 게 아니라 '과정목표(process goal)'라는 사다리가 필요하다. 목표를 성취하기 위해서는 그냥 전체를 뭉뚱그려 생각하고 계획하는 것보다는 여러 단계를 쪼개어, 즉 단위목표를 설정하는 전략이 필요하다. 후보자는 최종 목표를 위해 단위목표라는 계획을 잘 세우고, 신분 변화에 따라 차근차근 실행에 옮겨야 한다. 그래야 낙숫물이 댓돌을 뚫을 수 있는 것처럼 원하는 결과를 얻을 수 있다.

후보자 신분별 단위목표를 보면, 첫째, 입후보예정자는 각종 행사장 방문 등을 통해 선거구민에게 얼굴 알리기를 해야 한다. 그리고 나의 지원군인 권리당원을 많이 입당시키는 것이 중요하다. 언제, 무엇을, 어떻게 준비하고 실행할지에 대해 로드맵을 그리되, 상세히 그릴수록 목적지가 선명하게 보인다. 동트기 전 앞이 잘 보이지 않는다고 허송세월 보내면 새벽은 오지 않는다. 출마를 결심했으면 바로 그때가 선거운동 시작점이다. 100M 달리기 시합은 재빨리 출발하는 것이 우승확률을 높일 수 있다. 그래야 눈덩이 효과(snowball effect)[2]를 기대할 수 있기 때문이다. 둘째, 예비후보자는 법에서 허용한 선거운동 방법을 최대한 활용하여 인지도를 높이고 당내경선을 준비해야 한다. 셋째, 경선후보자는 경선운동 기간 법에서 허용한 경선운동 방법을 통해 득표 활동에 임해야 한다. 넷째, 후보자는 입후보예정자 → 예비후보자 → 경선후보자를 거치면서 쌓아온 내공을 바탕으로 선거운동기간 법에서 허용한 선거운동 방법을 총동원하여 본선거 득표 활동에 총력을 기울여야 한다. 모든 일은 끝내기가 중요하다.

Tip 단위목표의 중요성

신분 변화에 따라 단위목표를 설정하는 것은 마라톤 선수가 마라톤 거리(42.195km)를 구간별로 나누어 전략을 짜고 뛰는 것과 같다. 그 구간을 단위목표라 할 수 있다. 단위목표는 최종 목표에 이르게 하는 징검다리 역할을 해주고, 에너지를 적절히 배분하여 최종 목적지로 안내하는 도우미 역할을 한다. 어떤 작업을 수행할 때 단계별로 나누어 수행하는 것이 더 쉽고 빠르기 때문에 목표 달성에 도움이 된다. 이는 전화번호를 보거나 외울 때 하이픈(-)을 사용하여 끊어서 읽는 것이 기억하기에 효율적인 것과 같다. 각각의 단계는 인지심리학 분야 용어인 청킹(chungking)처럼 서로 연결되어 있기 때문에 각 단위목표의 합은 최종 목표가 된다.

2 어떤 사건이나 현상이 작은 출발점에서부터 점점 커지는 과정을 비유적으로 이르는 말이다.

나의 권리장전, 선거전략기획

[선거전략기획이란?]

이와 같은 목표를 좀 더 구체적으로 실행에 옮기기 위해서는 전략적으로 기획해야 한다. 브라이언 트레이시는 "계획을 세우지 않는 것은 실패를 계획하는 것이다"라고 말했다. 전략 기(계)획은 공공조직이나 민간조직 등 다방면에서 두루 활용하는 경영 기법이다. 전략기획이란 한 조직이 목표를 달성하기 위해 전략적 수단을 개발하는 일로, 한 조직이 나아갈 진로를 정하는 근본 방향을 설정하는 것이다.[3] 선거전략기획은 나의 권리장전으로, 법에 비유하면 일종의 규칙을 제정하는 것이고, 여행에 비유하면 나만의 지도를 만드는 것이다. "규칙을 따르는 것보다 새로운 규칙을 만드는 게 더 이익을 더 많이 창출하고, 생산적이고, 강력하다."(세스 고딘, 2020) 이 규칙을 실행하는 게 3장 선거시스템이다.

[선거전략기획의 중요성]

기업전략기획은 가까운 미래와 먼 미래를 동시에 고려하여 수립하지만, 선거전략기획은 선거의 특성인 한시성 때문에 가까운 미래만 고려하고, 그것도 후보자의 신분 변화에 맞게 구분하여 기획해야 한다. 기획이 성공하려면 계획에 아이디어가 포함되어야 하고, 빅데이터 등 정보를 사용할 수 있어야 한다. 참고로 제20대 대선 및 제8회 지선 주요 사무일정은 부록 1 · 2와 같다. 선거전략기획은 100M 달리기 출발 총소리를 기다

---

3 헨리 민츠버그는 "분석에 중점을 둔 것으로, 목표나 의도를 이행 가능한 단계별로 나누고 각 단계의 예상 결과를 표현하는 것"이라고 말했으며(이드리스 무티, 2019), 박홍윤은 "변화하는 환경 속에서 조직이 나아가야 할 방향과 목적 달성의 수단, 성과측정에 관해 결정하고 행동하는 체계적이고 지속적인 학습과정"이라고 말했다.

리는 선수와 같이 팽팽한 긴장감을 심어줄 수 있고, 팀장이나 팀원들의 마음에 변화를 줄 수 있을 뿐만 아니라 하나로 결속시키는 촉매제 역할도 한다. 출마경험자 중 일부는 "선거는 내 머릿속에 다 들어 있어"라고 자랑하는데 그건 착각이다. 입과 머리로 그리는 선거전략기획은 이정표 역할을 하지 못한다. 이는 나침반 없이 모르는 길을 찾아가는 것과 같다. 많은 자기계발서 저자들이 보물지도를 그려보고 목표를 종이에 써보라고 강조하는 것과 같은 원리다.

[선거전략기획의 조건]

선거전략기획은 첫째, 후보자 캠프가 나아갈 방향, 목표를 달성하는 방법 등을 구체적으로 제시해야 한다. 즉 나의 현재 위치, 인력 운용, 돈 관리, 외부환경, 정신자세 등에 대한 판단과 대책이 핵심이다. 청사진을 선명하게 그려야 튼튼한 건물을 지을 수 있다. 둘째, 선거전략 실행에 따른 문제점, 변수를 충분히 고려한 리스크 분석과 대안 제시 등에 대해 규정해야 한다. 거기에 대응책과 적절한 통제장치를 통해 수정 · 보완하는 것은 필수다. 그 전제는 객관적인 정보와 그에 대한 판단이 필요하다. 셋째, 상대 후보자의 장단점을 파악하고 그에 대응할 전략을 짜는 것도 중요하다. 넷째, 계획은 유연해야 한다. 선거환경, 시스템 변화에 탄력적으로 적응하고 변경 · 수정되어야 한다. 왜냐하면 코로나19로 선거운동 방법 등 선거판 전체가 통째로 바뀔 수 있기 때문이다. 그러므로 선거전략 수립 시 이에 대한 치밀한 전략을 세워야 한다. 첫 단추를 잘못 끼우면 아무리 값비싼 옷도 제 값어치를 하지 못한다.

램 차란과 래리 보시디는 《실행에 집중하라》에서 "바람직한 전략기획은 명확한 방향을 제시해야 한다. 전략은 간결한 지도를 의미하며, 다양한 전술을 수립할 여지가 있어야 한다. 그리고 구체적인 사안을 해결하기 위해서는 인력과 운영의 연계가 이루어져야 한다"라고 말했다. 선거전략기획은 기획실장(예정자)이 주도적으로 수립·개발하는데, 너무 세부적으로 작성하는 것은 바람직하지 않다. 세부적인 사항은 선거매뉴얼에서 다루면 된다. 선거전략기획이 기본기획이라면, 선거매뉴얼은 실행계획인 셈이다.

> **Tip 과연 나의 선거전략기획이 실현 가능한가?**
>
> 선거전략기획을 수립한 후 과연 그 기획이 실행력이 있는지에 대해 입후보예정자, 기획실장(예정자) 등 각 팀장(예정자)이 참석하는 회의를 통해 점검해보는 것이 좋다. 선거전략기획이 변화무쌍한 선거판에서 적용될지, 3장 선거시스템이 제대로 틀을 갖추었는지, 신분별 선거운동 방법에 대한 장단점을 제대로 분석한 것인지 등에 대해 검토해보자. 이는 4장의 실행단계에서 발생할 수 있는 오류를 최소화하기 위해서다.

선거전략의 실행지침, 선거매뉴얼

목표를 효율적으로 실행하기 위해서는 실행계획 또는 실행지침을 작성해야 한다. 소위 상세지도라 할 수 있는 선거매뉴얼이다. 어느 조직이든 사건·사고를 방지하고, 효율적인 업무 집행을 위해 매뉴얼을 마련해두고 있다. 이는 제품을 출시할 때 구매자가 다양한 기능을 쉽게 알 수 있도록 설명해놓은 매뉴얼을 제공하는 것과 같다. 그동안 대부분의 후보자가 선거매뉴얼 없이 글이 아닌 말로, 계획이 아닌 주먹구구식으로 선거를 치렀다. 이 책을 출간하게 된 가장 큰 동기이기도 하다. 나만의 암묵지(暗黙

知)[4]가 있어 매뉴얼이 필요 없다는 반론도 있을 수 있지만, 글로 쓰고 보아야 구체화할 수 있고, 새로운 것을 보고 구상할 수 있는 안목이 생긴다.

선거전략기획이 구도 잡기라면, 선거매뉴얼은 물감으로 색칠하기다. 중요한 것은 구도만 잡은 것은 작품이 아니다. 그러므로 선거매뉴얼은 선거전략기획과 서로 연결되고 실행력이 있어야 상세지도 역할을 할 수 있고 가치가 있다. 예를 들어 코로나19로 기존 오프라인 선거운동 방법을 전면 수정해야 할 경우를 대비해 시기 · 신분별, 단위사업, 분야 및 매체별 선거운동 방법에 이르기까지 플랜 B를 포함시켜 작성해야 한다. 그렇지 않을 경우 선거매뉴얼로서 가치는 퇴색된다. 이 책은 총선 등에 공통적이고 기본적인 내용 중심으로 작성했다. 따라서 독자는 이를 토대로 나만의 선거매뉴얼을 만들어 활용할 경우 선거를 치르는 데 도움을 받을 수 있다. 매뉴얼 없이 선거에 임하는 후보자는 전쟁에서 가장 중요한 물자 중 하나인 식량을 준비하지 않은 채 총만 들고 전쟁에 임하는 병사와 다를 바 없다.

Tip 선거매뉴얼 작성 방법 및 유의사항

첫째, 목적을 간단명료하게 작성한다. 둘째, 신분별로 대분류한다. **I. 목적 → II. 입후보예정자 → III. 예비후보자 → IV. 경선후보자 → V. 후보자 순으로 대분류한다.** 셋째, 단위사업으로 중분류한다. **1. 절차사무, 2. 선거운동, 3. 정치자금, 4. 기타분야로 나눈다.** 넷째, 분야 및 매체별로 세분류한다. **절차사무 분야는 (1) (예비)후보자등록신청과 (2) 시기별 각종 신고 · 신청서 제출 (3) 기타로 나눌 수 있다. 선거운동 분야는 (1) 인쇄물, (2) 시설물, (3) 면대면, (4) 정보통신 등 매체별로 나눌 수 있다. 정치자금사무 분야**

4 학습과 경험을 통해 개인에게 체화(體化)되어 있지만 겉으로 드러나지 않는 지식을 말한다. 문서 등에 의해 표출되는 명시지(明示知)의 상대되는 개념이다.

는 (1) 정치자금 모금, (2) 수입 · 지출, (3) 기타 등으로 나눌 수 있다. 기타사무 분야는 각종 행사일정 등 필요한 사항을 넣으면 된다. 다섯째, 항목별로 분류한다. 선거운동의 경우 명함 등으로, (예비) · (경선)후보자등록의 경우 등록신청 등, 정치자금의 경우 후원회 등, 기타의 ○○축제 시 명함배부자 등으로 작성한다. 여섯째, 추진계획을 작성한다. 누가, 언제, 어떻게, 무엇을 준비해야 할지 구체적으로 작성해야 한다. 또한 계약업체, 소요비용 등에 대해 자세히 정해놓아야 정치자금을 짜임새 있게 집행할 수 있다. 선거매뉴얼 작성은 부록 3. '선거매뉴얼 작성 예시'와 같이 '도표'로 작성하거나, 개조식으로 작성할 수 있는데 서로 장 · 단점이 있다. 도표는 시각적 효과가 뛰어나지만 구체적으로 작성하는 데 한계가 있고, 개조식은 그 반대다.

선거매뉴얼의 보조배터리, 체크리스트

이 책을 시작하면서 공격전략과 수비전략을 언급했다. 선거운동 관련 공격전략은 4장에서, 수비전략은 5장에서 집중적으로 다룬다. 대표적인 수비전략으로는 리스크를 줄여주는 체크리스트 작성 · 활용을 들 수 있다. 대부분의 공 · 사조직 등에서 사건 · 사고를 예방하고 업무의 집중도를 높이기 위해 사업계획서 안에 체크리스트를 포함시켜 작성하거나 별도로 작성하여 활용한다. 선관위 역시 절차사무의 중요성을 고려하여 후보자등록서류, 후보자선전물, 선거비용보전청구서 등 주요 단위사업마다 체크리스트를 작성하여 활용하고 있다. 실무 담당자들이 후보자 선전물 등을 접수할 때 수량, 규격 등 형식적인 요건을 기록한 체크리스트가 중요한 역할을 한다. 이는 "스피치 강사가 작성한 아웃라인(outline)이 시간과 노력을 절약하게 도와주고, 설득력 있게 만들어주며, 또한 불안감을 씻어주는 이치와 같다."(캠 바버, 2019) 체크리스트의 중요성을 강조할 때 허드

슨강의 기적[5] 사례를 자주 인용한다. 선거판 역시 체크리스트를 작성하여 활용하는 것은 선거전략과 선거시스템 운영에 매우 중요한 도구임을 잊지 말자.

심리학자 카너먼은 《생각에 관한 생각》에서 "인간은 복잡한 정보를 요약 판단할 때 고질적으로 일관성이 부족하다"라고 말했다. "체크리스트는 열악한 판단을 물리치기 위한 간편하고 손쉬운 방법이다."(세릴 스트라우스 아인혼, 2018) 체크리스트를 만들어놓을 경우 선거시스템 운영 시 예상되는 문제점을 한눈에 알 수 있고, 진행상황을 수시로 체크하여 선거매뉴얼의 실효성을 높여줄 수 있다. 부수적으로 담당자에게는 어떤 일을 해야 할지, 주의사항이 무엇인지 등 업무에 대한 경각심을 심어줄 수도 있다. 또한 책임소재가 뚜렷해져 팀워크 유지에도 좋다.

체크리스트가 갖춰야 할 조건은 심플하고 스마트해야 한다. 체크리스트 활용범위는 시기, 선거 후보자별 선거운동 방법, 규모 면에서 다르기 때문에 부록 4. '체크리스트 작성 예시'를 참고하여 자신에게 맞게 작성 · 활용하면 된다. 특히 선거매뉴얼을 작성하지 못할 경우 체크리스트를 만들어 실수를 최소화하자. 잘 만들어진 체크리스트는 단순한 종이가 아니라 겨울철 빙판길 안전운전을 도와주는 자동차의 스페어타이어 또는 스마트폰의 보조배터리와 같다. 보조배터리를 충전해놓으면 긴박한 상황에서 긴요하게 사용할 수 있다. 체크리스트의 효용성에 대한 연구 결과가 많이 발표되었지만, 문제는 자신이 열심히 만들어놓은 체크리스트를 경시한 채 실제로 활용하지 않는 경우가 많다는 것이다. PPT 자료를 만들어놓

5 2009년 US항공 1549편이 뉴욕에서 이륙하자마자 새떼와 충돌한 후 양쪽 엔진이 고장 났다. 이 비행기의 기장 체슬리 설렌버거는 체크리스트를 하나씩 확인하는 등 침착하게 대응한 후 허드슨강에 수상 착륙하여 탑승자 155명 전원이 생존했다.

고 막상 발표할 때는 활용하지 않는 것과 같다.

3) 선거전략과 홍보전략

후보자를 마케팅하라!

선거전략은 선거법의 최소한으로 선거법을 넘어설 수 없다. 선거전략의 핵심은 선거법상 제한 · 금지 규정은 지키되, 후보자의 신분 변화에 따라 법에서 허용한 선거운동 방법과 각종 계기를 이용해 홍보하고 메시지를 전달하는 것이다. 즉 유권자에게 후보자의 가치 등을 홍보하여 인지도를 높이고, 이를 득표로 연계시키는 것이다. 선거홍보와 메시지 전달은 유권자에게 보여주고 영향을 미쳐 변화시킨 후 내 편으로 만드는 것이다. 이는 마케팅 전략과 유사하다. "메시지는 사람들이 세부사항에 관심을 갖도록 끌어들이는 자석 같은 존재다. 커뮤니케이션의 궁극적인 목표는 널리 전해질 수 있는 메시지다. 바이럴 마케팅처럼 보이지만 메시지를 분명히 밝히고, 상대에게 전달되기만 하면 된다."(캠 바버, 2019) 선거홍보 전략과 마케팅 전략의 핵심은 이야기를 퍼뜨리는 것으로, 각각 시장과 선거판에 좌표를 제시하고 영향을 미친다. 후보자를 마케팅하라! 선거전략은 등산인이 산 정상에 오르는 데 도움을 주는 사다리 또는 케이블카와 같다. 이들의 꼭짓점에는 온 · 오프라인 홍보가 자리 잡고 있다. 선거시스템 구축 · 운영도 결국 홍보를 하기 위해서다. 그러므로 선거전략은 홍보전략이라 해도 과언이 아니다. 홍보전략의 핵심은 홍보를 통해 유권자를 투표소에 가게 하는 방법 찾기다. 선관위에서 공직선거를 앞두고 유권자를 대상으로 투표에 참여할지를 묻는 여론조사를 실시하는 것 역시 투표율을 높이기 위한 고도의 전략이 숨어있다. 여론조사가 투표 참여 홍보 역할도 하는 셈이다.

Tip 후보자인 나의 메시지는?

'메시지'라는 단어를 접할 때마다 세계적으로 유명한 리더 마하트마 간디, 넬슨 만델라, 스티브 잡스 등을 떠올린다. 이는 그만큼 이들이 많은 사람의 생각과 행동에 영감을 주고, 영향을 미쳤으며, 또한 변화시켰기 때문이다. 때로는 메시지가 어떤 주장, 고지, 교훈, 의도, 구원 등의 단어를 연상시킨다. 즉, 연설 등을 통한 "힘 있는 메시지는 자신의 생각 · 이름 · 조직을 알리고, 남들을 설득시키는 데 도움을 주며, 퍼스널브랜드를 만들게 해준다."(캠 바버, 2019) 스티브 잡스의 2005년 스탠퍼드대학교 졸업식 연설 중 "항상 갈망하고 바보처럼 우직하게 행하라(stay hungry stay foolish)"라는 짧고 간결한 메시지는 지금도 유효기간이 끝나지 않았다. 이와 같은 메시지의 주체, 역할, 가치는 선거판에서도 그대로 적용된다. 리더인 후보자 역시 출마 기자회견, 출판기념회, 선거공약 발표회 등 계기를 이용한 메시지 전달은 자신의 가치와 이념을 외부에 알리고, 조직 내 구성원들을 결속시키는 기제가 될 수 있다.

입소문이 베스트셀러도 만든다

후보자의 인지도 상승은 저수지 한가운데에 돌 던지기와 비슷하다. 저수지가 유권자라면, 그 물결은 후보자의 인지도에 비유할 수 있다. 인지도를 높이기 위해서는 각종 매체 등을 통한 선거홍보가 필요하다. 선거홍보는 후보자의 신분 변화에 따라 주어진 여러 종류의 홍보용 돌을 작은 돌 → 중간 크기 돌 → 큰 돌 순으로 저수지에 던지는 것이다. 그러면 돌의 크기에 따라 물결, 즉 메시지가 크고, 넓게 멀리 퍼져 저수지 가장자리까지

도달한다. 메시지가 완성되는 최종 지점은 유권자의 마음속에 메시지가 확산될 때다. 인지도 확산은 입소문을 통해 유권자에서 유권자로 퍼진다. 중요한 것은 돌을 든 후보자가 돌을 저수지 한가운데에 제대로 던져야 하고, 후보자라는 제품이 유권자에게 좋은 평가를 받을 때 가능하다. 그렇지 않으면 물결이 주변으로 퍼지다가 금세 멈춘다. 이는 상품이 소비자로부터 인정받고, 좋은 브랜드로 인식되는 과정과 마찬가지다. 모든 광고의 최종 목적은 입소문 내기라고 해도 과언이 아니다. 입소문이 베스트셀러를 만드는 것처럼 나쁜 후보자를 좋은 후보자로 만들기도 하고, 그 반대의 경우도 있다. 영업에서 매출을 올리는 기술(skill)이 있는 것처럼 선거홍보도 기술이 필요하다.

Tip 구전홍보(oral promoting)란

구전홍보란 새로운 메시지를 받은 수신자가 송신자가 되어 메시지를 제3의 수신자에게 다시 전달함으로써 메시지가 확산되는 홍보활동의 하나다. 즉, 사람의 입에서 입으로 소문이 전달되는 홍보활동이다. 마케팅에서는 '입소문 마케팅(Words of Mouth)', '바이럴 마케팅'이라고 하는데, 입소문 마케팅의 가치는 신규 고객 증가로 이어지고, 충성도 높은 열성 고객을 만들어낸다는 것이다. 그래서 제품 광고 여러 편보다 입소문이 낫다고 말한다. 이는 고객이 입소문을 통해 기업의 신뢰도를 전달하기 때문이다. 구글, 테슬라의 성공 요인으로 입소문 마케팅을 꼽는다. 세스 고딘은 "최고의 고객이 최고의 세일즈맨이 된다"라고 말했다. 여기서 중요한 것은 고객이 자발적 마케터로 소문을 내는 것이고, 그 소문의 효과가 기하급수적으로 퍼지는 것이다. 그 이면에는 다른 사람이 나에게 말해준 것을 그대로 믿는 경향, 즉 '확증편향'이 자리 잡고 있다.

선거판 역시 입소문의 영향력은 막강하다. 제품이 독특할 때 잘 팔리는 것처럼 후보자의 가치가 독특할 때 입소문 효과가 더 커진다. 이런 입소문을 잘 퍼뜨려 '바람'을 일으키고 '표'로 연결하는 게 선거홍보의 키포인트다. 입소문과 입소문 선거전략은 다르다. 아무래도 퍼뜨리기의 성패는 진정한 팬, 팬덤을 누가 많이 보유하고 있느냐가 관건이다. 그래서 후보자마다 팬카페, 팬클럽 등을 통해 팬덤을 구축하고, 비공식적으로 읍 · 면 · 동

조직을 만들어 세력화하려고 노력한다. 이는 팬덤 등 조직이 입소문의 트리거라는 것을 알고 있기 때문이다. 과거에는 많은 후보자가 구전홍보단을 운영했으나 최근에는 일부 후보자가 최소의 인원으로 운영하고 있다.

맞춤형 타깃 홍보

물고기를 잡는 방법도 낚시, 그물, 손 등 다양하다. 그런데 물고기의 종류, 사는 곳, 상품성 등에 따라 노력과 시간을 다르게 투자해야 물고기를 많이 잡을 수 있다. 이는 타깃을 제대로 정해놓고 활시위를 당기는 것과 같다. 타깃이 흔들리면 명사수도 재간이 없다. 기업의 제품판매도 누구에게 팔 것인지에 따라 광고가 달라지고, 작가도 독자층에 따라 방향을 달리하여 글을 쓴다. 선거판도 유권자의 연령대를 기준으로 대략 다섯 세대(베이비붐, X, Y, Z, 알파)로 나눌 수 있다. 다양한 세대가 공존하는 이들 세대를 상대로 표로 연결시키기 위해서는 세대에 맞는 렌즈를 끼고 차별화된 전략을 수립하여 홍보해야 한다. "도토리만 보여주고 사람들이 모여들기를 기대해서는 안 된다. 관심 있는 사람들을 모으려면 그들에게 가장 짧고 직접적인 경로를 보여주는 것이 중요하다."(세스 고딘, 2019) 즉 고등학교 앞에서는 교육 관련 공약사항 등이 포함된 명함을 배부해야지, 구도심개발 관련 공약사항이 포함된 명함을 배부해서는 안 된다. 오프라인 홍보를 위해서는 면대면(face to face) 같은 방법이 필요하고, 온라인 홍보는 유권자들의 클릭, 터치를 이끌어내야 한다.

선거홍보는 콩나물시루에 물 주기

요즈음은 콩나물도 좋은 시설에서 속성으로 재배하지만, 예전에는 콩나물을 기를 때 방 한 구석에 넓은 고무대야를 놓고 그 위에 Y자 모양의 굵은 나뭇가지를 걸친 후 시루를 올려놓고 길렀다. 처음에는 시루 재질이 항아리와 비슷한 사기였는데, 후에는 고무가 보편화되면서 고무대야로 콩나물을 재배했다. 요즈음 젊은 세대들은 이해하기 어려울 것이다. 어릴 때는 정말 이해되지 않았다. 콩나물시루를 보면 알겠지만 바닥에 구멍이 여러 군데 뚫려 있어 물을 부으면 즉시 고무대야 바닥으로 떨어진다. 그런데 자고 일어나면 마법처럼 콩나물이 수북하게 자라 있었다.

선거홍보도 콩나물시루에 물 주기와 같다. 콩나물시루 안에 있는 콩나물은 유권자와 같다. 후보자가 어떻게 물을 주느냐에 따라 빨리 또는 더디게 자란다. 이는 물 주는 주인, 후보자의 노력 여하에 달려있다. 개인적으로는 콩나물이 물을 먹고 자란다기보다는 물 주는 주인의 정성, 기운을 먹고 자란다고 생각한다. 방법을 알면 준비도 쉽고, 실체를 알면 해법은 쉽게 풀린다. 결국 후보자는 면대면(face to face)이든 사이버 공간을 이용하든 지속적으로 유권자를 만나 자신을 알려야 한다. 그래야 한 계단씩 올라갈 수 있다. 인지도를 올리는 것도 콩나물시루에 있는 콩나물이 자라는 것과 같은 원리다. 책을 읽었다고 바로 피가 되고 살이 되는 것은 아니다. 칼은 벼릴수록 예리해진다. 무딘 무기는 그저 고철덩어리일 뿐이다. 콩나물시루에 물 주기 홍보는 결국 지속적인 홍보로 이를 습관화해야 함을 의미한다. 그래야 시작은 미미해도 일관성 있게 반복하다 보면 돈이 복리로 불어나듯 기하급수적으로 불어난다. 이게 홍보의 복리효과다.

4) 좋은 선거전략의 조건

선거전략과 선거시스템은 한 몸

조직발전 요소를 논할 때 의식개혁과 시스템 개선을 꼽는다. 전자는 이 장에서 설명하는 선거전략이고, 후자는 3장의 시스템 구축에 가깝다. 양자는 한 몸으로 당선의 길로 안내하는 핵심 키워드다. 양자를 자동차에 비유하면 선거전략이 핸들이라면, 선거시스템은 제동장치다. 양자는 각자 제 역할을 해야 목적지에 쉽고 안전하게 도착할 수 있다. 핸들은 자동차가 정확하게 최종 목적지로 가도록 가이드 역할을 하지만, 혹시 이탈하거나 과속할 경우 제동장치가 필요하다. 선거전략 없는 선거시스템 구축은 허울에 불과하다. 이는 선거전략이 불확실한 선거환경에서 시스템 자원을 어떻게 운용할지를 결정하기 때문이다. 하지만 잘못 예측하거나 현실과 동떨어진 선거전략을 수립할 경우에는 자료집에 불과하다. 이는 핵심 없는 글이 정보에 불과한 것과 매한가지다. 이때 필요한 게 3장 선거시스템을 실행하거나, 4장 실전 선거운동 과정에서 나타난 선거전략의 문제점을 수정 · 보완하는 것이다.

또한 건물을 지으려면 완벽한 설계도가 필요하다. 이는 작가가 글을 작성할 때 목차를 잘 작성해야 하는 것과 같은 이치다. 뉴스레터도 제목 작성에 열정을 쏟아 붓는다. 목차라는 설계도를 잘 짜야 글을 쓸 수 있듯이, 전략이 견고해야 목적지를 향해 시스템을 끌고 갈 수 있다. 선거 · 후보자마다 선거구의 규모, 지역정서 등이 다르기 때문에 모범 정답은 없다. 그러므로 나답게 쓰는 글이 가장 잘 쓴 글인 것처럼, 내 시스템에 걸맞게 짠 선거전략이 최고다. 닭 잡는 데 소 잡는 칼을 쓰면 안 되는 것처럼 기초의원선거에 출마를 준비하는 정치신인 등이 총선 후보자 수준의 선거전략을 세우면 안 된다. 좋은 선거전략의 조건을 보면 아래와 같다.

첫째, 후보자의 강한 의지와 열정 및 진정성이 중요하다. 후보자는 망망대해를 항해하는 배의 선장과 같은 존재로 버팀목이 되어야 한다. 영점(零點)이 흔들리면 선거전략은 물론 선거시스템도 갈팡질팡한다. 승리를 향한 후보자의 강한 의지와 열정은 선거전략의 선결 조건이다. "약점이 있어서 약자가 아니라 전략과 의지가 없어서 약자다"라는 말이 있다. '대충하면 되겠지', '어쩌다 보면 될 거야', '과거에 이렇게 했으니까', '그냥 하다 보면 잘되겠지'라는 식으로 요행을 바라거나 모호하고 추상적인 생각과는 거리가 멀다. 또한 전략의 중요한 기본 요소로 진정성을 들 수 있다. 진정성은 속이지 않고 최선을 다하는 마음으로 신뢰의 뿌리다. 나아가 선거전략의 혼이다.

둘째, 틀이 단순하고 명확해야 한다. 전략이 복잡하고 모호할 경우 구성원들이 이해하지 못할 수 있다. 때로는 너무 많이 아는 것도 병이라는 문제에 비유할 수 있는 지식의 저주(curse of knowledge)[6]가 발목을 잡을 수 있다. 단순화는 일종의 압축을 의미한다. 우리 뇌는 멀티태스킹보다 단순작업을 좋아한다고 한다. 다다익선이 일을 그르칠 때도 있다. 프레데리케 파브리티우스 외는 《뇌를 읽다》에서 멀티태스킹이 생산성을 향상시킨다는 주장은 신화라며, 멀티태스킹의 역효과를 지적한 후 멀티태스킹의 최소화를 주장하고 있다. 아인슈타인(Albert Einstein)은 "단순하게 설명할 수 없으면 제대로 이해하지 못한 것이다"라고 말했다. 단순화는 가장 중요한 사

6 "무언가를 오래 알수록 그것을 모르는 상태가 어떤지 힘들어진다"라는 의미로, 리더는 자신의 메시지를 조직원 모두가 이해한다고 믿고 있지만 사실 그렇지 않다(캠 바버, 2019). 즉 '많이 알아서 더 전달하기 어렵다'라는 의미로, 우리가 어떤 것에 대해 제대로 알면 남에게 잘 전달할 수 있지만 때로는 그 지식이 소통을 어렵게 만드는 경우를 말한다.

안에 집중하도록 돕고, 날카롭고 정확한 선거전략에 한 발자국 더 접근할 수 있게 만들어준다. 마이클 포터가 강조한 빼기도 단순화와 그 궤를 같이 한다.

단순화는 1장 후보자의 자격에 필요한 커뮤니케이션, 2장 4. 2) 선택과 집중의 뿌리다. 또한 3장 선거시스템에서도 중요한 도구다. 단순하게 설명할 줄 알아야 일류 강사이고, 독자가 읽기 쉽게 핵심을 뽑아 단순하게 글을 써야 베스트셀러 작가다. 좋은 제품의 조건도 조작하기 쉬워야 한다. 간단하고 단순한 한 가지 콘셉트에 집중하는 것은 단순함이 복잡함을 이긴다는 오컴의 면도날 법칙(Occams razor)과도 통한다.

그리고 무엇보다 전략은 명확해야 한다. 신시아 A. 몽고메리는《당신은 전략가입니까》에서 "명확히 규정된 전략은 당신이 가고 싶은 곳에 갈 수 있도록 나침반을 제공하면서 기업을 조종해나간다. 전략 덕분에 당신은 자신이 하고 있는 일과 그 일을 하고 있는 이유를 명확히 밝힐 수 있기 때문에 더욱 훌륭한 전달자가 된다"라고 강조하고 있다. 명확성은 단순화의 다른 표현이기도 하다. 복잡하면 명확성이 떨어진다.

Tip 단순화를 추구하되 다양성(diversity)도 적극 고려하자

예술의 가치는 원형적 형태를 포함하되, 얼마나 다양한 형태를 표출하고 있는가가 작품성의 중요한 판단기준이라고 한다. 구글(Google)도 훌륭한 검색 엔진이 있었지만, 크롬, 앱스, 지메일 등 수많은 제품을 추가하고 나서야 강력한 플랫폼이 됐다고 한다. 여러 개의 무기를 가지고 있다는 것은 선거전략에 도움이 된다. 다양성 확보를 위해 나이, 성별, 지역, 사회경력, 전문성 등을 고려할 수 있다. 예를 들어 다양한 인적 네트워크 구축을 위해 선거사무원 모집 시 연령대, 거주 지역을 고려하거나 사회봉사활동단체 등에서의 경력이 풍부한 사람을 선발하는 경우 개인의 능력을 최대한 이끌어낼 수 있고, 조직 분위기를 살리는 데 도움이 된다.

셋째, 내용이 구체적이며 실행력이 있어야 한다. 선거전략은 상대 후보자보다 한 가지라도, 조금이라도 더 우위를 점할 수 있는 구체적인 전략만이 가치가 있다. 또한 명확한 실행지침도 있어야 한다. 그러므로 단순한 욕심, 희망사항, 장님 코끼리 만지기식의 추상적인 전략은 좋은 전략이 아니다. 전략의 거장 리처드 P. 럼멜트는 《전략의 거장으로부터 배우는 좋은 전략 나쁜 전략》에서 "좋은 전략의 핵심으로 ① 진단, ② 추진 방향, ③ 일관된 행동이라는 3요소가 필요한데, 현 상황에 대해 분석한 후 모든 면을 만족시키기보다 가장 효과적인 일부 대안을 골라 모든 자원과 역량을 쏟아 부으라"라고 강조한다. IBM을 재건시킨 CEO 루이스 거스터(Louis Gerstner) 역시 《코끼리를 춤추게 하라》에서 "실행은 성공 전략의 절대적인 요소"라며 실행의 중요성을 강조했다.

선거전략이 실행력을 가지려면 선거시스템과 연계하여 검토해봐야 한다. 선거전략의 실행력은 3장 시스템운영, 4장 선거운동 등을 통해 판가름 난다. 선거전략이 좀 미흡해도 실행력을 통해 만회할 수 있다. 주의할 점은 실행력이 중요하다고 대책 없이 무조건 앞만 보고 가라는 것은 아니다. 자칫 방향을 잘못 잡아 돌이킬 수 없는 사태가 발생할 수 있으므로 스페어타이어 같은 최소한의 안전장치(risk hedge)가 필요하다.

넷째, T · P · O와 건전한 조직 분위기가 필요하다. T · P · O란 마케팅에서 시간(Time), 장소(Place), 상황(Occasion)에 맞게 시장을 세분하고 여기에 맞는 수단을 제공한다는 뜻으로 많이 사용된다. 선거판은 선거환경이 변화무쌍하고 불확실성이 크며, 게다가 상대 후보자와 경쟁을 벌여야 하는 고차원적인 게임이다. 마이클 포터 교수는 "전략의 본질은 바로 선택과 평가, 그리고 모든 것을 적재적소에 배치하는 것이다"라고 말했다. 사람이 죽는 이유는 간단하다. 오장육부가 썩기 때문이다. 조직도 내부의 갈라진 틈 때문에 무너진다. 그 원인은 조직문화다. 선거판에 비유하면 조직 분위기가 더 어울린다. 조직 분위기가 윤활유 역할을 해줘야 선거전략도 탄력을 받을 뿐만 아니라 불완전한 선거전략도 살려낸다. 조직 분위기를 살리기 위해서는 후보자의 지지가 필요함은 물론이다. 조직 분위기가 1장 리더십, 2장 선거전략, 3장 선거시스템과 통합되어야 목표에 한 발짝 다가설 수 있다. 왜냐하면 이들이 이기는 선거의 핵심 요소이기 때문이다.

Tip 선거전략의 요소, T · P · O

- 시간(Time): 선거홍보 효과는 타이밍이 좌우한다. 의정보고회, 출판기념회 등 행사 개최, 문자메시지, 예비후보자홍보물 제작 · 발송 등 많은 홍보사업이 타이밍과 연관되어 있다. "새로운 앱을 마케팅하는 최선의 시기는 플랫폼이 새로 생겼을 때다."(세스 고딘, 2019)
- 장소(Place): '어떻게'보다 '어디서'가 더 중요할 수도 있다. 선거사무소와 선거 현장을 들 수 있는데, 선거사무소가 시스템을 움직이는 두뇌라면, 선거현장은 손과 발이다. 전자가 기획팀이라면, 후자는 조직팀이다.
- 상황(Occasion): 선거 상황은 수시로 변한다. 상황에 맞는 방안을 찾아 대처하려면 과거의 낡은 틀을 깨고 생각과 발상의 전환으로 무장해야 한다. 문샷싱킹(Moonshot Thinking)[7] 접근도 필요하다.

다섯째, 유능한 선거전략가를 충원해야 한다. 선거전략의 품질을 좌우하는 요소 중 하나가 유능한 선거전략가의 확보 여부다. 왜냐하면 선거전략의 내용과 세부사항은 3장에서 설명하는 선거시스템 구성요소인 인적, 물적 및 환경자원에 대해 잘 알고 있는 선거전략가의 두뇌에서 나오기 때문이다. 유능한 선거환경과 선거전략과 시스템을 구축했어도 이를

---

7 상상에 머무르지 않고 실행하고, 불가능해 보이는 생각을 실제로 만들어나가는 것을 말한다.

제대로 운영할 전략가가 없다면 좋은 결과물을 낼 수 없다. 유능한 선거전략가 없는 선거전략은 무용지물이다. 대표적인 선거전략가로 제임스 카빌(James Caville)을 든다. 그는 미국 제42대 대선 시 빌 클린턴의 선거참모로 기발한 슬로건(Its the economy, stupid!, 문제는 경제야, 이 바보야!)을 개발하여 빌 클린턴을 백악관으로 보냈다. 방법을 모르면 준비는 물론 실행하기는 더욱 어렵다. 선거캠프의 기획실장이 그 역할을 하지만, 소수인력으로 팀을 만들어도 좋다. 기획실장은 선거시스템은 물론 선거 판세를 들여다볼 줄 아는 혜안이 있어야 한다. 기획실장 등 참모의 역할에 대해서는 3장에서 다룬다.

2.
선거전략 수립 시 고려할 사항

1) 선거전략의 지렛대, 차별화

차별화 없는 전략은 전략이 아니다

앞에서 선거를 레드오션 시장이라고 했다. 레드오션 시장에서 선거전략이 성공하려면 차별화는 핵심 요소다. 가파(GAFA)[8]의 성공 요인에 대해 많은 연구가가 차별화를 첫 번째로 꼽는다. 영혼 없는 작가의 글이 글이 아닌 것처럼 차별화 없는 전략은 전략이 아니다. 선거전략을 여행에 비유하면 패키지여행이 아니라 배낭여행에 가깝다. 이게 차별화의 시발점이다. 마이클 포터 교수는 "경쟁우위를 확보하기 위해 세 가지 경쟁전략, 즉 원가우위, 차별화, 집중화를 제시했으며,"(하버드공개강의연구회, 2019) 미국의 작가 세스 고딘(Seth Godin)은《보랏빛 소가 온다》에서 "눈에 띄지 못하면

---

8 Google, Apple, Facebook, Amazon의 첫 글자를 따서 만든 단어

소비자의 마음을 움직일 수 없다"라고 말했다. 보랏빛 소가 되기 위해서는 우선 다른 후보자와 달라야 한다. 페이스북도 최초로 SNS를 개발한 게 아니라 차별화한 제품을 만드는 데 성공한 기업이다. 좋은 전략을 수립하기 어렵다고 하는데, 이는 차별화된 전략을 세우기가 어렵기 때문이다.

사람들은 어떤 선택을 할 때 자신의 취향이나 선호도와 배치되는데도 남달리 특별하다는 것 때문에 매력을 느낀다. 그래서 작가는 글을 쓸 때 목차에서 차별화에 심혈을 기울인다. 자기계발 관련 서적에 자주 등장하는 더 잘하기 전략 역시 차별화 전략이다. 후보자마다 선거전략을 세우는 것 역시 차별화를 위해서다. 차별화에 성공할 때 '베블렌 효과(veblen effect)'[9]로 이어져 가수요가 나타난다. 그래야 후보자의 인지도를 수직 상승시킬 수 있다. 정치신인 등이 같은 무기로 현직과 정면 대결하면 이미 패한 것이다. 현직의 장벽을 넘어서려면 필살기가 아니더라도 최소한 현직과 차별화된 개량무기로 의표(意表)를 찔러야 승산이 있다.

2) 유연한 인적 네트워크 구축·유지

점을 선으로 연결하는 인적 네트워크

세상 모든 일은 사람과 사람 사이의 관계(relationship), 인적 네트워크에

9 가격이 오르고 있음에도 특정 계층의 허영심 또는 과시욕으로 인해 수요가 줄어들지 않고 오히려 증가하는 현상이다. 기업은 베블렌 효과를 마케팅이나 광고에 이용해 고급화, 차별화, 고가정책을 표방한다.

서 시작된다. 이른바 처세술, 관계론이다. 기업경영에서도 네트워킹 역량은 경쟁력의 핵심요소로 평가한다.[10] 디지털시대의 시장은 네트워크로 연결되기 때문에 연결은 성공과 직결된다. 랜디 로스는 관계의 힘을 관계의 경제학으로 확장하고 있다. 선거판 역시 관계는 중요한 가치다. 특히 선거 시스템을 지탱하는 핵심 동력이다. 네트워크를 구축하는 방법은 크게 면대면(face to face) 등 오프라인과 SNS 플랫폼 등 온라인으로 나눌 수 있다. 양자 모두 후보자를 당선으로 인도하는 지렛대다. 이 지렛대를 누가 어떻게 활용하는지에 따라 승패가 갈린다.

오프라인의 경우 선거법상 허용되는 공식적인 인적자원은 선거사무장 등 범위가 정해져 있다(법 §62). 반면 비공식 인적자원 영역은 신대륙처럼 넓다. 신대륙은 네트워크에 해당한다. 나를 중심으로 조직, 단체, 사람들이 거미줄처럼 복잡하게 얽혀있다. 하지만 네트워크 대상자 선정은 한정된 자원을 고려하여 나를 좋아하는 유권자 중심으로 내 편 만들기를 하는 게 유리하다. 그래야 네트워크 효과를 누릴 수 있다. 이런 작업은 최소한 입후보예정자, 예비후보자 때 넓혀야 한다. 후보자 때는 그곳에 깃발만 꽂으면 된다. 과거 정치신인 등은 인맥관리, 인적 네트워크 구축을 위해 각종 사회단체, 봉사단체, 산악회 등 각종 모임에 가입하기도 하고 새로운 종교에 발을 담그는 것은 기본이었다. 과거에는 몇 개의 사회단체나 모임에 가입한 것이 후보자의 스펙이자 자랑거리였다. 인간관계, 비즈니스 등에서 소통도 중요하지만, 인맥은 100M 달리기할 때 순풍 역할을 해준다. 이는 시대를 초월한다.

지금은 온라인이 대세다. 이젠 내가 어떤 SNS 플랫폼에서 어떻게 활

10 아마존, 넷플릭스, 링크드인, 스포티파이 같은 기업들은 고객과 관계를 쌓았기 때문에 비슷한 경쟁업체보다 평가 가치가 다섯 배나 높다고 한다(미셸 레더먼, 2019).

동하고 있고, 나의 발언, 행동이 나의 인맥이며 평가기준이 되었다. SNS 네트워크를 뺀 선거전략은 한쪽 팔을 잃은 것과 같다. 관리하는 SNS의 구독자 수, 팔로워, 조회 수가 많은 후보자가 인맥관리를 잘하는 세상이 되었다. 이젠 인맥 만들기도 기술이 필요하다. 나만의 온 · 오프라인 인맥지도를 만들어보자! 우선 사방으로 시야를 펼치고 흩어진 점을 찾아 연결하는 게 우선이다. 스티브 잡스(Steve Jobs)는 스탠퍼드대학교 연설에서 "점과 점을 연결하라(connecting the dotes)"라고 말했다. 이 점이 선으로 연결되어 인맥지도를 완성하면 확장성은 무궁무진하다. 인맥지도가 최고의 무기임을 잊지 말자. 가끔 만나는 가벼운 인맥이 큰 힘을 발휘한다는 마크 그래노비터(Mark Granovetter)의 논문 제목 〈약한 고리의 강한 힘〉이 정답을 암시하고 있다.

모난 돌이 정에 맞는다

"모난 돌이 정에 맞는다"라는 속담이 있다. 원만하고 유연한 인간관계의 중요성을 일깨워주는 속담이다. 선거판은 다양한 계층의 사람들이 움직이는 전쟁터로 어느 정에 맞을지 모른다. 따라서 가급적 적(敵)을 만들지 말아야 한다. 자칫 안티 한 명이 조직을 무너뜨릴 수 있다. 일부 연구에서는 관리자가 성공하기 위해 필요한 능력 중 15%는 전문적 기술이고, 85%는 인간관계 능력, 이른바 사교기술 또는 사회지능(social intelligency)이라고 말한다. 많은 CEO가 강조하고 가슴 깊이 새겨야 할 문구로 원만한 대인관계의 구축을 꼽는다. 미국의 제26대 대통령 시어도어 루스벨트는 "성공에 필요한 가장 중요한 요소 한 가지는 사람들과 잘 지내는 법을 아는 것이다"라고 말했다. 사회학자들은 인간관계를 사회적 자본(social capital)[11] 이라고 지칭한다. "로버트 퍼트넘은《나 홀로 볼링》에서 두 가지 유형의 사회적 자본으로 동료 팀원들과의 결속과 다른 팀과의 연계를 중시했다. 이는 돈처럼 물건이나 서비스를 구입할 수는 없지만 계속 쌓이면 커다란 힘을 발휘하기 때문이다."(배연국, 2016) 네트워크는 사회적 자본을 지탱하는 핵심이다.

인간관계의 끝판왕, 신뢰

인간관계는 수많은 고리가 나를 중심으로 서로 느슨하게 또는 단단하게 연결되어 있다. 이를 제대로 연결해주는 끈은 신뢰다. 신뢰는 인간관계의 기초, 아니 전부라고 할 수 있다. 신뢰는 돈으로 살 수 없는 자산이다. 신뢰 없는 인간관계는 언어도단이다. 원활한 인간관계의 초석이 되는 신뢰는 선거전략을 짜고 시스템을 구축하는 시작점이다. 후보자가 팀장을 신뢰하지 않고 팀장이 후보자를 신뢰하지 않는데 좋은 성과물을 만들어낼 수 있을까? 그런 의미에서 정보공유는 신뢰의 필수요소다. 마케팅의 목적은 상품을 계속 파는 일이다. 계속 팔기 위해서는 신뢰관계를 구축하는 일이 먼저다. 우리가 물건을 살 때 믿을 수 있는 사람한테 구입하기 마련이다.

신뢰는 사람과 사람을, 조직에서는 조직 구성원들을 하나로 결속해주는 마력이 있다. "단단한 콘크리트를 만들려면 모래, 자갈, 물 그리고 시멘트가 있어야 한다. 신뢰란 조직에서 시멘트 같은 성분이다. 그것이 없으

11 사람 간 선의의 연결을 통해 탄생하는 자본으로, 사람 · 물건 · 돈에 이은 제4의 자본이며 콜맨이 제창했다. 사회적 자본은 사회 전체의 소유로, 구성원 모두에게 이익을 가져다준다.

면 조직은 모래알처럼 흩어진다. 개개인의 자질이 아무리 뛰어나더라도 신뢰가 부족한 조직이라면 구성원들끼리 갈등이 빚어지고 책임을 미루는 현상이 생길 수밖에 없다. 조직의 목표달성은 아예 불가능해진다."(배연국, 2016)

언론사와 좋은 관계 유지

선거판에서 아직도 영향력 있는 기관으로는 언론사를 들 수 있다. 대인관계 못지않게 언론사와의 유연한 관계도 중요하다. 언론인과의 관계 유지에 대해 '불가근불가원(不可近不可遠)'이라는 표현을 많이 사용한다. 이는 좋은 인간관계 구축에도 그대로 적용되는데, 이른바 거리감의 법칙 때문이다. 지나치게 가까운 사이보다는 약간의 거리감을 유지하고 긴장관계를 유지하는 게 낫다. 이는 리더와 팀원 간의 관계도 마찬가지다. 호저의 딜레마(porcupines dilemma)[12]가 정답을 암시해주고 있다. 거기에다 밀당까지 잘한다면 금상첨화다. 선거캠프 내 홍보팀에서 보도자료 제공 등 언론사를 전담하고 있다. 언론사를 나의 아군으로 만들지 못할망정 적으로 만들지는 말라. 몽둥이로 세게 맞을 것을 회초리로 약하게 맞을지 누가 알겠는가. 좋은 기사는 유효기간이 몇 시간에 불과하지만, 나쁜 기사는 불청객이 많아 선거가 끝날 때까지 나를 괴롭힌다.

12 호저들은 날씨가 추워지면 서로 모여들어 체온을 나누는 습성이 있는데, 너무 가까이 가면 가시에 찔려 일정한 간격 이상으로 가까워질 수 없다는 의미다.

3) 선거전략도 변해야 가치가 있다

지금의 유권자와 선거를 앞둔 시점의 유권자는 다르다

세상 모든 것은 변한다. "세상에서 변하지 않는 유일한 것은 변화한다는 사실뿐이다."(장샤오헝, 2017) "오늘날 유일하게 영구적일 것으로 보이는 것은 변화뿐이다."(잭 트라우트 외, 2021) 이젠 변화가 변수가 아니라 상수다. 영원한 승리가 없듯이 영원한 전략도 없다. 신의 한수도 마찬가지다.《손자병법》〈구변(九變)〉 편에서 "장수가 많은 변화에 따르는 이익에 능통하면 군대를 운용하는 법을 아는 것"이라며, 장수가 변화에 적응해야 전쟁에서 이길 수 있다고 말하고 있다. 이기는 전략이란 불완전한 전략을 완전한 전략으로 완성하기 위한 노력과 의지다. 같은 정당 소속 입후보예정자 또는 예비후보자가 당내경선을 통과하지 못하여 꿈을 접고 나의 지원군이 될 수도 있고, 적군이 될 수도 있다. 또한 코로나19 같은 외부환경변수가 발생할 수도 있고, 선거자금을 확보하지 못해 선거전략을 수정해야 하는 사태가 발생할 수도 있다. 따라서 선거운동을 막 시작할 때의 유권자와 투표당일 유권자와는 다를 수 있고, 실제로도 많이 다르다. 그게 정치요 선거다. 선거환경, 선거 패러다임의 변화가 그렇게 만든 것이다. 유권자의 호불호에 많은 영향을 주는 정책 실패가 터지거나 ○○게이트, ○○사태·비리 등 악재가 발생하여 소속 정당의 지지도가 급락하면 아군에서 적군으로 돌변한다. 충성고객도 변덕스럽기는 마찬가지다. 전략이라고 하면 고정적, 확정적, 불가변적이라고 생각하기 쉬운데, 전략도 환경변화에 적응하고 변해야 가치가 있다. 물론 전략을 전면 수정할 수도 있다. 의사가 진맥한 후 같은 증상이라도 환자의 나이, 성, 체질 등에 따라 다르게 처방하는 원리와 같다. 중요한 것은 변화에 유연해야 한다.

Tip 거꾸로 보기

우리의 생활 주변을 살펴보면 모순투성이다. 사람의 욕심 때문이다. 모순 속에 숨어있는 본질을 발견하기 위해서는 대상 · 시기 · 상황에 따라 다르게 접근해야 함을 의미한다. 전투방법도 정공법 외에 게릴라전투가 있고, 영화 시나리오의 경우 클라이맥스 부분을 먼저 처리한다고 한다. 군사전보다 심리전이 승패를 좌우하기도 한다. 소크라테스는 "질문이 정답보다 중요하다"라고 말했다. 이는 질문을 받은 사람이 답을 찾는 과정에서 생각의 힘이 자라기 때문이다. 공(功)과 과(過)를 함께 보거나, 공격과 수비를 함께 생각하는 방법도 중요하다. 3장 4. 선거공약도 만들고 나면 바로 낡은 공약일 수도, 너무 앞서가는 공약일 수도 있으므로 새로운 시각에서 바라보고 업데이트해야 한다.

4) 위기관리 전략이 더 중요하다

굴렁쇠도 장애물 앞에서는 속수무책

현대사회를 불확실성의 시대 또는 위기가 공존하는 시대라고 말한다. 사람들은 위기상황에서 최악의 결정을 내리기 쉽다. 선거판에서의 오판, 실수는 패배를 의미한다. 이는 선거의 특성 중 하나인 한시성과 갈대처럼 춤추는 여론 때문이다. 선거판은 시장경제와 마찬가지로 여러 요소가 서로 충돌하고 경쟁을 벌이는 나선형 구조를 띤다. 즉 변화, 갈등 등이 포함된 순환구조다. 갈등 원인을 보면 첫째, 외부환경이 선거시스템에 영향을 주는 경우다. 특정 정당에 대한 낙선운동, 코로나19로 인한 오프라인 선거운동 불가 사례 등을 들 수 있다. 둘째, 내부 시스템이 외부환경에 영향을 주는 경우다. 후보자의 말실수가 이슈가 되어 악영향을 미치는 예가 단적인 사례다. 셋째, 내부 시스템 안에서 발생하여 시스템에 영향을 주는 경우다. 조직문화 등 내부 갈등 때문에 발생하는 경우로 3장 1) 효율적인 선거시스템의 조건에서 다룬다.

불운이나 나쁜 일은 겹쳐서 찾아온다고 했다. 불확실성이 큰 선거판에서 선거시스템의 어느 한 곳에서 사소한 실수는 연쇄반응을 일으켜 계속 다른 곳에 악영향, 치명타를 준다. 소위 나비효과의 나쁜 사례다. 당뇨병이 무서운 것은 그 병 자체보다 합병증 때문이다. 굴렁쇠도 장애물 앞에서는 속수무책이다. "리더들은 혼돈 속에서도 의연해야 하며, 불확실성 속에서도 단호함을 보여야 한다."(조코 윌링크 외, 2019) 위기는 후보자에 대한 리더십의 시험무대다.

Tip 사건 · 사고전담팀 운영을 통한 선제적 대응 및 사후관리

바다를 항해하다 보면 태풍, 암초 등으로 배가 충격을 받거나 전복되듯이, 선거판 역시 선거시스템의 오작동, 코로나19로 인한 외부 선거환경의 변화 등으로 충격을 받을 수 있다. 이런 경우에 대비해 충격을 최소화할 제동장치, 즉 위기관리 시스템이 필요하고 중요하다. 위기 발생 시 우왕좌왕하다가 자멸하기 십상이다. 그러므로 기획팀 내에 사건 · 사고전담팀을 운영하여 위기에 선제적으로 대응하고 사후관리에 만전을 기해야 한다. 코로나19로 면대면(face to face) 등 오프라인 선거운동이 불가능할 경우에 대비한 플랜 B 전략이 필요하다.

사건 · 사고 발생 시 대처하는 방법

대부분 사건 · 사고는 갑자기 발생하는 경우도 있지만, 어느 정도의 징조가 나타난 후에 발생한다. 예를 들어 제3자가 관내 모 식당에서 유권자 10여 명을 참석시킨 가운데 음식물을 제공한 혐의로 선관위에서 관련자 등을 조사할 경우를 가정해보자. 그러면 선거시스템은 당연히 흔들리고 위축된다. 이는 기업이 세무조사를 받고 휘청거리는 것과 비슷하다. 설령 동 사건이 잘 마무리되어도 이 멍에가 교통사고 후유증처럼 선거 종료 시까지 나를 괴롭힌다. 칼에 베인 상처는 아물어도 상흔이 남는다. 동 사건을 선관위에서 검찰에 고발 조치하고, 참석자들에게 각각 수십만 원의 과태료를 부과했다는 내용이 TV에 방영되었을 때 어떻게 대처할 것인가? 방안의 코끼리(elephant in the room)[13]처럼 모르는 척할 것인가? 우리 후보자와는 완전히 무관한 사안이라고 변명하고 싶겠지만, 유권자나 상대 후보자가 보는 시각은 판이하다.

대부분의 식사 모임은 사람을 동원해야 하기 때문에 최소한 며칠 전에 준비하고, 주최자가 자신의 세를 과시하기 위해 후보자를 참석시키려고 선거캠프의 팀장 등과 연락을 취한다. 이때 선거캠프에서 판단을 잘못하여 후보자가 참석하는 우를 범할 수 있다. 이는 조그마한 전공을 세우려다 전쟁에서 패하는 상황과 흡사하다. 그러므로 상황실장은 후보자가 참석하는 행사의 성격을 정확히 파악하고 대비하는 통찰력이 필요하다. 또한 현장 팀을 통해 수시로 동향을 파악하고 정보를 수집하고 분석해야 한다. 그래야 조직이 위험에 빠지는 것을 막을 수 있다. 식상한 이야기 같지만 "위기는 회피하고 기회는 포착"하는 게 성공의 지름길이다.

---

13 모두가 잘못됐다는 것을 알면서도 먼저 그 말을 꺼낼 경우 초래될 위험이 두려워 그 누구도 먼저 말하지 않는 커다란 문제를 가리킨다.

Tip 위기상황에 대처하는 방법

시스템의 위기는 모든 판이 흔들리는 비상사태로 자칫 공황상태에 빠질 수도 있다. 리스크를 최소화하기 위해 상황을 직시하고 냉철하게 대처하는 게 우선이다. 선거는 시간 싸움이다. 대부분의 선거캠프는 책임 소재를 따지기 바쁜데, 다음에 처리해도 늦지 않다. 시프트 프런트(shift front)[14] 식의 사고가 필요하다. 상대 후보자 입장에서는 호재이므로 문자, 현수막 게시 등을 통해 대대적으로 공격한다. 선거판에서는 동 건이 이슈가 되고, 여론 악화로 선거시스템이 충격을 받는다. 이때 시급한 것은 후보자 자신이 마음을 잘 챙기는 것이다. 그런 다음 캠프 내부 팀원들과 당원들의 동요를 막고 소신 있게 밀고 나가야 한다. 앞에서 위임의 중요성을 설명했지만, 위기상황에서는 모든 권한과 정보를 리더인 후보자가 장악하고 직접 대응해야 한다. 즉, 문제의 한가운데에 서 있어야 한다. 문제가 있으면 반드시 답이 있게 마련이며, 바둑판에서 수는 늘 있게 마련이다. 불황기라고 일하지 않으면 향후 수확할 게 없다. "한 사람의 미래는 현재 그가 처해 있는 상황이 아니라 그가 어떻게 그 상황에 대처하느냐에 달려있다."(조윤재, 2019) 법상 무죄추정의 원칙이 지배하고, 100% 기소되는 것도 아니다. 또한 재판과정에서 무죄 또는 파기환송 선고도 기대할 수 있다. 미래 상황은 아무도 모른다. 돌파구를 찾을 때까지 차분하게 대응하고, 후보자를 비롯해 팀원 모두가 한목소리를 내야 한다.

---

14 사고 발생 시 근본원인(root-cause)을 찾아 해결책을 강구하는 것이며, 평상시에는 선행 준비로 성과를 극대화하는 것이다(권오현, 2018).

3.
선거전략에 임하는 마음 자세

1) 중요한 것은 사소한 것의 집합체

실수와 실패는 패배, 낙선일 뿐이다

실패를 바라보는 많은 CEO들의 시각은 매우 긍정적이다. 즉 "실패도 사업과정의 일부로 성공보다 큰 교훈을 준다"라고 말하거나(제이 세밋, 2018), "실패가 원석이라면 성공은 다이아몬드다"(스콧 애덤스, 2020)라고 말한다. 심지어 "기꺼이 실패하라"(브라이언 트레이시, 2017)라고 말하기도 한다. 기업의 경우 기업발전을 위해 새로운 사업에 도전하고, 새로운 제품 등을 개발하려면 실패가 필요한 과정일 수도 있다. 여행할 때 내비게이션 없이 이리저리 탐사를 하다 보면 경로이탈도 경험해보고 찾아가는 재미도 있을 수 있다.

그럼 선거판에도 똑같은 논리가 적용될까? 결론부터 말하면 실패는 좋은 경험이 아니라 나쁜 경험일 뿐이고, 원석이 아니라 돌멩이에 불과하다. 실패는 문제일 뿐이지 해결책의 일부는 물론 훈장은 더더욱 아니다. 사과를 바닥에 떨어뜨리면 갈변 현상으로 품질이 손상되고 먹을 수 없다. 선거판에서 실패는 성공의 디딤돌이 아님은 물론, 실패한 팀에게 보너스를 준다는 구글(Google)의 기업문화는 더더욱 아니다. 스포츠 경기와 달리 선거판은 연습게임이 없는 단판 승부 게임으로 실패는 곧 패배, 낙선이다. 실수가 다음 선거에 좋은 경험이 될 수 있겠지만, 선거판에서 다음 기회는 없다. 정치신인 등이 가장 경계해야 할 게 재수, 삼수다. 자칫 직업(?)이 된다. 상처투성이뿐인 7전 8기 당선은 이긴 게 아니다. 선거에 출마했으면 이겨야 하고, 그것도 한번에 이겨야 한다.

사소한 것은 모든 것의 단초

세상 모든 일에는 원인과 결과가 있다. 그런데 그 원인을 살펴보면 사소한 것들이 자리를 잡고 있다. 또한 그 이면에는 맥락(脈絡)이 존재한다. 부부싸움, 화재 발생, 전략의 실패, 획기적인 발명, 미제사건의 해결 등 그 종류도 다양하다. 나도 조사업무를 하면서 사소한 것 때문에 사건들을 적발하여 조치한 사례가 많았지만, 실수도 많았다. 우연히 걸려온 질의전화를 받고 답변해주는 과정에서 단서를 잡기도 하고, 식당 옆 테이블에서 "어제 공짜 밥 얻어먹고 왔다"라고 자랑하는 사람들 덕분에 대어(?)를 낚은 적도 있다. 반면에 사소한 것을 간과하여 창피당한 경험도 있다.

Tip 사소한 게 사소한 게 아니다

시 · 군지역의 경우 지역 · 인터넷신문 기자가 의외로 많다. 선거를 앞두고는 기자들이 정보를 얻기 위해 선관위 사무실에 자주 방문한다. 그런데 2008년경 자주 방문하던 기자 중 한 명을 기부행위 혐의로 조사한 후 그 기자를 검찰에 고발 조치한 적이 있었다. 언론인의 경우 현재는 선거운동을 할 수 있지만, 과거에는 선거운동을 할 수 없는 신분이었다. 얼마 후 공소장을 확인한 결과 제3자기부행위위반죄(§257)만 기소하고 부정선거운동죄(§255)는 불기소했다. 검찰에 전화로 확인한 결과 피고발인의 신분이 언론인이 아니어서 부정선거운동죄는 불기소했다는 답변을 받았다. 피고발인 기자가 처음 건네준 명함만 믿고 기자인 것으로 판단하고 실제 기자 여부에 대해 확인조차 하지 않았던 것이다. 시 · 군청공보실에 전화만 해보았어도 쉽게 확인할 수 있었는데, 절차를 생략한 게 화근이었다.

나는 경험을 통해 사소한 것의 중요성을 너무 잘 알고 있는 디테일 신봉자다. 사람들이 "2%가 부족하다", "거의 다 되었다"라는 말을 자주 사용하는데, 실제로는 "아무것도 된 게 없다"라는 말과 같다. 모자란 건 모자란 것이다. 점과 점 사이의 선을 그을 때 처음에는 1° 차이에 불과하지만, 마지막은 어마어마한 간격이 벌어지며, 치아의 사소한 뿌리 손상이 이를 뽑게 만든다. 이는 깨진 유리창 이론(broken window theory)[15]이 말해주고 있다. 휴렛팩커드 창업자 데이비드 팩커드(David Packard)는 "작은 일은 큰일을 이루게 하고 디테일이 완벽을 가능하게 한다"라고 했다. 그래서 "작은 일을 존중하는 사람에게 존중받을 만한 큰일이 주어진다"라는 말이 나온 모양이다. "의외로 빅 아이디어는 작은 문제에 대한 간단한 해결책인 경우가 많다."(제이 세밋, 2018)

정치판도 마찬가지다. 정치인 중에서도 사소한 것 하나를 잘 포장한 것뿐인데 침소봉대되어 정치스타가 되는가 하면, 사소한 말 한마디 잘못하여 그동안 쌓아온 명성은 물론 정치생명을 단축시키는 사례를 많이 보

15 범죄심리학 이론으로, 작은 무질서 상태가 더 크고 심각한 범죄를 야기할 수 있다는 이론이다.

았다. 총선의 경우 후보자 개인의 사소한 일탈 행동이나 처신 때문에 전국적으로 이슈화되어 같은 정당 소속 후보자들에게 민폐를 끼치기도 한다. 깨진 유리창이 없는지 미리 살펴보고 수리하여 위험으로부터 벗어나자.

디테일은 문제해결의 열쇠

선거는 모든 후보자에게 동일한 무기를 주고 싸움판을 벌인다. 외형상 무기 성능이 비슷해 보이지만, 내면을 들여다보면 천차만별이다. 선거판 전체를 바라보면 막막하고 앞이 보이지 않지만 선거운동 방법 등을 파트별로 쪼개고, 자르고, 세분화한 후 선별하여 연구하고 분석하면 훨씬 더 명료해진다. 이는 케이크를 자르기 전에는 보이지 않았던 속재료들도 케이크를 자르고 해체하여 관찰하면 핵심 재료가 보이는 것과 같다. 또한 여행 갈 때 전체 지도를 보고 찾아가려면 막막하지만, 여행지 주변을 중심으로 확대하면 눈에 확 들어오는 것과 같은 이치다. 그런 와중에 무언가 새로운 것을 발견하기도 하고, 기회가 찾아오기도 한다. 디테일은 문을 열고, 문제를 해결해주는 열쇠와 같다. 후보자선전물 홍보 역시 마찬가지다. 선전물을 파트별로 '쪼개' 보아야 이해하기 쉽고 효율적인 방법이 도출된다. 이는 단순화의 한 방법이기도 하다.

Tip 쪼개고, 묶고

이 책을 작성할 때 일부 선거운동 방법은 쪼개기도 하고, 묶기도 했다. 선거법 제103조 제5항에 규정되어 있는 출판기념회는 형식적으로는 선거법위반행위 제한 · 금지규정에 포함되어 있지만, 실질적으로는 선거법위반행위제한 · 금지규정 속에 몰래 숨겨둔 입후보예정자의 선거운동 방법이다. 입후보예정자의 선거운동 방법을 극대화하기 위해 쪼개서 4장 1. 입후보예정자의 선거운동 방법에서 설명한다.

반면 선거여론조사는 입후보예정자가 객관적인 분석자료로 활용할 수 있고, 1인 선거여론조사 등을 통해 인지도를 높이는 선거운동 방법이 될 수 있다. 하지만 여론조사 관련 위반행위가 중대선거범죄로 잘못 밟으면 터지는 지뢰가 될 수 있기 때문에 5장 선거법 위반행위제한 · 금지규정과 함께 묶어서 중대선거범죄에서 설명한다. 후보자 역시 선거벽보 등 선전인쇄물, 선거사무소 외벽면 현수막, 거리현수막 등 시설물이용 선거운동 등으로 묶어서 홍보방안을 기획하거나, 거리 현수막의 경우 지역에 따라 쪼개서 홍보내용을 달리 게시할 수도 있다.

2) 관점을 바꾸면 달리 보인다

플라스틱 굴렁쇠도 있다

철학자 볼테르가 "독창성이란 사려 깊은 모방에 불과하다"라고 간파했듯이 모방은 창조의 어머니다. 흉내를 내다 보면 새로운 것을 창작해낸다. 피카소는 "좋은 예술가는 베끼고(copy), 위대한 예술가는 훔친다(steal)"라는 의미 있는 말을 남겼다. 선거판 역시 슬로건, 선거공약 등 누가 모방을 잘했는지 가리는 시합의 장이다. 선거가 끝나고 나면 창작처럼 보이는 우수한 모방품도 많다. 그동안 많은 후보자가 과거 선거 때 다른 후보자가 했던 방식대로 개념 없이 판에 박힌 방법만 고집했다. 이는 2등 전략으로 레드퀸 효과(Red Queen Effect)[16]와 같이 앞으로 나아가지 못한다. 쇠가 아닌

16 계속해서 진화하는 상대에 맞서서 끊임없는 노력을 통해 발전하지 못하면 끝내 도태된다는 가설이다. 이 말은 루이스 캐럴의 동화《거울 나라의 앨리스》에서 앨리스가 레드퀸에게 왜 계속 달

플라스틱으로도 굴렁쇠를 만들 수 있다는 사고의 전환이 필요하다. 고정관념에서 벗어나 시야를 넓히자. 새로운 사고방식에 대한 접근 방법은 현재의 나를 평가하는 것과 마찬가지로, 외부가 아닌 나 자신으로부터 시작해야 한다. 시야를 달리하면 관점과 행동도 바뀐다. 또한 경영인이 갖춰야 할 조건 중 하나로 강조되는 전략적 사고[17]도 도움이 된다.

모바일 메신저 카카오톡을 통해 한국 사회의 커뮤니케이션 채널을 지배하고 있는 김범수는 자신의 성공에 대해 "노력이 부족하니까 더 노력하자고 스스로를 질책하지 말라. 세상이 달라졌는데 노력만 갖고 될 일이 아니다. 대신 관점(point of view)을 바꾸어 세상을 달리 보는 눈을 길러라"라는 의미 있는 말을 남겼다. 역지사지(易地思之), 처지를 바꾸어 생각하라는 뜻이다. 처지는 관점이다. 관점은 우리가 세상을 바라보는 생각의 틀이다. 보고 싶은 것만 보고, 듣고 싶은 것만 듣는 것도 관점 때문이다. 새로운 관점에서 보거나 역발상을 해야 그동안 보지 못했던 새로운 것을 볼 수 있고, 긍정적인 프레이밍 효과(framing effect)[18]를 누릴 수도 있다. "닥쳐오는 상황은 바꿀 수 없지만, 그에 대한 인식을 규정하는 것은 대체로 우리 자신(잭 내셔, 2018)"이기 때문에 입체적인 관점에서 보는 것은 의미가 크다. 척단촌장(尺短寸長)[19]이라는 고사성어가 답을 암시하고 있다.

리는데 나무를 벗어나지 못하느냐고 묻자 레드퀸은 "아무리 힘껏 달려봐야 제자리이기 때문에 두 배는 더 빨리 달려야 한다"라고 대답한 말에서 유래했다.

17 의도하는 최고의 목적을 달성하기 위해 자사, 경쟁사, 고객, 시장 등의 전략적 요소를 분석하여 최적의 대안을 모색하는 사고능력을 말한다. 음식을 만드는 레시피라 할 수 있다.

18 질문이나 문제 제시 방법(틀)에 따라 사람들의 선택이나 판단이 달라지는 현상으로, 특정 사안을 어떤 시각으로 바라보느냐에 따라 해석이 달라진다는 이론이다.

19 "한 자가 짧을 때도 있고 한 치가 길 때도 있다"라는 뜻으로, 사람이나 사물을 어떻게, 어떤 마음을 가지고 보느냐에 따라 달라진다는 의미다.

인간은 자신도 모르게 방어기제[20] 안에 갇혀 있어 인식을 바꾸는 데 한계가 있다. 풀리지 않는 문제를 해결하려면 기존 사고의 틀을 깨고 완전히 다른 틀, 새로운 시각에서 생각해봐야 한다. 그래야 생각의 근육이 커진다. 이는 우리가 어떤 메시지를 전달할 때 데자뷰(Dejavu)가 아니라 뷰데자(Vujade)의 관점에 보아야 하는 것과 같다. 전쟁사를 보면 이순신 장군의 명량해전, 인천상륙작전 등 역발상을 통해 승리한 전투가 무수히 많다. 중국 최대 전자상거래업체인 알리바바의 창업자 마윈이 직원들에게 물구나무서기를 시키는 것이나, "바람이 불지 않을 때 바람개비를 돌리는 방법은 앞으로 달려 나가는 것이다"라는 데일 카네기의 말(김무일, 2015)은 음미해볼 가치가 있다. 이는 땅의 형세를 그리는 사람이 낮은 곳의 특성을 파악하기 위해 산 위로 올라가는 것처럼, 후보자 홍보 시 일방적인 홍보에서 "유권자는 항상 옳다"라는 관점에서 접근하는 것도 같은 이치다.

3) 외치보다는 내치가 우선이다

집토끼가 더 중요하다

외부의 적보다 내부의 적이 더 무섭다고 한다. 맞는 말이다. 열성팬이 어떤 계기로 등을 돌리면 극렬한 안티팬이 된다. 작용이 있으면 반작용이 따라오는 게 세상 이치다. 이는 내부 속사정을 너무 잘 알고 있기 때문이

20 자아가 위협받는 상황에서 무의식적으로 자신을 속이거나 상황을 다르게 해석하여 감정적 상처로부터 자신을 보호하는 심리를 말한다.

다. 후보자에게 불리한 나쁜 정보는 더 빨리 가공 · 윤색 과정을 거쳐 쉽게 퍼져나가기 마련이다. 제방을 무너뜨리는 데 안쪽에서는 쥐구멍이면 충분하지만, 밖에서는 수십 배의 힘이 필요하다. 예전 전쟁에서는 승리하기 가장 쉬운 방법이 적장을 죽이는 것이었다. 적장이 죽으면 적의 내부 분란으로 스스로 무너졌기 때문이다. "나무가 쓰러지면 원숭이들은 사방으로 흩어진다"라는 중국고사도 있다. 선거조직도 마찬가지다. 그러므로 리더는 조직 내에 갈라진 틈이 없는지 지속적으로 체크하고 관리해야 한다. 쥐구멍이 더 커지기 전에 수리하여 제방을 지키자.

우리가 흔히 내치, 외치를 말할 때 집토끼, 산토끼에 비유하기도 한다. 집토끼는 내가 먹이를 주고 키우니 달아날 염려가 없어 소중함을 느끼지 못한다. 반면 산토끼는 공짜로 보여 관심이 많고 소중해 보인다. 인간의 착시현상이다. 산토끼는 잡기도 어렵지만 잡았다 해도 야생본능이 있어 언제 우리에서 뛰쳐나갈지 모른다. 산토끼를 잡아 집에 가둔다고 집토끼가 되는 것은 아니다. 불안한 동거다. 집토끼로 만들려면 우리를 만들어 주고 먹이를 주고 관리해야 한다. 선거 여론이 그렇고, 민심이 그렇고, 표심 또한 그렇다. 이렇게 장황하게 설명하는 것은 집토끼도 상황에 따라 우리에서 뛰쳐나갈 수 있기 때문에 집토끼가 도망가지 않도록 잘 관리하라고 말하기 위해서다.

Tip 외연 확대보다 집토끼 관리가 먼저

기업에서 기존 고객을 소중히 여기는 기업전략의 기초가 바로 고객유지율(Customer Retention)[21]이다. 고객유지율은 기업마케팅의 금과옥조다. 신규고객도 중요하지만, 현

---

21 현재의 고객 중 1년 후에도 지속적으로 거래하는 고객의 비율을 나타내는 수치다.

재의 고객을 소중히 관리해야 매출도 오른다(나가이 다카히사, 2020). 그만큼 기존 고객, 집토끼가 중요하다는 의미다. 외연 확대도 중요하지만 집토끼인 당원 등 지지자를 보호하고 관리하는 게 먼저다. 제갈공명은 “먼저 가까운 자를 다스리고, 나중에 먼 자를 다스리라”라고 말했다.

4) 유권자에 대한 존중은 선거홍보의 출발점

유권자의 편에서, 유권자 중심의 선거전략

사람은 살면서 말하거나, 대화를 하거나, 어떤 행위를 한다. 이는 나의 메시지를 전달하기 위해서다. 문제는 대부분 자기 입장에서 메시지를 전달하려 한다. 그러다 보면 문제가 발생하고 이를 상대방에게 책임을 전가한다. 시대가 변했다. 기업의 경우 이젠 제품생산 및 판매도 과거 공급자 중심에서 수요자 중심으로 바뀌었다. 영업에서 가장 우선시되고 강조하는 게 바로 고객중심, 고객가치다. 출시한 제품이 아무리 우수해도 고객으로부터 외면당하면 소용없다. 그러므로 제품의 포지션을 다지는 첫 번째가 고객의 마음을 들여다보고 훔치는 것이다. 즉, 고객의 니즈(needs)와 원츠(wants)를 아는 게 우선이다. 최근에는 고객서비스도 마케팅으로 보더니, 급기야 콘텍스트 마케팅(context marketing)[22]까지 등장했다. 그래도 고객제

22 “소비자가 현재 처한 상황을 이해하고 그들이 원하는 목표를 성취하도록 돕는 것”을 말한다(매슈 스위지, 2021).

일주의의 끝판왕은 아마존 리더십 원칙(OLP 14조)[23] 중 첫 번째로 강조하는 고객에 대한 집착(Customer Obsession)이다. 즉, 고객을 유일한 목표이자 판단 기준으로 삼고 있다.

시장에서는 제품과 시장의 궁합(product market fit)[24]이 잘 맞아야 하고, 선거판에서는 후보자와 유권자의 궁합이 잘 맞아야 한다. 그러기 위해서는 후보자가 유권자의 입장에서 생각하고, 유권자의 눈높이에 맞게 행동하고 닮아가는 게 중요하다. 이는 학원 스타강사가 학생들만 사용하는 언어를 알기 위해 노력하는 것과 같다. 한발 더 나아가 유권자의 의사결정을 돕는 것이 필요하다. 소위 '휴리스틱(heuristic)'[25]이다. 홈쇼핑 쇼호스트들이 고객을 잡기 위해 많이 사용한다. 고객이 제품을 구매하고 '돈'을 지불하는 것처럼 유권자는 '표'를 주기 때문이다. 회사가 고객 없이 존재할 수 없듯이 후보자는 유권자 없이 존재할 수 없다. 고객은 대접받기를 원하기 때문에 까다롭기 그지없고 예측 불가능하다. 고객은 유권자와 흡사하다. 후보자와 유권자의 협상은 '줄다리기' 같다. 처음에는 팽팽한 상태를 유지하다가 힘의 균형이 한쪽으로 기울면 그쪽으로 급격히 쏠림현상이 나타난다. 그 힘이 여론, 선거 분위기다. 유권자를 설득하려면 유권자가 생각하는 것을 토대로 접근해야 공감을 끌어낼 수 있다. 데이비드 오길비(David Mackenzie Ogilvy)는 "광고는 과학이 아니라 설득이다"라고 말했다. 홍보도 설득 과정이다. 그래야 유권자의 마음을 사로잡을 수 있다. 유권자가 수용하

---

23 1. 고객에 대한 집착부터 14. 결과 창출하기까지 14가지 원칙을 말한다(콜린 브라이어 · 빌카, 2021).

24 에릭 리스(Eeric Ries)와 스티브 블랭크(Steve Blink)가 정의한 개념으로, "시장이 강력히 요구하는 특정한 문제나 니즈(needs, 욕구)에 대한 해법을 제품이 제시하는 것"을 뜻한다.

25 시간이나 정보가 불충분하여 합리적인 판단을 할 필요가 없는 상황에서 사람들이 신속하게 사용하는 어림짐작이다.

지 않으면 짝사랑에 불과하다. '짝사랑 표'는 표가 아니다.

유권자에게 답이 있다

많은 경영 CEO들은 '현장'에 답이 있다는 말을 강조한다. 전쟁은 현장에서 일어나기 때문이다. 마키아벨리도 《군주론》에서 군주의 관심사항으로 군사(軍事) 문제의 처신에 대해 강조했다. 선거도 현장, 즉 유권자에게 답이 있다. 선거는 표로 통한다. 표가 팩트이기 때문이다. 그러면 표는 어디서 나오는가? 바로 유권자로부터 나온다. 표를 원한다면 유권자의 마음, 민심을 훔치면 된다. 먼저, 유권자가 원하는 것이 무엇인지를 아는 것이고, 다음은 유권자가 투표할 때 어떤 요인을 고려하여 투표하는지를 아는 것이다. 이는 득표 전략의 출발점이다. 유권자의 투표행태에 대해서는 3장 2. 유권자의 투표행태에서 다룬다.

표에도 눈이 달려있다. 노력한 자만이 표를 볼 수 있고, 표가 반응한다. 뿌린 만큼 거두는 게 세상의 이치다. 후보자라는 제품을 제대로 만들어 잘 포장하고 홍보하여 구매자인 유권자에게 팔고 좋은 평가를 받아야 한다. 어떤 후보자는 불가능한 것처럼 보이는 것도 만들어 홍보하는 반면, 어떤 후보자는 가지고 있는 무기도 사용하지 못한다. 결과는 천양지차다.

Tip 표를 모으는 기술

- 첫째, 다양한 계층의 인맥을 확보 · 관리하자. 인맥이 없는 사람은 날개 없는 새와 같다. 인맥 = 표라는 등식이 성립하는 선거판에서 인맥은 나의 든든한 버팀목이다. 지금부터 나의 인맥지도를 그려보자.
- 둘째, 권리당원을 많이 확보하자. 일반당원은 종이당원에 불과하지만, 매월 1~2천 원씩 당비를 납부하는 권리당원은 당내경선뿐만 아니라 본선거 시 나를 지켜줄 최후의 보루다.
- 셋째, 후원인을 많이 확보하자. 후원인은 지정권자에게 관심이 있는 사람들이기 때문에 향후 선거 때 투표할 가능성이 크다. 소수의 고액 후원인보다는 다수의 소액 후원인을 확보하는 게 유리하다. 이는 후원금 뒤에 숨어있는 표가 더 중요하기 때문이다.

유권자에 대한 존중이 우선이다

음악 경연 오디션에 참여한 무명 가수가 심사위원과 방청객 앞에서 자신들이 갈고닦은 노래 실력과 끼를 보여주듯이 후보자 역시 유권자 앞에서 자신의 가치를 보여주면 된다. 선거운동은 유권자로부터 표를 얻기 위한 공연이다. 당연히 멋진 쇼를 보여주고 유권자로부터 많은 박수를 받은 후보자가 당선된다. 이를 위해서는 방청객인 유권자의 눈높이에 맞추고, 유권자가 원하는 게 무엇인지 알면 된다. 그 뿌리에는 유권자에 대한 존중이 자리 잡고 있다.

최근에는 SNS가 가져온 부작용으로 인간소외 현상, 밀레니얼 세대와의 세대 간 갈등 문제 등이 심화되고 있는데, 이는 사람에 대한 존중의 결여에 기인한다. 강사가 연설할 때 재미있게 연설하는 것도 중요하지만 청중에 대한 존중과 배려가 우선인 것처럼, 선거에 임하는 후보자도 유권자에 대한 진정성 있는 존중이 먼저다. 진정성이 없는 겉치레 존중은 금물이다. 영혼 없는 리액션은 들통나기 마련이다. 남을 속이려다 자신이 속는 격이다. 유권자가 모를 거라는 생각은 착각이다. 인간은 촉, 센스라는 게 있어 바로 알아차린다.

4.
선거전략의 주요 도구들

1) 원스톱 해결사, 팀제

선거전략은 1인의 전유물이 아니다

팀제는 기존의 팀이 아니라 특정 단위사업을 위해 일시적으로 만든 별도의 팀을 말한다. 즉, 선거 상황에 따라 주요 사안별 탄력적으로 편성 · 운영하는 팀을 말한다. 이런 시도는 각자의 능력, 전문성을 보완해줄 수 있는 장점이 있다. 원자 중 탄소(C), 수소(H), 산소(O)가 따로 있을 때는 그저 단순한 원자에 불과하지만, 이들이 서로 결합하면 물(H_2O), 이산화탄소(CO_2) 등 다양한 물질이 된다. 단어도 어떻게 조합하느냐에 따라 의미가 완전히 달라진다. 또한 모래도 시멘트와 결합해야 벽돌을 만들 수 있고, 빌딩을 건축할 수 있다.

오늘날 업무가 복잡화 · 전문화되면서 개인이 아닌 팀 단위 업무 비중이 높아지고 있다. 어떤 사업을 추진할 때 각 팀에서 가지고 있는 정보 또는 시각이 다르기 때문에 새로운 아이디어가 나올 수 있고 해법을 제시할 수도 있다. 그래서 최근 경영의 새 패러다임으로 애드호크라시(adhocracy),[26] 애자일(agile) 조직[27]이 집중 조명을 받고 있다. 어느 한 분야에서 세계 최고의 능력자로 인정받는 사람들조차 함께 참여한다. 최근 노벨상 수상자 중 팀이 수상하는 경우가 늘어나고 있는 것은 한 예라 하겠다.

선거판의 선거전략도 1인의 전유물이 아니다. 오히려 팀제가 더 어울리고, 빛을 발하며, 승수효과를 가져다준다. 음악에 비유하면 독주가 아니라 중주, 합주에 가깝고, 조직에 비유하면 단독제가 아니라 합의제와 유사하다. 선거판도 분야별 전문가 등을 중심으로 팀을 편성 · 운영할 경우 다른 사람과의 아이디어 교환으로 일의 효율성을 높일 수 있고, 어려운 문제를 해결하는 대안이 될 수 있다.

Tip 팀제를 통한 원스톱 해결

유세차량을 제작할 경우 기획팀 → 홍보팀 → 회계팀이 단계별로 관여하는데, 첫 단계에서 실수할 경우 돌이킬 수 없는 결과를 초래한다. 기획팀에서 제작한 홍보 문안이 부적절할 경우 추가 제작비용이 소요될 수 있고, 유세차량을 고가로 임차계약 하여 지출이 필요한 다른 사업을 포기해야 하는 사태가 발생할 수도 있다. 이러한 문제점을 해결하기 위해 팀제를 운영하여 단계를 줄이면 원스톱(one stop)으로 해결할 수 있다. 3개 팀이 한자리에 모여 기획부터 계약에 이르기까지 논의하면 총합이 3(1+1+1 = 3)이 아니라 3의 승수인 9가 될 수 있다. 또한 팀제를 운영하면 부수적으로 기존 팀 간 화합에도 도움이 될 수 있다.

---

26 이질적인 전문가들이 프로젝트를 중심으로 집단을 구성해 문제를 해결하는, 변화가 빠르고 적응적이며 임시적인 체제

27 '민첩한, 기민한 조직'이라는 뜻으로, 부서 간의 경계를 허물고 필요에 맞게 소규모 셀을 구성해 업무를 수행하는 조직문화를 말한다. 불확실성이 높은 상황에서 리스크를 줄이고 유연하게 대응할 수 있어 업계에서 널리 사용되고 있다.

2) "한 놈만 패!", 선택과 집중

선(先) 선택, 후(後) 집중

사업할 때, 홍보할 때, 전략을 세울 때 등 한정된 자원을 합리적으로 사용하거나 배분할 때 매우 긴요하게 사용되는 단어가 선택과 집중이다. 우스갯소리로 가방 크다고 공부 잘하는 게 아니다. 바둑에서 상대의 약점을 발견하면 그곳만을 겨냥해서 집중포화를 가하는 일점돌파, 영화 〈주유소 습격사건〉에서 배우 유오성이 남긴 "난 한 놈만 패!"라는 대사, '란체스터(F. W. Lanchester)의 법칙',[28] 《손자병법》의 허실(虛實)전략, 파레토 법칙(80 : 20 법칙) 등은 모두 선택과 집중 전략을 단적으로 표현한 예라 하겠다. 세스 고딘(Seth Godin)이 《마케팅이다》에서 마케터에게 '모두를 바꿀 수 없으므로 누구를 위한 것인가?'라는 질문부터 하라고 강조하는 것 역시 같은 맥락이다.

우리에게 주어진 시간과 에너지는 한정되어 있는데 오늘날 정보 과부화로 선택을 더욱 어렵게 만든다. 그러므로 선택사항 중에서 깔때기나 필터링을 통해 불필요한 것들을 걸러낸 다음 필요한 것을 단순하게 선택하는 게 중요하다. 선택이 잘못되면 집중은 아무 의미가 없다. 선(先) 선택, 후(後) 집중이기 때문이다. 힘, 역량의 원천은 집중과 응집력이다. 클라우제비츠(Karl Clausewitz)는 "전력을 집중하는 것만큼 고차원적이고 단순한 전략적 접근법은 없다"라고 했으며, 투자전문가 게리 켈러는 《원씽》에서

28 우세한 병력을 가진 측은 제곱의 법칙이 적용되는 그룹전투를 벌이는 것이 아군의 피해를 최소화할 수 있는 반면, 병력에서 열세인 측은 우세한 적을 나누어서 격파하는 국지전, 즉 부분전투를 전개해야 유리하다는 것이다.

"실험을 통해 멀티태스킹은 삶의 방식이 아니라 허상이며, 효율적이지도, 효과적이지도 않다고 규정하고, 한 가지(one thing) 가장 중요한 일에 집중할 것을 제안했다." 어떤 선거운동 방법을 선택하여 집중할 것인지는 후보자의 몫이다. 단순화는 앞에서 설명한 커뮤니케이션(1장 3. 나), 선거전략의 조건(2장 1. 라)의 뿌리다.

작게 시작해서 크게 성공하라

선거법상 허용된 선거운동 방법을 효율적으로 활용하기 위해서는 시간과 자원 등을 중요한 분야에 집중적으로 지원하고 투입하는 게 필요하다. 물방울로 바위를 뚫으려면 집중의 힘이 필요하다. 특히 정치신인은 어느 한 분야에 집중하여 작은 성과를 거둔 후 이를 확장해나가면 된다. 작은 일을 해야 큰일도 해낼 수 있다. 캐나다 토론토대학의 조너선 프리드먼 교수의 문간에 발 들여놓기(foot-in-door technique)[29] 실험이 답을 제시해준다. 이는 홈쇼핑 쇼호스트들이 즐겨 쓰는 기법이기도 하다. 서브웨이의 공동 창업자 프레드 드루카(Fred Deluca)는 "작게 시작해서 크게 성공하라"라고 했다. 스타트업이 소규모의 시장에서 성공을 거둔 후 포지션을 확장하는 것과 같다. 일종의 변칙 도장 깨기 전략이다. 그래야 꼬마대장이 전국의 보스로 우뚝 설 수 있다.

---

29 작은 부탁을 들어준 뒤에는 더 큰 부탁을 쉽게 들어주는 경향을 뜻한다.

Tip 선택과 집중 사례

선택과 집중 사례를 보면 ① 거리 현수막을 유권자의 왕래가 잦은 지역에 집중 게시하는 경우, ② 유세차량을 유동인구가 많은 지역, 후보자 본인의 인지도나 정당 지지율이 저조한 지역, 집중공략 대상지역 등에 횟수를 늘려 운영하는 경우 등을 들 수 있다. 따라서 선거사무소에서 잡다한 일을 하거나, 거리 현수막을 선거구 안의 읍 · 면 · 동별로 동일하게 게시하는 것은 선택과 집중이 아니다. ③ 관내 고령인구가 70%를 차지하고 있는 일부 군 지역 기초단체장이 평소 군정활동에서도 확실한 표밭인 노령 유권자를 겨냥한 복지정책을 추진하는 경우를 들 수 있다. 이는 기업이 제품이 아니라 소비자집단에 대한 시장을 세분화하여 타깃시장을 확정하고, 정확한 마케팅 전략을 세우는 것과 같다.

차별화를 시도하라

선택과 집중은 원칙보다는 변칙, 분산보다는 집중, 대칭보다는 비대칭, 제너럴리스트보다는 스페셜리스트, 돌격전보다는 게릴라전 등을 추구하는 도구다. 그 핵심은 바로 특별하고 차별화하는 것이며, 상대적이고 불평등한 선택을 해야 함을 의미한다. 평균, 중간, 균형을 추구하는 것은 의미 없다. 세 과목 평균 3등급(합 9)보다는 한 과목 1등급과 두 과목 4등급(합 9)이 낫다. 이와 같은 전략이 성공하려면 빠른 결정과 적시성이 절묘하게 맞아떨어져야 한다. 그래야 부가가치를 창출하고 많은 편익을 가져다준다.

최근 불확실성으로 인한 위험에도 스타트업을 중심으로 효율보다는 속도를 중시하는 블리츠스케일링(Blitzscaling)[30] 전략이 주목을 받고 있다. 선

30 불확실한 상황에서 위험을 감수하더라도 빠른 속도로 회사를 키워 경쟁우위를 선점하는 기업의 고도전략이다. '기습공격'을 의미하는 블리츠크리그(Blitzkrieg)와 '규모 확장'을 의미하는 스케일업(scale up)의 합성어다(리드 호프먼, 크리스 외, 2020).

거판세는 현직이 지지율 선두를 달리고 나머지 후보군이 뒤를 쫓는 형국이다. 유권자에게 임팩트를 심어주어야 하는 정치신인 등은 우선 차별화를 통해 경쟁우위(Competitive Advantage)를 확보하는 게 중요하다. 그러자면 법에서 허용하는 선거운동 방법 중 나에게 맞는 선거운동 방법에 자원을 집중 투입하는 게 유리하다. 이는 기업이 마스킹 효과(Masking Effect)[31]를 붕괴시키고 선명한 메시지를 전달하기 위해 핵심 가치가 있는 주력사업과 제품에 역량을 집중하는 전략과 같다.

버릴 것은 버릴 줄 아는 용기

유명 연예인치고 악플 없는 연예인은 없다. 선거판에서 모든 유권자가 좋아하는 후보자는 한 명도 없듯이, 모든 유권자를 만족시킬 수 있는 후보자 역시 한 명도 없다. 전쟁과 마찬가지로 선거를 치르면서 무엇을 선택하고, 무엇을 버릴 것인지 결정해야 한다. 바닷속의 물고기를 전부 잡을 수 있는 방법은 없다. 최고의 카운슬러도 모든 고객을 만족시키는 조언은 하지 못 한다. 전부를 얻으려다 전부를 잃을 수도 있다. 세스 고딘은《마케팅이다》에서 모든 사람을 만족시키겠다는 오만에서 벗어나 최소 유효 청중, 당신의 생각과 열정에 공감하는 소수의 고객, 가망고객을 대상으로 마케팅하라고 강조한다. 선거판에서도 유사하다. 모든 유권자 중에서 선거운동 과정을 통해 체로 걸러낸 다음 내가 잡을 수 있는 유권자 위주로 타깃을 정하면 된다. 말하자면 필터버블(Filter Bubble)이 필요하다. 고급스럽게 표현하면 맞춤형 홍보다. 선거구 지도를 그려놓고 형광펜으로 색칠을 해

---

31 방해음이 함께 들어올 때 듣고자 하는 소리가 잘 들리지 않게 되거나 전혀 들리지 않게 되는 현상을 말한다. 전하고 싶은 메시지가 많다는 것은 쓸데없는 메시지가 많다는 말과 동일하다.

보는 것도 좋다. 그리고 거기에 집중하면 된다.

Tip 나를 좋아하는 사람과 춤을 춰라

내가 관리할 대상은 SNS 팔로워 수보다는 세스 고딘의 최소 유효 청중이다. 유권자 성향을 보면 후보자와 마찬가지로 진보, 보수, 중도, 기타로 나눌 수 있다. 각 후보자는 자신의 지지층과 중도, 기타 성향의 유권자를 대상으로 동기를 부여하고 방향을 제시하면 된다. 반대 성향의 유권자를 자기편으로 바꾸려고 노력하는 것은 시간 낭비일 뿐이다. 나를 좋아하는 사람과 춤을 춰야지 싫어하는 유권자와 춤을 춰서는 안 된다. 굳게 닫힌 문은 쉽게 열리지 않는다. 이는 공부하기 싫은 학생에게 주입식 교육을 하는 것과 같다.

득표율보다는 당선

선거에 많은 정당이 후보를 추천하고, 특정 선거구에 많은 후보자가 입후보할 경우 30% 이하만 득표해도 당선될 수 있다. 제21대 총선과 제7회 지선 관련 중앙선관위 총람 자료를 보면 제21대 총선은 21개 정당, 제7회 지선은 10개 정당에서 후보자를 추천했는데, 선거 · 선거구별 최소득표율 당선자는 아래 표와 같다. 선거판에서 선택과 집중이 필요한 이유는 간단하다. 도시지역과 시골지역 유권자의 이념 · 지지 성향이 확연히 다르고, (예비)후보자의 선거운동기간이 너무 짧다. 또한 현장에 투입할 선거사무원 수가 절대적으로 부족하다. 게다가 총선과 지방자치단체장선거의 경우 선거구 전체 유권자를 대상으로 선거운동을 하는 게 불가능하기 때문에 타깃을 정하여 한 곳에 집중해야 한다. 차등을 두는 기준점은 인구밀도, 투표 성향 등을 고려하면 된다.

선거 · 선거구별 최소 득표율 당선자

구분	제21대 총선	제7회 지선				
		시 · 도 지사	기초장	광역의원 (선거구)	기초의원 (선거구)	시 · 도 교육감
선거구	울산 동구	제주	경북 상주시	경남 고성군 (제1선거구)	충북 청주시 (자선거구)	경북
당선자 득표율(%)	38.36	51.72	25.65	32.61	7.95	28.20

내가 잘하는 것에 집중하고, 순도를 높이자

인간은 장단점을 동시에 가진 존재다. 보석도 제자리에 없으면 쓸모가 없다고 한다. 나의 단점을 보완하려고 에너지를 소비하는 것보다는 내가 잘하는 것, 나의 장점을 극대화하는 게 더 좋다. 내가 잘하는 것에 집중하고, 순도를 높이자. 그래야 단점이 보완되고, 좋은 결과를 창출하며, 더 큰 가치를 실현할 수 있다. 왜냐하면 그 길에는 장애요인이 적기 때문이다. 이는 미국의 심리학자 도널드 클리프턴(Donald Clifton)이 주장한 강점이론이다. 클리프턴은《위대한 나의 발견 강점혁명》에서 경쟁력을 키우기 위해 재능을 토대로 기술, 지식, 연습을 쌓아 이를 강점으로 끌어올리라고 주문한다. 이를 위해 강점을 만들 수 있는 개발 등 34개의 재능 테마를 도출했다. 피터 드러커 역시《피터 드러커 자기경영 노트》에서 "약점을 보완하기보다는 강점을 강화해나가는 것이 성공전략이다"라고 역설했다.《손자병법》에서 강조하는 전략의 뿌리는 내 강점으로 적의 약점을 공격하는 것이다. 이는 작가가 글을 쓸 때 자신이 걸어온 삶과 자신이 잘 아는 전문 분야를 쓰는 게 유리하고, 독자의 마음을 움직일 수 있는 이치와 같다. 그

게 나만의 필살기이기 때문이다.

벤저민 프랭클린은 "삶의 진정한 비극은 우리가 충분한 강점을 갖지 못한 데 있는 것이 아니라 이미 가진 강점을 충분히 활용하지 못하는 데 있다"라고 말했으며, "워런 버핏과 피터 틸은 자신의 능력 범위, 자기가 이해할 수 있는 기업과 비즈니스 모델에만 투자하는 투자원칙의 소유자다."(토마스 라폴드, 2019) 강점이론을 단박에 설명한 끝판왕은 짐 콜린스(Jim Collins)다. 그가 《좋은 기업을 넘어 위대한 기업으로》에서 언급한 고슴도치 비유다. 여우는 많은 것을 알고 있지만 고슴도치는 하나의 큰 것을 알고 있다. 고슴도치는 위험에 처했을 때 몸을 웅크리고 온몸의 가시털을 세워 여우의 공격을 물리칠 수 있다는 것이다. 애플의 성공비결을 강점이론에서 찾기도 한다. 문제는 나의 강점을 잘 모른다는 사실이다. 앞에서 구성원들의 스윗스팟(sweet spot)을 찾을 수 있도록 도와주어야 한다고 강조했지만, 이젠 후보자인 나의 강점은 무엇인지 찾아보자.

Tip 강점이론 실행하기

토론회에 비교우위를 가진 후보자가 "나는 토론회에 자신 있기 때문에 토론회는 대충하고 다른 선거운동에 시간을 투자하겠다"라는 전략을 세울 수 있다. 이는 오판이다. 오히려 철저하고 완벽하게 토론회를 준비하여 비교우위를 확고히 다지는 게 유리하다. 강점을 활용하기 위해서는 자신의 강점을 찾아야 하고, 자신의 강점에 대한 믿음이 있어야 한다. 후보자 중 SNS 플랫폼 관련 전문 인력이 풍부할 경우 홍보팀(SNS)을 특화하여 집중적으로 홍보하는 것도 자신만의 비밀병기가 될 수 있다.

3) 혼자보다는 다수가 대세, 협업

고독한 천재의 시대는 끝났다

지금은 협업이 대세다. 다원화된 계층이 공존하고 전문화가 요구되는 오늘날에는 모든 문제가 서로 복잡하게 얽혀있기 때문에 혼자서는 문제를 해결하는 데 어려움이 있다. 여기에 협동, 협력 같은 가치가 요구된다. 기업의 업무처리 방식도 과거에는 다양한 부서에서 각자 연구 · 개발하고, 제품생산, 유통, 고객관리 등도 각자 칸막이를 설치하고 경쟁을 벌였으나, 지금은 서로 연결하고 공유하여 처리한다. 이는 조직의 성과가 협업 능력에 달려있음을 보여주는 것이다. 협업이 없는 곳에는 성과도 없다. "백지장도 맞들면 낫다"라는 속담도 있다. 협업은 제로섬게임의 사고가 아니라 윈윈적 사고다. 병원에서도 내과, 외과 등 여러 전문의가 한자리에 모여 최상의 치료전략을 짠다고 한다. 한발 더 나아가 국가를 뛰어넘는 협업도 이루어지고 있다. 오픈 이노베이션(Open Innovation)[32]이 대표적인 사례다. "지금의 시대정신은 개인의 창의를 융합으로 묶고, 이어서 협업으로 산출할 것을 요구한다."(이동규, 2019) 협업은 단순한 구호에 그치는 게 아니라 무엇을 어떻게 서로 세부적인 사항까지 협력할 것인지 정해야 실질적인 협업이다.

구글의 CEO 에릭 슈미트의 저서 《구글은 어떻게 일하는가》를 보면 "동료들에게 자극을 주고 협력할 사람을 채용하라. 혼자 일하고 싶어 하는 사람은 채용해서는 안 된다"라고 적혀있다. 선거 조직도 마찬가지다.

32 기업이 필요로 하는 기술과 아이디어를 외부에서 조달하는 한편, 내부 자원을 외부와 공유하면서 새로운 제품이나 서비스를 만들어내는 것을 말한다.

기획팀과 조직팀 간의 협업은 매우 중요하다. '내 역할만 하면 되지', '우리 팀만 문제없이 잘하면 되지' 하는 식의 사고는 버려야 한다. 팀보다 전체가 우선이다. 굴렁쇠도 손잡이가 약해 굴렁쇠를 밀어주지 못하면 그 굴렁쇠는 고철덩어리에 불과하다. 그래서 위대한 일은 혼자 힘으로 이룰 수 없고, 혼자 힘으로 성공한 사람도 없다고 한다. 고독한 천재의 시대는 끝났다는 말이 그냥 나온 게 아니다.

지금은 관계, 연결, 집단지성의 시대

최근에는 리더십도 복잡한 문제를 해결하기 위해 협력이 중요하다는 시스템 리더십, 창의적 리더십까지 등장했다. 이제는 리더십도 리더 한 명에게 포커스를 맞추지 않고 집단, 시스템을 통해 리더십을 발휘해야 통한다. 아이디어는 개인의 역량에서 비롯되지만, 구성원 간의 협업으로 완성되기 때문이다. 혁신에서도 협업이 환영받는다. 과거에는 혁신 하면 개인에게 포커스를 맞추었지만, 지금은 한발 더 나아가 집단지성(collective intelligence)[33]이 부가가치를 창출하는 시대다. 나보다는 우리가 더 똑똑하다. 바야흐로 조직시스템의 구축 · 운영, 리더십, 인간관계 등 다방면에서 하나보다는 둘 이상, 독립보다는 관계, 점보다는 연결, 단독보다는 집단의 가치가 높게 평가받고 있다. 창의적인 아이디어는 혼자가 아니라 함께 일하는 사람들과 협력하고 자극을 주고받으며 나오는 것이다. 스티브 잡스는 "창조성은 여러 가지를 연결하는 것"이라고 했으며, 공자도 "세 사람이

33 미국의 곤충학자 윌리엄 모턴 휠러가 처음 제시했는데, 소수의 개체나 전문가의 능력보다 다수의 개체가 서로 협력하거나 경쟁하는 과정을 통해 얻은 집단능력이 더 합리적인 결론에 이른다는 것이다.

함께 길을 가면 거기에는 반드시 나의 스승이 있다"라고 했다.

지선 시 협업

협업의 종류는 조직 내 부서 간 협업, 조직구성원 간 협업, 수직 · 수평적 협업 등 다양하다. 선거판에서도 정당과 후보자 간, 다른 종류의 선거 · 후보자 간 협업 등이 있다. 3장에서 다룰 선거시스템도 여러 팀으로 구성 · 운영되고 있는데, 각 팀이 서로 톱니바퀴처럼 맞물려 돌아가야 효율성을 극대화할 수 있다. 지선의 경우 소속 정당이 같은 지방자치단체장 선거 후보자와 지방의원선거 후보자 간 협업은 필요하고 중요하다. 그래야 1 : 5가 아니라 5 : 25라는 시너지효과를 거둘 수 있다. 즉 "전체가 각 부분들의 합보다 더 크다는 것을 의미한다. 시너지의 본질은 차이점을 인정하는 것, 서로의 차이점을 존중하고 강점을 활용하며, 나아가 약점에 대해 서로 보완하는 데서 나온다."(스티븐 코비, 2017) 지방의원선거 후보자의 거리유세 시 단독으로 개최하는 것보다 지방자치단체장선거 후보자와 공동으로 개최하는 게 홍보효과가 크다(§209). 또한 지방자치단체장선거 후보 캠프에서 지방의원선거 후보자 캠프를 지원해주고, 조정자 역할도 해줄 수 있다. 협업이 성공을 거두기 위해서는 무엇보다 후보자가 선거조직 내 각 팀이 능력을 발휘할 수 있는 환경을 조성하고, 조정자 역할을 하는 게 중요하다.

4) 창조물은 모방의 결과물, 아이디어 뱅크팀

필사를 통해 걸작이 탄생한다

기업이나 기관 등에서는 참신하고 반짝이는 아이디어를 얻기 위해 아이디어 뱅크팀을 설치 · 운영하고 있다. 그 방법은 주로 오프라인, 자사 홈페이지, 가상공간 등 다양한 매체를 활용한다. 오픈 소스(open source) 디지털 플랫폼을 만드는 것이 대표적인 예다. 정당 역시 선거를 앞두고 정책공모를 통해 정책개발에 반영한다. 후보자도 온 · 오프라인 창구를 통해 정책공약 등 다양한 아이디어나 의견을 수집 · 활용할 경우 도움을 받을 수 있다. 아이디어 뱅크팀은 유권자와 소통하는 창구로 자리매김할 수 있고, 접수된 좋은 의견이나 아이디어를 채택하여 선거공약에 반영할 수도 있다. 덤으로 정책에 관심이 많은 정당 · 후보자로 포지셔닝할 수도 있고, 이미지 개선에도 도움이 된다.

일부 기관 등에서 활용하고 있는 아이디어 뱅크 제도를 벤치마킹하여 내 몸에 맞게 재단하여 입으면 된다. 창의력이니 탁월한 전략이니 하는 것은 대부분 모방의 결과물에 지나지 않는다. 룰모델(rule model)이 그냥 나온 말이 아니다. 성공한 많은 CEO 역시 룰모델로부터 배웠다. 화가가 남의 그림 베끼기를 통해 위대한 작품을 탄생시키고, 작가도 남의 책을 필사(筆寫)하는 과정에서 걸작을 탄생시킨다.

최초가 최고가 되는 것은 아니다

발명왕인 토머스 에디슨은 "내가 사용하는 대부분 아이디어는 다른 사람의 머리에서 나왔지만, 그들이 발전시키지 못한 것들이다"라고 말했다(존 C. 맥스웰, 2016). 새로운 발견보다 이를 활용하는 방법을 찾는 게 더 중요하다. "최초가 최고가 되는 것은 아니다. 에디슨은 위대한 발명을 어떻게 실생활에 활용하고 시장과 연결할지를 아는 사람이었다."(박종훈, 2018) 재주는 곰이 부리고 돈은 왕서방이 받는 꼴이다. "아이작 뉴턴은 이를 거인의 어깨에 올라서는 것이라고 표현했다."(로버트 그린, 2009) 또한 "남이 해놓은 연구개발 결과를 활용해 큰 부를 쌓을 수도 있다."(제이 세밋, 2018) 사업을 할 때 온전히 자기 돈만 가지고 하는 게 아니다. 투자금에는 투자를 받은 돈, 빌린 돈도 있다. 타 정당 · 후보자의 홍보 방법이 좋으면 차용하여 내 것으로 만들면 된다.

5. 효율적인 선거전략 실행 및 보완

1) 신분 변화에 따른 선거전략 실행

공격과 수비는 동전의 양면

선거전략의 출발점이자 키워드는 공격과 수비다. 그 목적은 단순하다. 공격을 잘하여 홍보효과를 높이고, 법을 잘 지키고 빈틈없이 수비하여 상대 후보자의 공격을 무력화시키는 것이다. 선거법은 후보자의 신분 변화에 따라 허용되는 선거운동 방법과 제한 · 금지규정을 함께 규정하고 있다. 그러므로 법에서 허용한 선거운동 방법을 어떻게(how) 유권자에게 효율적으로 알릴 것인지가 주요 과제다. 그래서 이 책에서는 4장에서 신분별, 즉 입후보예정자 → 예비후보자 → 경선후보자 → 후보자 순으로 대분류한 후 각각 효율적인 선거운동 방법, 유의사항 등에 대해 일목요연하게 설명했다. 그러므로 현직과 정치신인 등의 입장에서는 신분에 따라 어떻게 선거운동을 하고 주의해야 할지를 한눈에 파악할 수 있다. 그리고

5장에서 신분 · 시기별 제한 · 금지되는 규정들을 꼼꼼히 체크하여 실수하지 말아야 한다. 그러기 위해서는 선거운동을 하기 전에 반드시 《예시집》을 확인하고 선관위에 자문하는 습관을 들이자.

2) 실행과정을 통한 선거전략 구체화

선거전략은 실행과정을 통해 구체화된다

종이에 적은 선거전략 기획이 그저 기획에 그칠지, 실전에 통용될지는 아무도 모른다. 그리고 완벽한 사람이 없듯이 완벽한 전략도 없다. 왜냐하면 "전략은 실험 전의 가설이기 때문이다."(리처드 럼멜트, 2019) 외부환경 요인을 예견하는 것 자체가 불가능하고, 아무리 명확한 전략을 세웠다고 해도 현실 사이에 간극이 벌어지게 마련이다. 여행할 때 목적지까지 모든 길을 알고 출발하는 것은 아니다.

민츠버그(Mintzberg)는 전략에 대해 사전에 철저히 궁리해서 수립해낸 계획된 전략(Planned Strategy)과 시행착오를 통해 학습을 축적함으로써 완성하는 창발적 전략(Emergent Strategy)으로 구분한 후, 양자를 조합할 때 훌륭한 전략이 탄생한다고 주장한다(나가이 다카히사, 2020). 전략은 행동하도록 방향을 제시하지만, 그 방향이 옳은지는 행동에 옮겨야 알 수 있다. 선거법 개정으로 새로운 선거운동 방식이 도입되거나, 블랙스완(Black Swan)[34] 같은 돌

34 도저히 일어날 것 같지 않은 일이 일어나는 것을 말하며, 월가 투자전문가인 나심 니콜라스 탈레브(Nassim Nicholas Taleb)가 자신의 저서 《검은 백조(The black swan)》를 통해 서브프라임모

발변수가 터지면 기존의 모형이나 이론도 속수무책이다. 기존 선거전략 기획도 상황이 바뀔 때마다 수정 · 보완해야 한다. 업계에서는 이를 '피벗(Pivot)'[35]이라고 한다. 정형화된 패턴에 의존하는 게 아니라 실제 현실 상황에 직면한 문제를 지속적으로 수정 · 보완해나가야 한다는 애자일 조직의 사고와 흡사하다. 그러므로 기본적으로 캐럴 드웩이 강조하는 마인드셋(Mindset, 마음가짐) 중 성장 마인드셋(Growth Mindset)[36] 신념은 필수다. 기본 전략을 변경하고 실행하는 과정에서 구체적이고 효율적인 전략이 탄생하기도 한다.

Tip 경쟁 상대가 바뀌면 전략도 바꿔야 한다

경쟁 상대자로 유력했던 △△정당의 남성 A 예비후보자를 대상으로 선거전략을 세웠는데, 예상과 달리 당내경선에서 여성 B 예비후보자가 승리했다고 가정하자. 그러면 해당 후보자는 거주 지역, 성별, 집중 공략 계층 등 새로운 변수가 발생하여 선거판을 다시 짜야 한다. 상황이 바뀌면 선거전략도 바꿔야 한다.

기지 사태를 예언하면서 두루 쓰이게 되었다.

35 에릭 리스가 자신의 저서《린 스타트업》에서 전략 선회를 의미하는 것으로 처음 사용한 용어인데, 이후 업계에서 '방향을 바꾸다'라는 의미의 일반용어로 통용되고 있다.

36 캐럴 드웩은 마인드셋 이론을 통해 인간의 본질을 고정 마인드셋과 성장 마인드셋으로 구분하여 정의했다. 전자는 타고난 것으로 변하지 않는다고 믿는 반면, 후자는 노력이나 전략, 또는 타인의 도움을 통해 얼마든지 성장할 수 있다는 믿음에 바탕을 두고 있다.

3) 피드백과 자체 평가를 통한 선거전략 보완·조정

다양한 피드백 창구 마련

선거시스템을 운영하다 보면 '2) 실행과정을 통한 선거전략 구체화' 과정에서 문제가 자주 발생하지만 내부 문제 때문에 선거시스템이 위기에 빠지는 경우도 많다. 이럴 경우에 대비해 지속적으로 시스템에 대한 내부 평가를 통해 보완 · 조정해야 한다. 이는 선거종료 시까지 진행되어야 한다. 원상 회복력이 좋은 스펀지도 물을 먹으면 아무 소용이 없고, 차량이 눈길을 오르다 미끄러지면 고가의 람보르기니도 속수무책이다.

이와 같은 시스템운영에 따른 내부 문제점을 파악하고 대책을 강구하기 위해서는 앞에서 강조한 소통, 피드백(feedback)이 필요하다. 스포츠에서는 '코칭(coaching)'이라고 부른다. 피드백 창구는 다양할수록 좋다. 선거판에서의 피드백 방법은 외부 선거전문가로부터의 조언, 같은 정당추천 후보자 캠프, SNS 활용 등을 고려해볼 수 있다. 이는 운동 관련 앱이나 시스템을 통해 도움을 받는 것과 같다. 이와 같은 피드백을 통해 수정 · 보완하거나 상황에 따라 방향전환도 필요하다.

다음은 제이 세밋이 《파괴적 혁신》에서 방향전환의 중요성에 대해 언급한 내용인데 의미가 크다.

> *"대부분 사업에서 방향전환은 방향성의 큰 변화라기보다는 지속적으로 변화하는 시장 상황에 적응하는 것이다. 사업을 하는 것은 돛단배가 되어 파도가 일렁이는 바다를 헤치고 나아가는 것과 같다. 잔잔한 바다든 폭풍 속이든 가리지 않고 계속 앞으로 나아가려면, 선장은 배의 방향을 끊임없*

이 이리저리 조금씩 바꾸어야 한다. 시험하고, 검증하고, 수정하는 것만이 가던 길을 계속 갈 수 있는 유일한 방법이다."

아는 만큼 뿌리고 뿌린 만큼 거둔다

3장.

선거시스템 구축·운영

사람이 먼저다

《손자병법》〈시계(始計)〉 편에서는 "조직이 체계적인 시스템을 갖추었는지, 인력을 적재적소에 배치했는지, 조직운용에 필요한 비용이 충분한지를 검토해보아야 한다"라고 말했으며, 매리어트인터내셔널 회장인 빌 매리어트(John Willard Marriott Jr.)는 "실패는 디테일에서 나오고, 성공은 시스템에서 결정된다"라고 말했다. 이 말에는 시스템의 모든 것이 함축되어 있다. 선거전략이 소프트웨어라면 선거시스템은 하드웨어라 할 수 있다. 아무리 머리가 좋아도 허벅지가 약해 걷지 못하면 모든 게 허사다.

《손자병법》〈시계〉 편을 보면 선거전략과 시스템 관련 조직의 경쟁력을 판단하는 기준으로 도(道) · 천(天) · 지(地) · 장(將) · 법(法) 다섯 가지가 있는데, 마지막 단계인 법(法)이 제도 또는 시스템이다. 흔히 선거조직을 설명할 때 가장 많이 사용하는 단어가 시스템이다. 이 시스템을 구축하고 운영하는 데 필요한 요소로 인적 · 물적 · 환경적 자원을 들 수 있다. 그중에서 으뜸은 단연 인적자원이다. 이들 자원은 각자의 역할도 중요하지만, 고리에 연결시키고 선순환되어야 완전체가 된다. 즉, 살아있는 시스템을 구축하는 것이다.

시스템을 지탱해주는 기둥은 당연히 후보자의 상품성이다. 그러므로 후보자의 가치를 높여줄 수 있는 이미지를 관리하고, 후보자의 정체성을 제대로 표현할 수 있는 슬로건을 개발하여 상품가치를 높이는 것이 중요하다. 그리고 선거결과에 영향을 미치는 '선거이슈'라는 새로운 변수가 발생했을 때 슬기롭게 대처하는 것도 중요한 과제다. 3장에서는 선거시스템의 조건 및 구축 · 운영에 대해 알아본 후 유권자의 투표행태, 이미지 메이킹, 선거공약 및 슬로건 등에 대해 알아본다.

1.
선순환 선거시스템 구축·운영

1) 효율적인 선거시스템의 조건

시스템이란?

[시스템의 블루칩, 인적자원]

시스템(System)이란 어떤 목표를 위한 체계, 조직, 제도 등 요소와 요소 간의 집합을 의미한다. 시스템은 조직론 등 많은 분야에서 다의적으로 사용되고 있는 용어다. 어떤 조직의 성공요소로 사람, 정보, 기술, 시스템 등을 꼽을 수 있는데 코어는 시스템이다. 선거사무원 1인은 개인에 불과하지만, 선거운동기구는 선거시스템이다. 또한 선거에 출마한 후보자를 중심으로 연결된 인적 네트워크도 선거시스템이다. 어떤 시스템도 완벽할 수는 없다. 미진한 부분을 계속 보완해나가야 한다. 선거시스템의 역량에 따라 2장에서 설명한 선거전략의 가치가 달라지고 목표에도 영향을 준다. 시스템 구성요소로는 아래 표와 같이 인적자원, 물적자원, 환경자원으로 크게 나눌 수 있다.

효율적인 시스템을 구축하기 위해서는 우선 시스템 내비게이션 또는 시스템 지도를 보고 활용할 수 있는 사람, 즉 인적자원이 필요하다. 그리고 혈액 같은 선거자금과 외부의 좋은 선거환경도 한몫을 한다. 4차 산업혁명의 시대에도 선거시스템의 블루칩은 단연 인적자원이다. 기업에서는 조직의 미래를 위한 인재전쟁론까지 나오고 있는 실정이다. 전륜구동 자동차에 비유하면 인적자원이 앞바퀴라면 나머지는 뒷바퀴다. 2장에서 강조한 선거전략기획 역시 이를 실행하는 인적자원의 역량에 따라 성과가 달라진다. 이 장에서는 인적 · 환경적 자원에 대해 살펴보고, 물적 자원인 선거자금에 대해서는 6장에서 다룬다.

[선거시스템 체제]

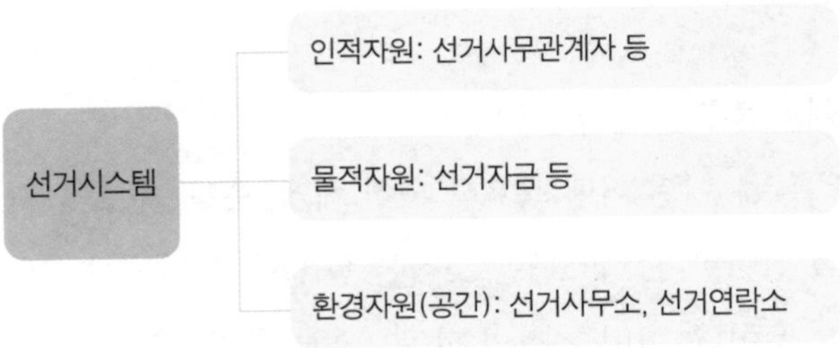

Tip 인재를 제대로 뽑는 능력이 후보자의 진짜 능력

최고의 선거전략을 구축하려면 유능한 팀원을 얼마나 많이 선발하느냐에 달려있다. 선거판은 재능 있는 인재, 팀원을 선발하여 그들의 강점을 활용하는 곳이지, 재능이 부족한 팀원을 선발하여 교육 · 훈련시키는 곳이 아니다. 교육 · 훈련보다 제대로 뽑는 게 중요하다. 인재를 식별할 줄 아는 통찰력이 후보자의 진짜 능력이다. 음식을 준비하는

> 자리가 아니라 준비된 음식을 먹는 자리다. 선거는 시간과의 싸움이기 때문이다. "우리는 사람들이 이미 가지고 있는 재능을 드러내고 연마시킬 수 있을 뿐이지, 새롭게 재능을 창조해낼 수는 없다. 개구리에게 입을 맞추고는 마술처럼 왕자로 변하길 기대할 수는 없다."(프레데리케 파브리티우스 외, 2018)

[유능한 참모진 구축]

선거시스템 구축에는 시스템을 실질적으로 움직이는 유능한 참모진을 구성하는 것이 매우 중요하다. 인재는 부싯돌 또는 원석을 찾는 심정으로 선발해야지 지인의 소개로, 단지 지난번 선거 경험 때문에 선발해서는 안 된다. 유능한 참모진 없이 선거시스템을 논하는 것 자체가 난센스다. 우수한 참모진을 구성하지 못하면 시스템이 무너지고, 시스템이 무너지면 선거전략은 무용지물이다. 이 세 가지가 톱니바퀴처럼 맞물려 돌아가야 비로소 안정된 육각형 벌집 모형을 구축할 수 있다. 훌륭한 참모를 제대로 선발했다면 절반 이상 성공한 셈이다.

Tip 훌륭한 인재는 합리적인 의사결정의 기제

인간은 하루에도 수백 가지 결정을 내리며 살아간다. 오지선다, ○× 문제 등 유형도 다양하다. 공 · 사조직도 인력배치, 투자 결정 등 결정의 연속이다. 그런데 어떻게 결정하느냐에 따라 조직이 급성장할 수도 있고, 무너질 수도 있다. 그 결정이 이른바 행정학에서 다루는 의사결정론이다. 후보자는 선거과정에서 합리적이고도 신속하게 의자결정을 해야 한다. 후보자가 적시에 의사결정을 하지 못해 낭패를 보는 경우가 의외로 많다. 타이밍이 성패를 가른다. "좋은 타이밍은 리더들에게 기회를 잡게 하고, 팀에 승리를 가져다준다."(존 맥스웰, 2020) 훌륭한 팀장 등 인재를 뽑으려는 이유는 후보자가 주요 사안을 결정할 때 적시에 합리적인 의사결정을 하는 데 도움을 주기 위해서다. 팀장의 노하우, 정보수집 능력 등은 의사결정의 품질을 좌우하는 기제가 된다. 그리고 팀 수준의 의사결정에는 팀장의 역할이 매우 중요하다.

[참모 중의 참모, 책사]

《채근담》에는 "일을 의논하는 사람은 몸을 그 일 밖에 두어 이해의 실상을 살피고, 일을 맡은 사람은 몸을 그 일 안에 두어 일에 대한 생각을 잊어버려라"라는 문구가 있다. 어떤 일을 하기 전에 객관적인 시각으로 준비하라는 의미다. 본격적으로 선거가 시작되면 후보자는 선거운동 등으로 바쁜 일정을 소화해야 한다. 그러다 보면 주변에 사각지대가 발생할 수 있다. 이를 심리학에서는 무주의 맹시(inattentional blindness),[1] 초점의 오류(focus illusion)[2]라고 한다. 이는 인간의 주의력에 한계가 있음을 의미한다. 여기에는 확증편향(confirmation bias)이 한몫을 한다. 사람들은 정보가 정확함에도 이를 받아들이지 않는 오류를 범한다. 이는 기존의 틀을 고수하는 게 쉽고 편안하기 때문이다.

이와 같은 사각지대 문제를 해결해줄 거울(mirror)이 필요한데, 그 거울이 바로 참모 중의 참모인 책사다. 책사의 역할은 좋은 의견을 제시하고 후보자의 부족한 부분을 채워주는 일이다. 또한 아닌 것에 대해서는 단호하게 "No!"라고 해야 한다. 당선자의 비하인드스토리에는 숨은 그림자인 책사가 등장한다. 바둑을 두는 사람보다 옆에서 훈수 두는 사람이 수를 더 잘 볼 수 있기 때문이다. 마키아벨리는 "보스가 명성을 얻는 것은 보스 자신의 소질 때문이 아니라 참모의 좋은 조언 덕분이다"라고 말했다. 좋은 부하가 훌륭한 리더를 만드는 법이다.

---

1 어느 한 가지에 집중하면 다른 것은 인식하지 못하는 현상을 말한다.

2 어느 한 측면에만 집중한 나머지 초점 이외의 다른 부분의 영향을 무시하는 현상을 말한다.

팀플레이가 살아있는 시스템을 만든다

[선거캠프 전체의 목표가 우선이다]

선거캠프는 각 팀의 팀장을 중심으로 움직인다. 팀을 크게 나누면 기획팀, 조직팀, 수행팀으로 나눌 수 있다. 각 팀은 후보자의 당선이라는 공통의 목표를 위해 일, 업무를 단위로 쪼개 편성했을 뿐 시스템 전체가 한 몸처럼 움직여야 한다. 즉, 각 팀은 같은 목표달성을 위해 서로 연결하고 소통해야 한다. 선순환의 시발점이다. 각 팀이 전체를 우선적으로 생각하고 움직일 때는 시스템이 '시너지 효과(Synergy Effect)'를 가져다주지만, 팀만 생각할 경우 정반대인 '링겔만 효과(Ringelmann Effect)'[3]를 가져다준다. 훌륭한 인재도 혼자 있을 때는 창의적이고 독창적이지만, 합치면 보편적이고 일반적이 되는 경우도 많다. '모순(矛盾)'이라는 단어가 그렇다. 창과 방패는 훌륭하지만, 이를 합치면 완전히 다른 이야기가 된다. 만일 각 팀이 '우리 팀만 문제없이 잘하면 되지'라는 식의 행동을 취하거나, '내가 한 건, 한 방을 보여주겠다'라는 영웅심리가 팽배할 경우 시스템은 와해된다. 왜냐하면 모든 스포츠와 마찬가지로 선거판 역시 나가 아니라 우리, 즉 팀 경기이기 때문이다. 그리고 기획팀만 탁월한 인재로 충원하고, 조직팀과 수행팀은 능력이 떨어지는 인재로 충원하면 구성의 오류(fallacy of composition)[4]가 발생한다. 이는 시스템을 위협하는 요소다. 이와 같은 시스템을 위협하는 요소를 제거하고 살아있는 시스템을 구축하기 위해서는 후보자가 접착제 역할을 해줘야 한다.

---

3 개인의 수가 증가할수록 성과에 대한 개인의 공헌도가 오히려 저하되는 현상으로, 시너지 효과의 반대 개념이다. 시너지 효과가 1+1 = 3이라면, 링겔만 효과는 1 + 1 = 0.5가 되는 현상이다.

4 각 부분에 적용되었던 논리가 부분의 합인 전체에는 그대로 적용되지 않는 것을 말한다.

[플라이휠 효과의 조건]

축구경기에서 패하면 공격수, 수비수 중 누구의 잘못을 떠나 모두가 패자인 것처럼 후보자가 낙선하면 각 팀 구성원 모두 패배자다. 반대로 각 팀이 서로 협력하고 지원하여 후보자가 당선되면 모두가 승리자다. '보거상의(輔車相依)'라는 고사성어가 있는데, "수레에서 덧방나무와 바퀴는 서로 뗄 수 없다"라는 의미로 서로 긴밀한 관계를 말한다. 후보자와 각 팀장은 상하관계라기보다는 鼎(솥 정) 구조로 봐야 한다. 최근 자율경영 조직의 대표적인 시스템으로 부상한 홀라크라시(Holacracy)[5] 조직이 그 예다. 나아가 파트너십 조직문화가 필요하다. 그래야 변화무쌍한 선거환경에 민첩하게 대처할 수 있다. 앞에서 설명한 애자일 조직이 선거판에서 매력적임은 물론이다. 그리고 팀 간 주어진 업무는 다르지만 긴밀하게 공유하여 바퀴를 함께 돌려야 한다. 그래야 아마존 CEO 조프 베조스가 주장한 플라이휠 효과(flywheel effect)[6]를 거둘 수 있다. 후보자는 팀 간의 유기적인 조화와 관계를 총체적으로 파악하는 이른바 시스템적 사고[7]가 필요하고 이를 수시로 상기시켜야 한다.

[시스템의 가치는 팀워크]

어릴 적 운동회의 하이라이트는 여러 명이 참여하는 큰 공 굴리기와 종이 박 터트리기 경기였다. 팀 경기로는 단연 으뜸 종목이라 할 수 있다. 그리고 부모님의 한쪽 발목과 학생의 한쪽 발목을 묶고 30M 정도 달리기

---

5 권한과 의사결정이 상위 계층에 속하지 않고 조직 전체에 분배되어 있는 조직구조로 애자일 조직의 하나다.

6 아마존의 창시자 제프 베조스가 제시한 경영전략으로, 기업의 성장을 일련의 순환과정으로 인식해 개선된 고객 경험과 고객 증가가 트래픽 판매자 · 상품군을 늘리는 선순환을 만든다는 것이다.

7 시스템 내 구성요소의 부분만 보지 말고 연결된 전체를 파악하는 입체적 사고를 말한다.

를 하는 2인3각 경기가 열렸다. 서로 호흡이 맞지 않으면 넘어지기 일쑤다. 부모님과 학생이 서로 한 몸처럼 움직여야만 빨리 달릴 수 있다. 여러 명이 한 팀으로 구성된 조정경기도 마찬가지다. 선거시스템도 각 팀이 한 몸처럼 일사불란하게 움직여야 높은 성과를 올릴 수 있다. 이는 개인의 역량이 조직의 역량을 이길 수 없기 때문이다. 미식축구의 명감독이었던 딕 버메일(Dick Vermeil)은 "조직을 승리로 이끄는 힘의 25%는 실력이고, 나머지 75%는 팀워크다"라는 명언을 남겼으며, 엘렌스테인 주니어와 존 스턴펠드는 《승리하는 습관》에서 "팀은 서로 맞물려 들어가는 조각 그림 맞추기와 같다는 사실을 알아야 한다. 퍼즐의 조각 그림들은 저마다 모양과 크기가 다르며, 하나하나가 다 전체를 위해 꼭 필요하고 소중하다"라고 강조한다. 중점 추진사업을 추진하고 성과를 거두기 위해서는 팀장들이 이해하고 공유하여 함께 노를 저어야 한다. 일부 기업에서는 맥락(context)[8]을 정해 기업의 전략을 이해시키기도 한다.

[실행력을 갖추고 민첩해야 시스템이 춤춘다]

1장 후보자의 자격과 2장 선거전략의 조건으로 실행력의 필요성을 설명했는데, 선거시스템 역시 실행력은 살아있는 시스템을 춤추게 하는 추진 로켓과 같다. 문제는 실행을 쉽게 할 수 있는 시스템을 만들 수 있느냐가 관건이다. 한 치 앞을 내다보기 어려운 변화무쌍한 선거판에서 민첩성은 시스템의 윤활유 역할을 한다. 앞에서 설명한 애자일 조직이 좋은 사

---

8 기업의 특정 우선순위가 정해진 이유를 설명하는 것을 의미한다. 팀 리더가 맥락을 제대로 전달하지 못하면 팀원들은 터무니없는 곳에서 시간과 돈을 허비하게 된다. 반면 맥락을 제대로 전달한 리더는 의사결정의 결과나 직원들이 해야 할 일을 일일이 설명할 필요가 없다. 맥락을 제대로 만들면 고도의 화합을 이루되 느슨하게 연결된 방식으로 조직을 운영할 수 있다(로버트 브루스 쇼, 2018).

례라 하겠다. 거기에 협력, 혁신을 가미한다면 최고의 시스템이라 할 수 있다. "프레드릭 라루는《조직의 재창조》에서 과거 조직 형태의 문제점을 지적한 후 사람, 조직, 사회의 욕구를 해방시켜 성과를 올리는 틸(teal) 조직[9]의 중요성을 강조한다."(스즈키 히로키, 2021) 그래야 구성원들을 춤추게 하고 능력을 최대한도로 이끌어낼 수 있다. 또한 조직 구성원의 사기를 진작시키고 생산성을 향상시킬 수 있다. 이는 모든 조직이 추구하는 이상적인 시스템으로 선거시스템이 춤춰야 당선이 보인다.

Tip 선거에 로또는 물론 몰표도 없다

큰일은 작은 일에서 시작된다. 시냇물이 모여 강과 바다를 이루고, 작은 불씨가 큰불이 되며, 초(秒)가 모여 천년을 이룬다. 후보자가 유권자 한 명 한 명을 만나면서 자신의 이름과 존재가치를 알리면서 서서히 인지도가 높아지는 것이다. 나무를 심고 다음날 과일을 따는 것은 절대적으로 불가능하다. 표를 얻는 것은 벽돌로 담장을 쌓아 올리는 것처럼 차근차근 한 장씩 쌓아 올려야 한다. 선거에 로또는 물론 몰표도 없다.

전문성과 다양성 추구

[전문성과 다양성은 이와 잇몸의 관계]

2장 선거전략의 조건에서는 틀이 단순하고 명확해야 한다고 설명했다. 이는 선거시스템에서도 중요한 개념이다. 선거시스템 운영은 선거전략을 구체화시키는 단계이므로 세밀하고 전문적이어야 한다. 더 나아가

---

9 프레데릭 라루는《조직의 재창조》에서 조직을 다섯 단계로 나누었다. 즉, ① red(충동적인 조직), ② amber(위계와 질서가 중요시되는 순응조직), ③ orange(목표달성과 기회 중시 조직), ④ green(관계성이 중요시되는 다원적 조직), ⑤ teal(평등한 입장에서 서로 협력하며 사회적 가치를 제공하는 혁신조직)이다.

다양성과 유연성을 필요로 한다. 축구 등 많은 구기 종목을 보면 공격 · 수비 전담요원이 있는데, 최근에는 공격, 수비 등 여러 포지션을 소화할 수 있는 멀티 플레이어에 대한 선호도가 높다고 한다. 이를 시스템에 비유하면 전자가 전문성이라면 후자는 다양성이라 할 수 있다. 선관위에서 조사업무를 하면서 느낀 점은 여러 분야에 탁월한 직원도 있지만, 대부분 어느 분야에서 능력이 탁월하면 다른 분야는 좀 부족하다. 조사능력은 탁월하지만 보고서 · 고발장 등 서류작성 면에서는 부족한 직원이 있는가 하면, 그 반대의 경우도 있었다.

다양성은 복잡성과 별개의 개념으로 획일성의 반대 개념이다. 그러므로 복잡성 때문에 다양성을 배제해야 한다는 말은 맞지 않다. 팀이 가야 할 최종 목표 지점은 동일하지만, 각 팀에서 표출되는 다양성은 충분히 가치가 있고 존중되어야 한다. 왜냐하면 양자는 별개의 존재가 아니라 이와 잇몸의 관계와 같기 때문이다.

Tip 다양성 사례들

시스템 내 팀을 구성할 때 후보자가 자신의 성격, 취향에 맞는 사람 위주로 모집할 경우 다양성이 주는 선물을 잃을 수 있다. 선거사무원 채용 시 성별 · 계층별 · 지역별로 다양하게 선발해야 시스템의 탄력성과 적응성을 높일 수 있다. 또한 선거운동과 관련하여 유권자의 연령 · 계층 · 지역에 따라 다른 종류의 명함을 제작 · 배부하거나, 거리 현수막을 지역에 따라 내용을 달리하여 게시하는 경우, 의외의 상황에 대처하기 위한 플랜 B 홍보 방안을 강구하는 경우 등은 한 예라 하겠다.

[알고리즘적 사고도 필요하다]

재능이 있는 사람도 제자리가 주어지고 할 일이 명확해야 재능을 발휘할 수 있다. '인재'라는 개념도 상대적이다. 왜냐하면 완벽한 인재는 없기 때문이다. 사람마다 가지고 있는 장점에 걸맞은 역할을 부여해야 우왕좌왕하지 않고 한 방향으로 나아갈 수 있다. 구성원들에게 모호하게 임무를 부여하면 서로 일을 미루다 실기할 수도 있고, 업무중복으로 인한 인력 낭비, 혼란을 초래할 수도 있다. 부록 A '체크리스트 작성 예시'에 담당자란을 둔 이유이기도 하다.

선거사무원 등에게 업무를 지시할 때는 단순하고 명확하게 그리고 반복적으로 부여해야 한다. 그래야 집중력과 일의 생산성을 높일 수 있다. 큰 덩어리를 잘라 각자 하나씩 임무를 부여해야 한다. 주먹에 쥐어주라는 게 더 정확한 표현이다. 즉, 알고리즘적 사고가 필요하다. 팀원 중 열심히 도와주는 사람들도 일부 있지만, 잠깐 발을 담그는 사람들이 대부분이다. 매정하게 들릴지 모르지만, 내 일처럼 일해주기를 바라지는 말라. 팀장의 역량강화가 후보자의 몫이라면, 팀원의 역량강화는 팀장의 몫이다.

자책골을 넣지 말자, 내부 갈등관리

[배가 산으로 가면 안 돼요]

2장 위기관리전략에서는 외부환경과 내부환경의 갈등 때문에 서로 영향을 준다는 점을 설명했다. 여기서는 선거시스템의 내부갈등에 대해서만 설명한다. 모든 후보자는 선거시스템이 톱니바퀴처럼 제대로 작동되기를 원한다. 하지만 선거 과정에서 충성경쟁, 기대에 못 미치는 대우, 업무에 대한 불만 등으로 조직 내에 갈등이 발생할 수 있다. 자책골이다. 선거시스템 내 갈등은 상하 간, 팀 간, 동료 간 발생할 수 있다. 그 원인은 절차에 필요한 이유를 설명하지 않는 등 소통부재 때문에 발생한다. 거기에 알량한 자존심이 한몫을 한다. 조코 윌링크 외는 "자신감은 살리고 자존심을 죽여라. 자존심을 경계하고 겸손해져야 한다. 자존심을 통제하는 것이 최후의 승리를 위한 가장 중요한 요소다"라고 말했다.

일부 캠프는 사공이 너무 많아 배가 산으로 가는 경우도 있는데, 이는 최악이다. 《순자》에서는 "활과 화살이 조화되지 못하면 천하 명궁 후예라도 표적을 맞히지 못한다"라고 했다. "인간은 사소한 남의 피부병은 걱정해도 자기의 중병은 아랑곳하지 않는다"라는 《탈무드》의 구절을 되새겨보자. 등잔 밑이 어둡듯이 어느 조직이든 맹점(blind spot)이 존재하기 마련이다. 일부 후보자는 상대 정당의 시시콜콜한 것을 알고 있으면서 정작 자신의 캠프 안에서 벌어지는 흠을 알아채지 못한다. 자신의 선거조직을 제대로 파악하고, 맹점을 찾아내자.

[먹구름이 낀 다음에 소나기가 내린다]

인류의 적인 암(cancer)을 초기에 발견하는 것이 어려워 완치율을 높이지 못하는 것처럼, 갈등 문제 역시 초기에 알아차리지 못하기 때문에 문제가 된다. 소나기도 먹구름이 낀 다음에 내린다. 하지만 사람들은 소나기가 내리고 나서 하늘을 바라본다. 한 번의 큰 재해가 있기 전에 그와 관련된 작은 사고나 징후들이 먼저 일어난다는 법칙이 있는데, 바로 하인리히 법칙(Heinrichs law)으로 '1 : 29 : 300의 법칙'이라고도 한다. 1건의 사망사고 뒤에는 29건의 중대한 실수가 잠재되어 있고, 29건의 중대한 실수 뒤에는 300건의 작은 실수가 있다는 법칙이다. 하인리히 법칙은 사소한 문제를 방치하면 대형 사고로 이어질 수 있다는 점을 밝혀낸 점에서 산업재해 예방 분야에서 중요하게 여겨지는 개념이다. 미래학자 에이미 웹은 《시그널스》에서 이상 징후가 나타나는 변두리를 자세히 들여다보고 전략을 조정할 것을 강조한다. 나는 선거판에서 변두리로 선거사무원 간 갈등을 꼽고 싶다. 이곳이 야구경기의 3루 핫코너다. 문제의 근원을 추적해보면 그 단초는 한두 사람의 불만에서 비롯되지만 연쇄적으로 빠르게 퍼진다. 이는 한 개의 세포에서 시작한 암이 온몸으로 빠르게 퍼지는 원리와 같다. 그럴 경우 시스템은 급속히 무너진다.

대형 사고는 물론 인간관계도 작은 전조, 낌새가 나타나지만 늦게 알아차린다. 이는 췌장암 발견과도 흡사하다. 침묵의 장기인 췌장암을 발견했을 때 이미 늦은 것처럼, 갈등의 낌새를 알아차렸을 때는 늦은 것이다. 이는 리더가 되고 나서 리더십 공부를 하는 것과 같다. 작은 징조를 파악하지 못해 흐름을 놓치거나 전체를 망칠 수 있다는 점에 유의해야 한다. 갈등은 조직 규모가 큰 곳보다 오히려 규모가 작은 곳에서 일어나고, 해결하기 어렵다고 한다. 조직에서 갈등이 해결되지 않는 이유 중 하나는 늑장대응 때문이다. 선제 대응에 실패할 경우 빨리 수습하는 게 상책이다. 이와 같은 갈등의 이면에는 조직분위기가 크게 작용한다. 조직분위기는 선거시스템의 구성원 간 응집력을 키워 하나의 공동체로 묶어주는 기능을 하고, 선거시스템의 안정성을 지탱해주는 버팀목이다.

지속적인 시스템 중간체크 및 변화대응력 강화

[시스템은 구축보다 유지가 더 어렵다]

《상서》에 "하늘이 주는 재앙은 피할 수 있지만, 스스로 만든 재앙에는 살아갈 수 없다"라고 했다. 하지만 스스로 재앙을 만드는 게 인간이다. 선거시스템도 살아있는 유기체처럼 사이클이 있다. 이는 선거시스템을 생명체로 생각하여 사이클 구간에 맞는 수단과 대책을 강구해야 함을 의미한다. 선거시스템이 하향곡선을 그릴 때는 브레이크가, 상승곡선을 그릴 때는 액셀이 필요하다. 앞으로 나아가지 않으면 후퇴하는 게 세상 이치다. 부추가 태풍에 누워버리면 일으켜 세우기 어렵다. 아무리 훌륭한 핸드폰도 배터리가 방전되면 그저 하나의 고철덩어리에 불과하다. 배터리를 적시에 충전해야 핸드폰이 주는 혜택을 누릴 수 있다.

시스템은 구축하기도 어렵지만, 이를 유지하고 발전시키는 것은 더 어렵다. 막상 시스템을 운영하려면 2장의 선거전략과 다를 수 있다. 또한 시스템 운영과정에서 시간이 흐를수록 물수제비처럼 서서히 동력을 잃을 수도 있다. 1장, 2장, 3장, 4장은 각자의 역할 또는 기능이 있고, 서로 고리를 이루고 있어 영향을 주고받는다. 이들 고리 중 취약한 한 곳이 끊어지면 맥이 끊겨 조직 전체의 역량이 급속히 떨어질 수 있다. 그러므로 2장 선거전략과 마찬가지로 수시 체크하고 보완해야 한다. 선거전략이 좀 미흡해도 3장 선거시스템 실행을 통해 만회할 수 있음은 물론이다. 이는 4장의 선거운동과정에서도 지속적으로 보완해나가야 한다.

[선거환경 변화에 민첩하고 민감한 시스템 확보]

선거전략과 마찬가지로 선거시스템도 선거를 준비하고 치르는 과정에서 변해야 한다. 문제는 변화를 제대로 인식하지 못하거나 너무 늦게 인식할 경우 시스템의 효율성이 떨어진다는 점이다. 조직 구성원들이 선거환경 변화에 민첩하고 민감하게 대응하지 못할 경우 조직 내 갈등을 초래하는 등 조직의 경쟁력이 급속히 떨어진다. 그 원인을 살펴보면 사소한 정보파악 실패, 커뮤니케이션 문제 등 다양하다. 시스템 내 모든 일이 서로 연계되어 있기 때문에 한 지점에서 균열이 생기면 시스템 전체에 영향을 주어 시스템이 멈춘다.

안팎에서 화재경보가 울리는데도 화재진압시스템이 작동되지 않을 경우 아무리 훌륭한 소방관과 장비를 갖춰도 화재진압에 실패한다. 변화는 인체의 혈관에, 시스템의 커뮤니케이션에 비유할 수 있다. 혈관이 막히고 커뮤니케이션이 제대로 작동하지 않을 경우 인체와 시스템에 치명타를 준다. 변화에 민첩하고 민감하게 대응하는 조직문화를 위해 최근 많은 기업들이 공을 들인다. 후보자는 사소한 변화도 놓쳐서는 안 된다. 사소한 불씨가 산 전체를 태울 수 있음을 명심하자. 앞에서 선거판의 특징으로 '변화무쌍', '예측 불가능'이라는 표현을 사용했는데, 이는 선거판에서 변화대응력이 이기는 선거의 마중물이기 때문이다.

[침묵은 금이 아니라 동도 못 된다]

나는 선관위 30여 년 근무기간 중 절반 정도를 지도 · 조사업무를 하여 자연스럽게 정치인, 참모 등 선거 관련 분야에서 활동하는 사람들을 많이 만나고 상대했다. 자연스럽게 그 세계를 많이 알고 있다고 생각한다. 이 책을 집필하면서 선거시스템 파트를 작성할 때 그분들과의 인터뷰를 통해 많은 도움을 받았다. 후보자와 참모의 관계는 슈퍼갑과 을의 관계다. 일부 후보자는 지시만 할 뿐 참모의 의견을 제대로 받아들이지 않는다. 참모 역시 침묵하고, 문제를 제기하지 않는다. 이런 침묵은 금이 아니라 동도 못 된다. 당연히 좋은 아이디어도 묻히고 만다. 후보자의 입맛에 맞는 것들만 보고한다. 당장 그게 편하니까. 상황이 이렇다 보니 피드백은 딴 나라 이야기다. '좋은 게 좋은 거다'라는 식의 사고도 문제지만, 다른 것을 다르게 말하지 않는 게 더 문제다. 의사소통에 금이 간 것이다. 특히 성격이 강한 독불장군식 후보자 캠프의 경우 후보자 눈치 보느라 중요한 사안도 제대로 보고하지 않는 경우도 발생한다. 이는 매우 심각한 상황이다. 침묵은 사태를 악화시킬 뿐 해결책이 되지 못한다. 수술을 시술로 끝내는 게 아니라 시술로 가능한 환부를 수술로도 도려내지 못하는 사태를 초래할 수 있다. 그러므로 문제를 제기할 수 있는 사무실 분위기를 만드는 것이 우선이다.

2) 나만의 선거시스템 구축·운영

조직은 당선의 바로미터

과거에는 '선거 = 조직'이라는 등식이 성립하여 체계적인 조직 구축은 당선의 바로미터였다. 지금은 과거에 비해 조직의 규모와 역할이 많이 약화되었지만, 그래도 조직은 선거에서 중요한 부분을 차지한다. 조직 형태는 크게 선거사무소를 중심으로 구축된 기존의 오프라인 조직과 SNS 플랫폼을 통한 인적 네트워크 구축, 팬클럽 등을 통한 팬덤 구축 등 온라인 조직으로 나눌 수 있다. 기존의 오프라인 조직도 무시할 수 없지만, 온라인 조직의 힘은 막강하다. 여기에서는 오프라인 조직을 중심으로 다룬다.

Tip 온라인상 선거운동의 사조직(§87②) 해당 여부

SNS 등의 온라인상 선거운동 방법이 보편화되면서 이들 공간에서의 모임이 사조직에 해당하는지에 대해 이론이 많았다. 대법원은 "인터넷공간에서의 선거활동을 목적으로 카페 등을 개설하고 회원을 모집해 일정한 모임의 틀을 갖추고 운영하는 것은 정보통신망을 이용한 선거운동의 하나로 허용되어야 하므로 본 조항의 사조직에 해당한다고 볼 수 없고, 또한 카페 개설을 위해 일부 회원들의 오프라인에서의 일시적인 모임은 카페활동을 위한 일시적 · 임시적 성격이라면 본 조항의 사조직에 해당하지 않는다"라고 판시했다(대법원 판결 2013.11.14. 선고 2013도2190). 다만, SNS 모임의 개설 경위와 시기, 구성원, 온라인 및 오프라인상의 활동 내용 등 제반 사정들을 종합해볼 때 입후보예정자를 당선되게 할 목적으로 특정 정당의 국회의원 보좌관들을 모아 설립한 국회 SNS 기동대는 별도의 사조직에 해당한다고 본 사례가 있다(서울고등법원 판결 2014.6.2. 선고 2014노431).

총선 등의 경우 선거법상 예비후보자는 선거사무장을 포함하여 선거사무원 2~3인 정도, 회계책임자 1인을 둘 수 있다. 하지만 실제로 시스템을 움직이려면 자원봉사자 등 많은 인원이 동원된다. 본선거 후보등록 후 공식적 · 비공식적인 사무원 수, 참모 등이 늘어나는데, 예비후보자 때 구축한 시스템이 핵심적인 역할을 해야 하므로 능력 있는 인재로 충원해야 한다. 경험이 많은 선거사무장 등은 수요가 많아 환영받는다. 그래서 후보자마다 유능한 참모를 섭외하려고 공을 들인다. 특히 처음 선거에 도전하는 정치신인의 경우 더욱 그렇다. 예비후보자 때 제대로 시스템을 구축하지 못하면 본선거 때 고생한다. 지선의 경우 후보자 수가 많기 때문에 발빠르게 움직여야 한다.

선거시스템의 청사진, 선거조직도

새로운 정부가 들어서면 가장 먼저 손대는 게 정부 조직체계 개편이다. 가장 티가 많이 나고 해당 공무원의 군기를 잡고 결속시킬 수 있기 때문이다. 후보자 역시 선거캠프를 어떻게 구성할지 조직도를 그려야 감이 온다. 이 조직도는 선거시스템의 청사진으로 향후 선거시스템의 가치와 의지가 농축된 황금나침판이다. 따라서 후보자는 여기에 혼을 불어넣어야 한다. 자리배치는 그다음 이야기다. 선거조직도 예비후보자등록 전에 만들어 운영한 후, 본선거 전에 확장시켜 운영하면 된다. 아래 조직도는 주요 정당에서 총선 및 지방자치단체장선거 시 일반적으로 구성 · 운영하는 조직도를 개괄적으로 정리한 것이다. 선거조직도는 선거별, 정당 · 선거 · 후보자별로 다양하기 때문에 모범 답안은 없다. 자신의 상황에 맞게 통합하거나 분리하여 짜고 운용하면 된다. 이 책에서는 선거조직도의 핵심요소인 각 팀장의 역할을 중심으로 설명만 하고, 도표 작성은 생략한다.

총선 및 지방자치단체장선거 선거캠프 조직도

참모 및 팀장			예비후보 [예비후보자]	당내경선 [경선후보자]	본선거 [후보자]
선거사무장			○	○	○
회계책임자			○	○	○
기획	기획팀	기획실장	○	○	○
	상황실	상황실장	○	○	○
	홍보팀 (SNS 포함)	홍보부장	○	○	○
	선관위팀	선관위팀장	○	○	○
	방문자전담팀	방문자전담팀장	○	○	○
	총무팀	총무부장	○	○	○
	전화홍보팀	전화홍보팀장	×	×	○
조직	조직팀	조직부장	○	○	○
	유세팀	유세팀장	×	×	○
수행	수행팀(후보)	수행팀장	○	○	○
	수행팀(배우자)	여성부장	○	○	○

선거시스템 확장, 선거대책본부

예비후보자등록 후 시스템이 제자리를 잡은 다음 본선거에 대비해 선거대책본부를 구축해야 한다. 많은 정당 · 후보자들이 과거 선거 시 활용한 선거조직도를 보면 계선조직은 3층제를 선호한다. 후보자 → 선대본부장(위원장) → 기획팀(사무국)/조직팀(위원장)으로 편성하고, 자문조직으로는 고문단, 후원회장을 둔다. 일부 후보자 캠프는 후보자의 의지에 따라 계선이 아니라 스태프로 운용하기도 한다.

선거대책본부 개편 시 규모의 경제를 고려해야 한다. 기구의 규모는 핵심 팀을 제외하고는 가급적 넓게 편성하고 많은 사람을 참여시키는 게 유리하다. 계선 또는 참모는 재능 있는 소수 정예요원이, 선거사무원 등은 단기간 내에 기초적인 연습을 통해 습득 가능한 정도의 자원으로 다다익선이 필요하다. 많은 사람으로 구성할 경우 갈등 문제를 염려하지만, 조직이 커지면 개인의 존재가치가 미미해 조직 속에 자연스럽게 묻혀버린다. 규모의 경제를 강조하는 이유는 간단하다. 조직에 참여하는 사람은 대부분 유권자, 즉 표이기 때문이다. 거기에다 가족, 친구까지 곱하기하면 의외로 덤으로 얻는 표가 많다. 앞에서 성공하려면 인맥, 네트워크를 넓혀야 한다고 설명했다. "네트워크의 가치는 그 네트워크 사용자 수의 제곱과 같아진다"라는 멧커프의 법칙(Metcalfs law)이 있다. 2명이 사용할 때 가치가 4라면 사용자가 3이 되면 9로 늘어나고, 4명이 되면 가치가 16으로 증가한다.

Tip 자리를 만드는 데 인색하지 말라

조직도는 3층제를 기본으로 하되 자문(고문)조직을 확장할 경우 자리를 탄력적으로 만들 수 있다. 또한 공명첩을 남발하라. 선대본부장 정도의 능력 있는 분이 많으면 공동본부장으로, 그중에서 뛰어난 분이 있으면 총괄본부장으로, 모호할 경우 부본부장으로 자리를 만들면 된다. 명분이 없으면 명목상 자리인 특보를 만들면 된다. 그리고 마땅한 자리가 없으면 부 자만 넣으면 자리가 기하급수적으로 늘어난다. 나머지도 탄력적으로 운영하는 지혜가 필요하다. 자리를 만드는 데 인색하지 말라.

기획팀과 조직팀은 동반자

선거시스템은 선거사무장, 회계책임자와 각 팀장이 중추적인 역할을 한다. 중간관리자 또는 현장 리더인 이들이 어떤 신념을 가지고 있느냐에 따라 선거판의 흐름이 바뀌기도 한다. 기획팀이 내부, 기획, 전략이라면, 조직팀은 외부, 현장, 전술이다. 선거시스템의 성패는 기획팀장과 조직팀장의 어깨에 달려있다. 많은 후보자가 기획팀에 유능한 인재를 배치하고 신뢰하는 경향이 있다. 이런 와중에 양 팀 간 갈등이 발생하기도 한다. 이는 시스템의 연결고리를 약화시키는 중대한 문제로 많은 캠프에서 흔히 발생한다. 《오자서병법》에서는 "싸우기 전에 내부를 먼저 다스려라"라고 했다. 양 팀장은 오디션에 출전한 경쟁자와는 달라야 한다. 하지만 내가 인터뷰한 익명의 관계자는 양 팀의 갈등이 비일비재하다는 말을 서슴없이 했다. 양 팀은 자동차에 비유하면 양쪽 바퀴다. 한쪽 바퀴가 펑크 나면 자동차는 멈추고 만다. 그 원인을 보면 조직이기주의 같은 사일로 효과(silo effect),[10] 충성경쟁 등 여러 요인을 들 수 있겠지만, 가장 큰 문제는 정보 유

10 조직 내 부서들이 서로 다른 부서와 담을 쌓고 내부 이익만을 추구하는 현상을 말한다. 곡식 및 사료를 저장해두는 굴뚝 모양의 창고인 사일로에 빗대어 조직 장벽과 부서 이기주의를 의미하

통이 원활하지 않을 때 발생한다.

선거라는 게임은 운동경기와 마찬가지로 팀플레이가 중요하다. 기획팀이 아무리 유능하고 잘한다고 해도 조직팀과의 협업이 절대적으로 필요하고, 양 팀장 간 화합은 무엇보다 중요하다. 각 팀장은 현장 리더이므로 책임감 있게 팀을 경영해야 한다. 그리고 각자 주인의식을 가지고 운전대를 잡는 게 중요하다. 주인의식이 있어야 고민하고 문제를 제기하며, 몰입하여 해답을 찾을 수 있다. 한발 더 나아가 후보자라는 제품의 가치를 높이고 외부의 충격에 대응하는 역할도 함께 수행해야 한다. 물론 팀장들이 주인의식을 갖도록 하는 것은 선거시스템을 이끄는 후보자의 역량과 비례한다.

3) 선거사무소 설치 및 활용(§61)

사무실 확보 시 유의사항

[선거사무소는 최고의 홍보시설물]

선거운동기구라 함은 선거운동 기타 선거에 관한 사무를 처리하기 위해 정당 또는 후보자, 예비후보자가 설치한 선거사무소 등 선거관련기구를 말한다. 선거사무소 또는 선거연락소라 함은 그 명칭 여하를 불문하고 선거운동 기타 선거에 관한 사무를 처리하는 일체의 고정된 장소적 설

는 경영학 용어로 사용된다.

비를 가리킨다(대법원 판결 1999.3.9. 선고 98도3169). 예비후보자는 선거사무소를, 후보자는 선거 · 선거구의 규모에 따라 선거사무소와 선거연락소를, 정당은 중앙당 및 시 · 도당의 사무소에 선거대책기구를 설치할 수 있다(§61①).

유능한 인재를 선발하는 것 못지않게 좋은 사무실 공간을 확보하는 것도 중요하다. 선거사무소는 선거구 내에 깃발을 꽂는 상징적 의미가 있는 곳이므로 사람들의 왕래가 잦고 유권자의 눈에 잘 띄는 네거리가 좋다. 예비후보자의 선거사무소는 본선거 및 선거일 후 잔무 정리까지 운영한다. 건물 외벽면 자체가 훌륭한 홍보 게시판 역할을 하기 때문에 종합적으로 고려하여 신중하게 선정해야 한다. 선거사무소에는 간판 등을 수량제한 없이 설치할 수 있다. 간판 등은 애드벌룬으로는 설치할 수 없으나, 네온사인 · 형광, 기타 전광에 의한 방법으로 설치할 수 있다. 선거사무소와 선거연락소에는 선거벽보, 선거공보, 선거공약서 및 후보자의 사진을 첩부할 수 있으나 선거별 수량제한(50~20매)을 받는다(법§61, 규칙§27). 선거사무소 입구 등에 선전물을 첩부할 공간이 거의 없고 홍보효과 역시 미미하기 때문에 수량을 제한할 필요성이 전혀 없다. 추후 법 개정이 필요한 부분이다.

그리고 유의할 점은 선거사무소는 고정된 장소 또는 시설에 두어야 하며, 식품접객영업소 또는 공중위생영업소 안에 둘 수 없다(§61⑤). 또한 선거법 제87조제2항과 제89조제1항에서 각각 사조직과 유사기관을 설립하거나 설치하는 행위를 금지하고 있음에 유의해야 한다. 재판부는 비록 같은 건물의 같은 층에 있다고 할지라도 관할 선관위에 신고한 공간을 벗어나 별도로 구획된 시설에 추가로 선거사무소와 유사한 기구를 설치한 행위를 유사기구 설치로 판단했다(대전고법 판결 2006.10.13. 선고 2006노344).

[사무실 확보 시 유의사항]

선거사무소는 총선 등을 불문하고 충분한 공간을 확보하는 게 좋다. 개소식을 개최할 때 넓은 공간이 절대적으로 필요하고, 세 과시 효과도 있다. 또한 선거사무관계자들의 사기진작과도 직결되기 때문에 임대료를 좀 더 지출해서라도 좋은 사무실을 선점할 것을 권한다. 지선의 경우 후보자 수가 많은데다 수요가 일시에 몰려 적정한 선거사무소를 확보하는 게 어렵다. 선거에 출마하기로 결심한 정치인이라면 구두계약이든 뭐든 하루 빨리 계약해야 한다. 그래야 임대료를 절약할 수 있고, 안정된 상태에서 스타트할 수 있다. 자칫하면 선거 종료 시까지 말썽을 피운다. 주의할 점은 건물 전체에 현수막 등을 설치해야 하므로 건물 내 다른 입주자의 조망권을 방해할 우려가 있어 계약 시 반드시 짚고 넘어가야 한다. 그리고 유권자 누구나 부담 없이 방문할 수 있는 선거사무소 분위기를 꾸미는 것 역시 중요하다.

선거사무장 · 선거연락소장 및 선거사무원 선임

제61조(선거운동기구의 설치)의 선거사무소와 선거연락소를 설치한 자는 선거운동을 할 수 있는 자 중에서 선거사무소에 선거사무장 1인을, 선거연락소에 선거연락소장을 두어야 한다. 이는 강행규정이다. 그리고 선거사무장 또는 선거연락소장은 선거에 관한 사무를 처리하기 위하여 선거운동을 할 수 있는 자 중에서 아래 표와 같이 선거사무원(제135조제1항 본문에 따른 수당과 실비를 지급받는 선거사무원을 말함. 이하 같음)을 둘 수 있다. 총선과 기초장 선거의 경우 선거연락소를 두지 아니하는 경우에는 선거연락소에 둘 수 있는 선거사무원의 수만큼 선거사무소에 더 둘 수 있다(§62①, ②, ③). 장애인

총선과 지선의 선거사무장 · 선거연락소장 및 선거사무원 수(§62①,②,③)

구분	선거사무소 등	선거사무장 등	총선	지방선거			
				시 · 도지사	기초장	광역의원	기초의원
예비 후보자	선거사무소	선거사무장	1인	1인	1인	1인	1인
		선거사무원	2인 이내	4인 이내	2인 이내	1인	1인
후보자	선거사무소	선거사무장	1인	1인	1인	1인	1인
		선거사무원	읍 · 면 · 동 수 3배수+5	구시군수 (최소 10인)	읍 · 면 · 동 수 3배수+5	10인	8인
	선거연락소	선거연락소장	1인	1인	1인	×	×
		선거사무원	읍 · 면 · 동 수 3배수	읍 · 면 · 동 수	읍 · 면 · 동 수 3배수	×	×

예비후보자 · 후보자는 그의 활동을 보조하기 위하여 선거운동을 할 수 있는 사람 중에서 1명의 활동보조인[11]을 둘 수 있다. 이 경우 활동보조인은 제2항 및 제3항에 따른 선거사무원수에 산입하지 아니하고(④), 이들의 수당과 실비는 국가가 부담한다(§122의2③).

선거사무소 개소식

[개소식은 1회만 개최 가능]

대부분 예비후보자가 명칭에 관계없이 선거사무소 개소식을 개최하는데, 시기를 잘 선택해야 한다. 예비후보자와 후보자 신분을 합쳐서 1회

11 「장애인복지법」 제32조에 따라 등록된 장애인으로서 「장애인복지법 시행규칙」 별표 1에 따른 장애인의 장애정도 중 다음 어느 하나에 해당하는 사람(규칙 §27의3①).
1. 청각장애인 및 언어장애인: 모든 장애인
2. 그 밖의 장애인: 장애의 정도가 심한 장애인

만 개최할 수 있기 때문이다. 다만 광역의원선거에 예비후보자등록을 한 후 사퇴하고 기초의원선거에 예비후보자등록을 하면 다시 개소식을 개최할 수 있다. 개소식은 전쟁을 앞둔 군대의 출정식과도 같다. 단순히 선거사무소 문을 연 것을 알리는 차원이 아니라 (예비)후보자 자신의 세를 과시하려는 쇼케이스(showcase)다. 그러므로 치밀하게 준비한 후 사회 분위기에 반하지 않는 범위 내에서 좀 거창하게 개최할 필요가 있다. 선거사무소 계약 시 선거사무소 개소식을 고려하여 큰 공간을 확보할 것을 앞에서 권한 바 있다. 초청장에 지지호소 등의 내용이 포함된 초청장을 발송하거나, 식사류의 음식물 제공행위 등 기부행위가 종종 발생하므로 유의해야 한다.

최근 판례

❶ 선거에 영향을 미치게 하기 위하여 선거사무소 개소식 초청장 2,000장가량을 선거구민들에게 배부하는 방법으로 선거운동[대법원 판결 2019.6.13. 선고 2019도4312]

❷ 국회의장으로부터 선거사무소 개소식 축전 및 축하화환을 받은 것처럼 가장하여 허위사실 공표[대법원 판결 2019.6.28. 선고 2019도6814]

선거사무소 방문자에 대한 서번트 관리

[방문자를 그냥 돌려보내지 말라]

워런 버핏은 "신뢰가 만들어지는 데는 오랜 시간이 걸리지만, 신뢰가 무너지는 데는 5분도 안 걸린다"라고 말했다. 기네스북에 오른 전설의 자동차 판매왕 조지 지라드의 1 : 250 법칙[12]이 있다. 이 법칙은 마케팅뿐만

12 한 사람의 고객에게 신뢰를 얻으면 250명의 잠재고객이 생기고, 한 사람의 고객에게 신뢰를 잃으면 250명의 잠재고객이 사라진다는 의미다.

아니라 대인관계, 선거판 등 모든 분야에서 통용된다. 선거사무소에는 많은 유권자가 방문한다. 그런데 선거사무소 내에서 회의 등을 이유로 방문한 유권자를 그냥 돌려보내는 우를 범할 수 있다. 좋은 기억은 금방 잊어버리지만 나쁜 기억은 오래 간직하는 게 인간이다. 방문자는 선거사무소에서 대접받은 대로 행동한다. 그게 인간의 심리다. 친절은 돈이 들지 않는 공짜로 다른 어떤 투자보다 수익이 크다고 한다. 단순히 반갑게 맞아주면 우수고객을 1명 확보할 수 있는데, 사소한 실수로 1표 이상을 잃을 수 있다. 사소한 것으로 치부하면 곤란하다. 방문자가 사무실을 나서는 순간 안티가 될 수도 있다.

은행이나 기업의 프리랜서, 마케터의 경우 고객을 우수고객과 일반고객을 나누어 다르게 응대할 수 있지만, 선거사무소를 방문하는 유권자는 모두 우수고객으로 똑같이 응대해야 한다. 2장 선거전략에서 선택과 집중을 강조했지만, 한정된 자원을 고려하여 방법을 차별화하라는 것이 유권자를 차별화하라는 것은 아니다. 마이클 레빈은《깨진 유리창 법칙》에서 "비즈니스에서 고객을 절망시키는 것보다 절망적인 것은 없다. 이보다 더 무서운 일은 없다. 실망한 고객은 틀림없이 경쟁사로 몰려간다"라고 말했다. 그러므로 방문자 전담 팀장을 두고 응대에 소홀함이 없어야 한다.

[한 표가 당락을 좌우한다]

성공뿐만 아니라 부의 축적도 티끌 모아 태산을 실천한 결과물이라는 말을 음미해보자. 후보자나 선거사무관계자는 한 표의 소중함을 가슴 깊이 새기고, 겸손한 자세로 유권자를 대하는 자세가 필요하다. 그 출발점은 유권자의 니즈(needs, 욕구)와 원츠(wants, 필요)에 대한 것이다. 그래서 나온

제21대 총선 및 제7회 지선 시 근소한 득표 차 선거구

선거별		선거구명	1위 득표수	2위 득표수	득표 차 (비율)
제21대 총선		인천 동구미추홀구을	46,493	46,322	174 (0.15%)
제7회 지선	시 · 도지사	제주도특별자치도	178,255	137,901	40,354 (11.71%)
	기초장	강원 평창군	12,489	12,465	24 (0.09%)
	광역의원	부산 동구제2선거구	11,661	11,632	29 (0.13%)
	기초의원	전북 김제시라선거구	1,482	1,480	2 (0.03%)
	시 · 도교육감	제주특별자치도	174,868	166,620	8,248 (2.41%)

* 출처: 제7회 지선 및 제21대 총선 총람(중앙선관위)/ 중앙선관위 통계자료시스템

게 서번트 리더십이다. 이는 단지 나를 낮추는 게 아니라 남을 높이는 데 가치가 있다. 그리고 "성공은 겸손에서 나온다"라는 말이 그냥 나온 게 아니다. 방문자 한 명을 그냥 돌려보내 낙선되었다고 생각하면 나의 기우일까? 최근에 실시한 제21대 총선 및 제7회 지선 시 근소한 표 차이로 당락이 결정된 위 도표를 참고하기 바란다. 그러면 한 표가 얼마나 소중한 가치를 지니고 있는지 좀 숙연해질지도 모른다.

방문자 전담팀에서 성심성의껏 응대한 후 돌려보내면 방문자는 최소한 선거 종료 시까지는 후보자의 팬이 될 가능성이 크다. 설령 무리한 요구를 할지라도 "검토 후 전화드리겠습니다"라는 설명만 해줘도 방문자는 즐거운 마음으로 사무실을 나선다. 다음에 방문자가 제기한 민원이 해결

되지 않더라도 방문자는 선거사무소를 방문하여 대접받은 게 있기 때문에 이의제기는 하지 않을 것이다. 안티팬을 만들지 않는 것만도 얼마나 큰 소득인가. 최소한 전략적 투표(strategic voting)[13]는 이끌어낼 수 있다.

[전화 예절 지키기]

전화도 마찬가지다. 민원제기, 청탁 등 다양하겠지만 기본적인 전화 예의를 갖추고 응대해주면 된다. 심리학, 비즈니스 관련 서적을 볼 때마다 대부분 저자들이 강조하는 게 "전화할 때도 웃는 얼굴로 응대하라"라고 조언한다. 처음에는 이해되지 않았다. 그래서 아내의 핸드폰을 옆에 놓고 스피커를 켠 채 직접 시험해보았는데 어감이 달랐다. 미국의 사업가 존 워너메이커(John Wanamaker)는 "인간의 미소는 시간과 돈을 들이지 않으면서도 사업을 번창시킨다"라고 말했다. 기업에서 인재를 발탁할 때 웃는 사람이 선택을 받는다고 한다.

제21대 총선 시 모 후보자 캠프의 선관위 담당 팀원이 선관위 사무실을 방문하여 사무실에서 민원인과 전화로 다투어 스트레스를 받았다며 투덜대는 말을 들은 적이 있다. 이는 팀원이 후보자를 위해 선거운동을 하는 게 아니라 낙선운동을 하는 것과 진배없다. 루소는 "국민은 투표하는 날만 주인이고 투표가 끝나면 다시 노예로 돌아간다"라는 뼈아픈 말을 남겼지만, 선거기간 중 후보자는 을(乙)일 수밖에 없다. 그래서 선거캠프 관계자에 대한 교육은 아무리 강조해도 지나치지 않다.

---

13 자신이 지지하지 않는 후보자에게 투표하는 행위로, 자신의 표가 사표가 되는 것을 피하려는 심리 때문에 차선의 후보자에게 투표하는 성향을 말한다.

살아 움직이는 사무실 분위기 조성

[우리 선거사무소 분위기는?]

공직, 기업체 등 대부분 직장마다 사무실 분위기가 있다. 기업체에서는 '기업문화'라고도 한다. 일부 컨설턴트는 "기업문화를 한 기업의 정체성이자 목표"라고 강조하기도 한다. 선거사무소를 방문해보면 사람들이 느끼는 감정과 정서라는 게 있는데, 어느 정도 판세를 알 수 있다. 노인정 같은 선거사무소, 시장터같이 산만한 선거사무소, 자주 회의만 여는 선거사무소, 보험설계사 사무실처럼 활기찬 선거사무소 등 다양하다.

톨스토이의 소설 《안나 카레니나》에는 "행복한 가정은 행복한 이유가 모두 비슷하지만, 불행한 가정은 불행한 이유가 각기 다르다"라는 문장이 있다. 가정, 기업 등 모든 분야도 크게 다르지 않다. 성공하는 기업과 실패하는 기업, 당선자와 낙선자의 사무실 분위기는 다르다. 당선이 유력한 후보자의 선거사무소를 방문해보면 생동감이 넘치는 등 공기가 다르다. 나만 그렇게 느끼는 것일까? 그렇지 않다. 방문자 모두 그렇게 느낀다고 한다. 사람마다 눈으로 보고, 귀를 듣고, 이를 평가하는 것은 비슷하다. 나는 선거사무실 분위기가 선거 결과에 영향을 미치는 변수 중 하나라고 생각한다. "조직의 성과는 직원 IQ의 합보다는 사무실 분위기, 인화가 좌우한다"라는 어느 작가의 말이 인상적이다. 《손자병법》에도 "천시(天時)는 지리(地利)만 못하고, 지리(地利)는 인화(人和)만 못하다"라고 했다. 물고기에게 물이 필요하다면, 직장인에게는 근무 의욕을 높여주는 사기, 즉 직장 분위기가 필요하다. 이와 같은 조직 분위기를 만드는 데 후보자의 의지와 행동이 중요한 부분을 차지함은 당연하다.

[맑은 물에는 물고기가 살지 않는다]

대부분의 훌륭한 팀은 전체 분위기가 좋고 세포조직인 각 팀도 살아 움직인다. 사무실의 좋은 분위기는 선거사무원, 방문자 등을 통해 나비효과를 일으켜 외부로 전파되어 유권자에게 전달된다. 사무실 내근자를 뽑을 때 성격이 명랑하고 쾌활한 사람을 선발하는 것도 중요한 요소다. 엘렌 스테인 주니어와 존 스턴펠드는《승리하는 습관》에서 "좋은 팀은 1+1이지만, 위대한 팀은 1+1 = 3이 된다"라며 위대한 팀의 중요성을 강조하고 있다. 맑은 물에는 물고기가 살지 않듯이 완벽해도 주변에 사람이 없다. 완벽한 리더보다는 오히려 구성원들에게 편안하게 대해주는 리더가 좋은 평가를 받는다. 최근 성공학 관련 서적을 보면 리더의 본모습을 보여주기 위해 리더의 취약한 모습 또는 실수를 저지르는 장면 등 약점을 부하직원들에게 그대로 보여줄 때 집단의 협동심이 형성된다는 주장이 있는데, 일리가 있고 공감이 간다.

4) 선거캠프의 참모 및 핵심요원

선거사무장 및 회계책임자

[선거사무소의 총괄책임자, 선거사무장]

선거사무장은 선거사무소의 얼굴로 통상 예비후보자의 선거사무장이 당내경선을 거쳐 선거 종료 시까지 맡는다. 선거사무장은 선거사무소를 총괄하고 대외적 활동을 해야 하는 등 그 역할이 막중하다. 그리고 후보자와 다른 참모, 선거사무원의 중간에서 가교 또는 조정자 역할을 해야 한다. 그러므로 선거 경험이 풍부하고 선거의 맥을 잘 짚는 덕망 있는 사람으로 선발하되, 후보자와 코드가 잘 맞아야 한다. 경험 있는 선거사무장은 선거캠프를 안정적으로 끌고 갈 수 있는 장점이 있으나, 새로운 방법이나 기회를 찾기보다는 과거의 사고, 틀을 고수하려는 단점이 있다.

선거사무장 · 선거사무소 회계책임자 또는 후보자의 직계존비속 및 배우자가 매수행위, 기부행위 등으로 징역형 또는 300만 원 이상 벌금형 선고를 받은 때는 후보자의 당선 무효(§265)가 되기 때문에 책임감이 막중한 자리다. 후보자의 품위에 금이 갈 수 있어 선발에 신중을 기해야 한다. 지역에서 지탄받는 선거사무장을 선발하면 자칫 후보자의 표를 까먹는 원흉이 될 수도 있다. 일부 후보자는 선거사무장을 후보자의 친구 등 나이가 많은 사람을 선발하는 경우가 있는데, 조직의 활력을 위해서는 40대 후반에서 50대 초반이 적합하다.

[지갑 관리자, 회계책임자]

회계책임자는 돈을 다루는 책임자로 후보자가 가장 신뢰할 수 있는 사람을 선발한다. 선거자금 수입 및 지출업무를 총괄하는 사람으로 선거 종료 후 선관위 회계 보고까지 마무리해야 하므로 계수에 밝은 젊은 사람이 적임자다. 선거회계 프로그램을 운영해야 하므로 컴퓨터 조작능력은 기본이다. 선거회계 경험이 없는 사람도 선관위에서 제공하는《정치자금 회계실무》책자를 숙지하거나 교육을 받으면 회계처리에 큰 어려움은 없다. 회계책임자의 역할 및 임무 등에 대해서는 6장에서 다룬다. 선거판에서 돈은 자동차를 움직이는 윤활유와 같다. 일부 후보자는 돈의 속성 등을 고려하여 회계책임자를 후보자 가족으로 신고하는 경우가 있는데, 가족을 회계책임자로 선정하는 것은 피하는 게 좋다. 이는 가족기업이 성공하기 어려운 원리와 비슷하다. 가족으로 선임할 경우 후보자의 부정 지출을 통제할 장치가 사라지기 때문이다.

기획팀

[선거캠프의 전략가, 기획실장]

기획실장은 선거전략가로 선거사무장과 함께 선거를 기획하고 전략을 짜내는 것은 물론 과거의 자료를 분석할 줄 아는 브레인 집단의 책임자다. 선거캠프가 나아가야 할 로드맵을 그리고 나아갈 방향키를 쥐고 있는 자리이므로 선거 경험이 풍부하고 촉이 있는 사람이 적임자다. 즉, 치밀한 전략과 고도의 정보를 활용하여 불리한 국면에서도 이를 극복하고 승리로 전환할 수 있는 자질이 필요하다. 선거공약을 확정하는 것은 물론 후보자의 명함, 선거벽보 등 후보자 선전물, 현수막 등 시설물 및 선거공약, 슬로건의 도안 · 내용 · 심벌에 이르기까지 각 단위사업을 기획하고 확정하는 업무를 담당한다. 컴퓨터공학계의 금과옥조로 여기는 GIGO(Garbage in, Garbage out, 쓰레기를 넣으면 쓰레기가 나온다)가 있음을 명심하자. 기획팀의 실패는 곧 홍보의 실패, 돈 낭비로 이어진다. 사건 · 사고로 인해 조직이 위기에 빠지는 것을 예방하거나 최소화하기 위해서는 2장 2.에서 설명한 사건 · 사고전담팀을 기획팀 내에 두어야 한다.

[선거캠프의 컨트롤타워, 상황실장]

상황실장은 관내에서 개최되는 행사, 애경사 일정 등 모든 정보를 취합 · 정리하여 이를 각 팀장과 공유하고 후보자에게 보고하는 자리다. 행사의 중요성, 다른 일정과의 중복 등을 세심하게 검토하고 조율하는 컨트롤타워다. 상황실장의 결정은 후보자의 선거운동 일정은 물론 선거운동의 방향에도 직접 활용되고 영향을 준다. 가장 중요한 것은 시스템이 한 방향으로 갈 수 있도록 관련정보를 주요 팀장과 신속히 공유하고 논의해야 한다. 정보도 음식물처럼 유효기간이 있다. 타이밍을 놓치면 가치를 잃는다. 정보는 얻는 것도 중요하지만, 어떻게 공유하고 잘 활용하느냐가 더 중요하다. 상황실장은 선거 경험이 많고 각종 행사에 대한 정보를 제대로 파악할 수 있는 토박이가 좋다. 예를 들어, 중요한 행사로 후보자가 반드시 참석해야 하는 단체모임 자리임에도 상황실장이 잘못 판단하여 후보자가 불참할 경우 해당 단체의 많은 표를 잃을 수도 있다.

[조직을 살려라, 조직부장]

조직부장은 후보자캠프 내 조직과 대외 관계를 담당하며, 선거사무장과 일부 업무가 중복되지만 현장에서 뛰는 선거사무원 등을 관리한다. 조직부장은 조직에 활력을 불어 넣어줄 수 있는 30대 후반에서 40대 초반의 패기 넘치는 젊은 사람이 적임자다. 선거 현장에서만 느낄 수 있는 후보자에 대한 평판 등을 가감 없이 선거사무장과 기획실장 등에게 제공해야 한다.

[13일간의 마술사, 유세팀장]

본선거가 시작되면 가장 먼저 선거 분위기를 띄우는 게 유세차량이다. 유세팀장은 가장 바쁜 일정을 소화해야 하며, 일선 현장에서 선거구 전체를 누벼야 하는 13일간(선거운동기간)의 마술사다. 많은 시간 현장을 누벼야 하기 때문에 건강하고 친화력이 좋은 사람이 적임자다. 유세 일정은 후보자의 인지도, 지선 시 소속 정당 타 후보자와의 공동개최, 도로 노선 등을 감안하여 짜면 된다. 유권자의 왕래가 잦은 사거리 등 좋은 장소를 확보해야 하고 율동팀도 운영해야 한다. 유권자와 현장에서 접촉을 많이 하기 때문에 선거 분위기를 객관적으로 파악할 수 있다. 문제점, 현장 여론 등을 선거캠프 본부에 가감 없이 전달해줘야 한다. 그래야 대책을 강구하고 선거캠프 본부에서 새로운 방안을 모색할 수 있다.

배우자 및 수행(비서)팀

[주연 같은 조연, 배우자]

영화에 비유하면, 후보자가 주연이라면 배우자는 조연이다. 영화작품이 흥행에 성공하려면 작품성이 뛰어나고 주연의 연기가 돋보여야 하지만, 조연의 깨알 같은 연기도 한몫을 한다. 조연이 주연 못지않게 빛날 때가 있다. 그런데 조연은 어디까지나 조연에 머물러야지 주연을 넘어서면 안 된다. 조연은 조연다워야 아름답고, 그래야 존재가치를 인정받으며, 좋은 평가를 받는다. 선거가 끝나면 당 · 낙선자에 대한 승패 분석 시 단골 메뉴로 등장하는 인물이 배우자의 활동이다. 이는 배우자의 활동이 선거 결과에 직간접적으로 영향을 미치기 때문이다. 과거 선거판을 돌아보면 조연 덕분에 당선된 정치인이 있는 반면, 조연 때문에 망친 경우도 있었다. 조연이 오버할 경우 역효과만 초래할 수도 있으므로 조연은 품격 있는 절제미가 필요하다.

후보자 혼자 선거구 전체를 커버하기가 쉽지 않다. 그러다 보면 틈새시장이 생긴다. 여기에 배우자가 후보자의 공백을 메워주고 가려운 곳을 긁어주면 된다. 최근에는 배우자가 지역에서 개최하는 각종 행사장을 직접 방문하는 등 적극적인 선거운동을 펼치기도 한다. 선거운동을 할 수 있는 가족이 있다면 분담해도 좋다. 후보자가 남성일 경우 배우자는 여성단체, 사회복지시설, 재래시장을 맡고, 가족은 상가를 맡는 것도 고려해볼 수 있다. 그리고 행동거지에 빈틈이 없어야 한다. 유권자를 만나 장단 맞추고 추임새만 넣어주면 된다. 설득보다는 듣기가 먼저다. 특히 공약을 남발하는 언행은 자제해야 한다.

[후보자의 그림자, 후보자수행팀장]

후보자를 지근에서 보좌하는 손발이며 그림자다. 당연히 후보자의 일정을 체크하고 조정하는 역할을 하며, 후보자의 활동 상황, 지시사항 등을 캠프 본부 등에 연락하여 반영될 수 있도록 하는 게 주요 임무다. 수행(비서)팀장 자리는 후보자의 모든 것을 보고 듣는 위치에 있을 뿐만 아니라 중요한 정보를 다루기 때문에 무조건 입이 무거운 사람을 선발해야 한다. 보안 유지가 생명이기 때문이다. 그림자가 폭탄이 될 수도 있고, 폭탄이 옆에서 터지면 더 무섭다. 이는 과거의 나쁜 선례가 말해주고 있다.

무엇보다 후보자의 행동 하나하나를 체크하고 기록하고 공유하는 것이 중요하다. 이런 역할은 입후보예정자 때부터 후보자의 선거운동이 종료될 때까지 필요하다. 선거 때 각종 행사 · 단체 등에 참석하고 많은 사람을 만나다 보면 깜박하고 메모하지 않아 실수를 저지르는 경우가 있다. "선명한 기억보다 흐릿한 기록이 낫다"라는 중국 속담이 있는데, 어떤 상황을 판단할 때 기억보다는 기록이 먼저다. "메모는 씨앗"이라는 어느 작가의 말은 매우 인상적이다. 메모는 위대한 것이다.

선거사무원 및 자원봉사자

[후보자의 얼굴, 선거사무원]

선거사무원은 거리홍보팀 또는 유세차량 율동팀의 팀원으로 자원봉사자와 함께 활동한다. 선거법상 가용 자원이 부족하여 부득이 자원봉사자로 충원 · 활용한다. 선거사무원 모집은 주로 팀장 등의 추천, 유경험자 등을 선발하는데, 연령 · 계층 · 지역 등을 고려하여 다양하고 적절하게 섞어 뽑는 게 좋다. 너무 비슷한 사람만 뽑으면 자기들만의 리그 또는 자기들만의 성벽을 쌓고, 조직처럼 동질화되어 놀자판이 된다. 이를 팀으로 확장하면 기획팀과 조직팀의 밥그릇 챙기기와 유사하다. 그리고 특정 지역, 계층에 편중되게 선발하면 잡음이 발생할 수 있다. 사람은 사소한 것에서 차별받고 있다는 생각이 들 때 가장 서운한 법이다. 가끔 특정 후보자 캠프에서 상대 후보자의 선거정보를 빼내기 위해 전략적으로 선거사무원을 알 박기 하는 경우가 있기 때문에 고급정보는 팀장까지만 공유하는 게 바람직하다.

선거사무원은 후보자의 기호와 이름이 적힌 옷을 입고 다니는 후보자의 얼굴이다. 처음 선발할 때 제대로 선발해야 한다. 계륵 같은 사람을 잘못 뽑아놓고 선거 종료 시까지 고생하는 캠프도 봤다. 유능한 사람을 놓치더라도 문제가 있는 사람을 뽑지 않는 게 더 좋다. 발견된 종양은 신속히 잘라내야 한다. 100M달리기 할 때 부정 출발하여 다시 출발하려면 스트레스 받고 에너지를 많이 소모한다. 한 번에 정상적으로 출발하는 게 중요하다. 선거사무원을 모집할 때 사전 및 선거일 투 · 개표참관인도 함께 선발하는 게 좋다. 이들 투 · 개표참관인 역시 후보자의 든든한 홍보대사이기 때문이다. 선발 후 현장에서 팀원 간 불협화음도 발생할 수 있어 성별, 연령, 성격 등을 고려하여 코드가 맞는 사람끼리 팀을 편성하되, 이를 조정할 책임요원 1명을 팀장으로 정해 팀을 편성해야 한다. 그리고 자원봉사자 1~2명을 선거사무원과 함께 편성하는 게 좋다. 너무 젊은 사람 위주로 편성하면 다양성이 주는 이점을 누릴 수 없다.

선거사무원들은 따뜻한 말 한마디에 울고 웃는 사람들이다. 선발 후에는 믿고 내 식구처럼 끌어안고 가야 한다. 선거사무원으로 활동하면서 가장 힘들었던 기억은 적은 수당보다 밖에서 온종일 열심히 활동하고 사무실에 들어갈 때 "고생하셨습니다"라는 따뜻한 격려의 말 한마디도 없을 때라고 한다. 이런 상황에서 선거사무원의 잠재능력을 끌어내기는 어렵다. 게다가 사기를 논하는 것은 사치에 불과하다. 선거사무원에게 수당을 주니까 당연한 일을 한다고 생각하는 것은 아닌지 스스로 물어보자! 비록 짧은 기간 함께 근무하지만 동료다. 사람은 대우받은 만큼 행동하는 법이다. "감사합니다"라는 표현은 의욕을 넘치게 하고 성과로 나타난다. 선거판세를 뒤집을 좋은 정보나 아이디어를 제공할 수도 있다. 신학자 존 헨리(John Henry)는 "감사와 마음 비우기는 최고의 항암제요, 해독제요, 방부제다"라고 했다. 소설가 조지 매튜 애덤스(George Matthew Adams)는 "누구나 찬사에 굶주려 있다. 격려는 영혼에 주는 산소와 같다. 격려 받지 못하는 사람이 훌륭한 일을 해내리라고 기대할 수 없다"라고 표현했다. 격려는 누구에게나 필요하고 간절히 원한다. 칭찬과 인정은 선순환을 창조하여 자신은 물론 조직의 잠재력까지 높일 수 있다.

[자원봉사자]

선거법은 재력 · 위력 또는 권력 등에 의해 좌우되지 않고 공정한 선거를 도모하기 위해 선거사무소와 사무원 수 등을 제한하고 있다(대법원 판결 1999.3.9. 선고 98도3169). 정당 · 후보자는 필요한 인적자원을 자원봉사자로 충원 · 활용해야 한다. 일반적으로 친인척, 학교 선후배, 친목단체 회원들이 대부분을 차지한다. 자원봉사자는 선거사무소나 연락소에서 선거사무처리 보조, 후보자 수행, 공개장소 연설 · 대담 시 지원 등 한정된 방법으로 활동할 수 있다. 선거법 제135조제3항에서 "누구든지 선거운동과 관련하여 금품 기타 이익의 제공 또는 그 제공의 의사를 표시하거나 그 제공의 약속 · 지시 · 권유 · 알선 · 요구 또는 수령할 수 없다"라는 규정을 두고, 위반행위에 대해서는 제230조제1항제4호에 따라 처벌하고 있다. 2020.12.29자 선거법 개정으로 말로 하는 선거운동을 허용(§59.4)하고 있으나, 말로 선거운동을 하게 하고 그 대가를 제공하는 행위도 위반된다(중앙선관위 운용기준, 2021.1.12).

최근 판례

❶ 선거운동에 대한 대가로 변호사 비용 제공 약속 행위[대법원 판결 2017.9.12. 선고 2017도9966]

❷ 외상거래 계약 체결 후 자원봉사자 등에게 식사 제공[전주지방법원 남원지원 판결 2019.2.8. 선고 2018고합48]

2.
유권자의 투표행태 분석

1) 투표행태이론

투표란 선거에서 유권자가 선택하는 행위이고, 후보자의 당락은 유권자가 투표한 결과물이다. 그러므로 유권자가 투표할 때 후보자의 어떤 요인을 고려하여 투표하는지를 아는 것은 선거전략을 수립하는 데 도움이 된다. 그동안 유권자가 정당 · 후보자를 선택할 때 고려사항이 무엇인지에 대해 많은 연구가 이루어졌다. 그중에서 투표행태와 관련하여 연구가 많았는데, 대표적인 이론으로는 사회학적 이론, 사회심리학적 이론, 합리적 선택 이론, 인지심리학 이론 등이 있다. 여기서는 각 이론에 대한 내용은 생략한다. 선거전략에 관심이 있는 사람은 투표행태 관련 서적과 《유권자의식조사》[14]를 참조하면 많은 도움을 받을 수 있다. 이는 상대 정

---

14 《유권자 의식조사》는 중앙선관위에서 공직선거 때마다 선거를 전후하여 유권자의 투표참여 행태, 선거 분위기 등에 대한 유권자 의식과 태도를 여론조사 형식으로 조사하고 이를 분석한 자료집이다.

당 · 후보를 알고 싸우는 것 못지않게 유권자의 심리를 아는 것도 중요하기 때문이다. 유권자의 투표행태를 모르고 전략을 세우는 것은 모래성 쌓기에 불과하다.

2) 투표의사 결정 요인

투표의사 결정 요인 세 가지

유권자가 특정 정치인을 선호하고 투표를 결정하기까지 많은 요소가 영향을 미치게 된다. 선거에서 유권자가 후보자를 선택하는 요인으로는 ① 인물 · 능력 · 도덕성 등 후보자 특성요인(이미지), ② 정책(이슈) · 공약 및 슬로건, ③ 정당소속감(지지도)이라는 세 가지 요인을 들 수 있다. 교육수준의 향상과 정보에 대한 접근 확대로 정당소속감(지지도)은 줄어드는 대신 이슈와 후보자 이미지가 부각되고 있다. 하지만 아직도 정당소속감은 꾸준히 큰 비중을 차지하고 있다.

정당소속감이나 후보자 평가(후보자 특성, 이미지) 요소는 선거를 앞두고 특별한 사유가 없는 한 크게 바뀌지 않지만, 정책이슈(선거공약)는 단기적 요인으로 노력 여하에 따라 표의 방향이 바뀔 수도 있다. 기초의원선거 후보자에 대한 득표(기표)는 같은 정당 소속 기초장선거 후보자에 대한 득표(기표)와 일치하는 경향이 있으므로 정당 선택 시 정당지지도를 고려해야 한다.

후보 선택 시 고려사항

중앙선관위에서 발간한 《유권자 의식조사》(제19대~제21대 총선)에 의하면 유권자가 후보 선택 시 고려하는 사항은 아래 표와 같다. 즉, 후보자 특성 요인인 인물 · 능력 · 도덕성(31.9%)이 가장 높게 나타났고, 정책 · 공약(30.0%), 소속정당(19.6%) 순으로 나타났으며, 다음으로 주위의 평가(4.8%), 정치경력(4.4%) 순으로 나타났다. 제7회 지선에 관한 유권자 의식조사도 인물 · 능력 · 도덕성(37.6%)을 고려한다는 응답이 가장 높게 나타났고, 정책 · 공약(28.2%), 소속정당(19.9%)을 고려한다는 응답이 높게 나타났다. 특이한 점은 지선의 경우 정책 · 공약이 소속정당보다 8.3% 높게 나타났다.

제19대~제21대 총선 및 제7회 지선 관련 후보 선택 시 고려사항

(단위: %)

구분	인물 · 능력 · 도덕성	정책 · 공약	소속 정당	정치 경력	주위의 평가	출신 지역	개인적 연고, 학연, 지연 등	기타	무응답
총선 평균	31.9	30.3	19.6	4.4	4.8	1.0	1.2	2.1	4.7
제21대 총선	29.8	29.7	29.0	3.1	2.7	0.7	0.5	0.2	4.3
제20대 총선	35.1	27.3	16.0	5.8	4.0	1.6	1.8	4.4	4.0
제19대 총선	30.8	34.4	13.8	4.4	7.6	0.8	1.2	1.7	5.7
제7회 지선	37.6	28.2	19.9	4.9	3.3	0.8	0.6	0.9	3.8

Tip 선거여론조사가 현실 여론을 전부 반영하는 것은 아니다

선거 여론조사는 전 국민을 대상으로 실시한 평균 결과물이므로 선거 분위기, 시기, 특정지역, 사회계층 등에 따라 그 순위는 매우 가변적이다. 게다가 여론조사는 여론조사기관, 질문지의 내용, 응답자의 이중적 답변, 대표적 표본 오류 등 여론조사 자체가 가지고 있는 한계 때문에 현실 여론과 많은 괴리가 있을 수 있다는 점을 감안해야 한다.

3) 역선택 투표

흔히 '시장실패'의 원인으로 공공재, 외부효과 및 정보의 비대칭성을 든다. '정보의 비대칭'에는 역선택과 도덕적 해이 두 가지 유형이 있다. 역선택이란 정보의 비대칭이 있을 때, 즉 거래의 당사자 중 정보가 한쪽에만 있는 상황에서 정보가 없는 쪽은 바람직하지 못한 상대방과 거래할 가능성이 큰 것을 의미한다. 즉 "정보의 불균형으로 인해 불리한 의사결정을 하는 상황을 말한다. 예를 들면, 보험 가입 대상자의 건강 상태 및 사고 확률에 대해 특수정보를 가지지 않은 보험회사가 질병 확률 및 사고 확률이 높은 사람을 보험에 가입시킴으로써 보험재정을 악화시키는 것을 들 수 있다."(네이버 지식백과) 2001년 노벨경제학상을 공동 수상한 버클리대학교의 조지 애커로프 교수는 주식시장을 비롯한 금융시장 발전에 크게 기여한 '역선택 이론(adwerse selection)'을 제시했다.

역선택 투표란 자신이 지지하는 정당이 아닌 상대 정당의 당내경선에 참여해 자신이 지지하는 후보에게 유리하다고 판단되는 후보에게 투표하는 것을 의미한다. 이러한 역선택 투표는 과거 대선과 일부 재 · 보궐 국선의 당내경선에서 은연중 표출된 적이 있었고, 일부 정략적으로 활용되었다는 풍문도 있었다. 2012년 제18대 대선을 앞두고 완전국민참여경선제, 즉 '오픈프라이머리' 실시 여부에 대한 찬 · 반 논란이 있었는데, 이를 반대하는 측의 논거 중 한 가지가 역선택 투표 가능성이었다. 이는 유권자의 참여가 저조한 당내경선에서 상대 정당 지지자들이 조직적으로 개입하여 투표 가치를 왜곡시킬 가능성이 크다는 우려 때문이었다. 역선택 투표 논쟁은 특정 정당 · 후보자가 처한 상황, 유 · 불리에 따라 이를 바라보는 시각차는 극명하게 갈린다.

4) 유권자 한 표의 가치

선거는 외관상 유권자를 대신할 사람을 뽑는 행위이지만, 그 본질은 능력과 자질을 갖춘 리더를 뽑는 절차다. 그러므로 나의 한 표를 허투루 행사해서는 안 된다. 유권자 한 표의 가치는 얼마일까? 중앙선관위 통계자료에 의하면 제21대 총선 관련 유권자 한 표의 가치는 중형 승용차값에 해당하는 4,660만 원이었다. 4,660만 원은 절차사무관리비용, 후보자에게 지급하는 보전비용, 정당지원금, 국회의원 월급, 국회가 집행하는 예산 등 총금액을 유권자 수로 나눠 산정한 금액이다.

투표용지 한 장이 만들어지기까지는 엄청난 시간과 인력, 자원이 투입된다. 그러므로 투표참여는 선택이 아니라 필수다. 군대에서 군인들에게 총을 목숨처럼 소중히 다루라고 강조하는 것처럼, 선관위에서는 직원들에게 투표용지를 목숨처럼 소중히 관리하라고 강조한다. 투표용지관리는 절차사무의 핵심요소로 인쇄부터 보관 · 배부 및 인계 등 모든 과정에서 조그마한 하자도 용납되지 않는다. 왜냐하면 투표용지에는 선관위의 존립 기반인 공정성과 중립성은 물론, 선거의 이념과 가치가 고스란히 농축되어 있기 때문이다.

5) 투표 효능감

투표 효능감이란 유권자가 투표함으로써 선거가 국가나 개인에게 영향력을 미치거나 미칠 수 있다는 믿음 또는 만족감을 뜻한다. 투표 관련 유권자 여론조사를 할 때 자주 등장하는 단어가 '투표 효능감'이다. 앞에서 설명한 앨버트 반두라(Albert bandura)의 자기 효능감을 투표, 정치로 치환시키면 투표 효능감, 정치 효능감 개념이 성립한다. 선관위 역시 유권자의 투표 효능감을 높이기 위해 공직선거를 앞두고 투표참여 캠페인을 전개하거나 캐치프레이즈 공모전을 개최한다. 하지만 우리나라 유권자의 경우 투표 효능감이 낮은 편이다. 정치 효능감은 정치권에 대한 불신 때문에 투표 효능감보다 더 낮은 편이다. 내 한 표의 중요성에 대한 인식이 낮다 보니 총선, 지선 투표율이 60% 이하로 저조한 편이다. 투표 효능감을 높이는 일은 우리 모두의 몫으로 꾸준히 노력해야 한다. 정치인은 유권자에게 훌륭한 정치로 보답하여 정치 효능감을 높여야 한다. 제21대 총선 유권자 의식조사를 보면 투표 효능감에 대해 선거에 내 한 표의 중요성(74.7%), 선거가 국가 미래에 미치는 영향(65.8%), 선거가 일상생활 삶의 질에 미치는 영향(51.7%) 순으로 나타났다.

3.
21세기는 이미지 정치의 시대

1) 이미지란

이미지(image)란 "인간이 어떤 대상에 대해 갖고 있는 주관적 지식과 신념, 인상의 집합으로 인지적 측면뿐만 아니라 감정적 · 행동적 측면을 포괄하는 개념"이라고 할 수 있다(유재웅, 2016). 미래학자 짐 데이터(Jim Dator)는 정보사회 다음에 드림 소사이어티가 온다고 설파했다. PR(弘報)도 자기가 만들고, 이미지도 자기가 만드는 시대다. 또한 자동차 광고 시 유명 연예인을 모델로 내세워 그들의 이미지를 자동차로 전이시켜 후광효과를 노리는 전략도 마찬가지다.

유권자가 정치인과 면대면(face to face)으로 접촉할 기회가 줄어들면서 미디어를 통해 형성된 정치인 이미지가 정치인의 실체를 둔갑시킨다. 바로 이미지의 힘이다. 최근 정치적 이슈가 날로 복잡해지고 후보자들의 선거공약마저 도긴개긴이다 보니 유권자는 정당의 특성이나 이슈보다 후보자의 이미지에 더 관심이 많다. 이에 혹자는 21세기는 이미지 정치의 시대라고 평가하고 있다.

2) 이미지와 첫인상

첫인상은 마지막 인상

"첫인상은 마지막 인상"이라고 한다. 이는 '초두효과(primacy effect)'[15]나 '앵커링 효과(anchoring effect)'[16] 때문에 쉽게 바꾸지 않는다는 것을 의미한다. 그래서 첫인상은 "최고의 명함"이라고도 한다. 유권자가 오프라인 또는 방송매체 등을 통해 후보자를 만날 때 인지한 첫인상은 향후 그 후보자에 대한 이미지를 각인시키는 데 큰 영향을 미친다. 첫인상은 교육계에서 많이 사용하는 라포(Rapport, 친밀한 관계) 형성에도 중요한 영향을 미친다. 뇌는 말보다 이미지에 끌리기 때문이다. 미국 펜실베이니아대학교 잉그리드 올슨 심리학 교수의 연구에 의하면 인간은 0.13초 만에 상대방의 첫인상을 평가한다고 한다. 말콤 글래드웰(Malcolm Gladwell)은 자신의 저서 《블링크》에서 "2초의 순간적인 판단력을 가진 사람이 성공할 수 있다"라고 주장했으며, 폭스바겐의 전 CEO 다니엘 괴드베르는 자신의 성공비결로 20

---

15 첫 만남에서 느낀 인상, 외모, 분위기 등이 그 사람에 대한 고정관념을 형성하여 대인관계에서 작용하는 것을 말하거나, 혹은 맨 처음에 제시된 정보가 나중에 제시된 정보보다 더 잘 기억되는 효과를 말한다. 첫인상 효과라고도 한다.

16 배가 닻을 내리면 닻과 배를 연결한 밧줄의 범위 내에서만 움직일 수 있듯이 처음에 인상적이었던 숫자나 사물이 기준점이 되어 그 후의 판단에 왜곡 혹은 편파적인 영향을 미치는 현상이다. 앵커링 효과는 휴리스틱(heuristic)의 일종이다.

이론[17]을 꼽았다. 반면 《생각에 관한 생각》의 저자로 노벨경제학상을 수상한 대니얼 카너먼은 "글래드웰의 《블링크》는 직관이 마법 같은 힘을 가지고 있다는 생각을 심어주는데, 그것은 사실이 아니다"라며 비판했다.

시간의 흐름에 따라 첫인상의 이미지가 바뀌는 이른바 빈발효과를 기대할 수 있지만, 선거판에서는 별로 의미가 없다. 왜냐하면 (예비)후보자가 유권자와 접촉할 기회가 많지 않은데다 총선, 시 · 도지사선거 및 시 · 도교육감선거 예비후보자의 경우 선거운동기간이 120일, 기초장선거는 90일, 60일밖에 되지 않기 때문이다. 게다가 일관성의 법칙[18]이 작용하고 있어 첫인상이 선거 종료 시까지 지속되는 경향이 있다. 그래서 이미지 메이킹이 중요하다.

타인의 좋은 이미지를 덧칠하라

후보자가 오프라인에서 유권자와 악수할 때 점수가 매겨지는데, 좋은 이미지는 무조건 득이 된다. 사람들은 부정적인 일에 집착하는 경향이 있어 나쁜 이미지를 회복하는 게 쉽지 않다. 그러므로 보여주는 것 못지않게 잘 감추는 것도 중요하다. 여기에 보완재를 장착하자. 즉 후보자의 인상이 평균 이하일 경우 첫째, 따뜻한 첫인사로 만회하자. 화술 역시 인상 못지않게 중요하다. 많은 후보자는 유권자 한 명이라도 더 만나기 위해 영혼 없는 명함 건네기 행사(?)를 하는데 한 번쯤 생각해보자. 비록 한 명

---

17 20 이론에서 20은 처음 20초, 처음 20마디의 말, 처음 20걸음을 의미하는데, 긍정적인 첫인상을 굳히는 데는 이렇게 처음의 20이 결정적인 역할을 한다(잭 내셔, 2018).

18 사람들이 어떤 선택을 하면 그때부터 그것과 일치된 행동을 하는 경향이 있다는 것이다. 즉, 자신의 선택을 정당화하는 방향으로 행동한다. 간단히 말해 우리가 지금까지 행동해온 것과 일관되게 혹은 일관되게 보이도록 행동하려는 욕구를 말한다.

의 유권자를 만나더라도 미소 띤 인사가 필요하고 중요하다. 왜냐하면 미소는 성공의 극장으로 들어가는 입장권이기 때문이다. "미소는 돈 들이지 않고도 무한한 가치를 창조한다"라는 영국 속담이 있다. 둘째, 타인의 좋은 이미지를 자신의 이미지에 덧칠하자. 그러면 나쁜 이미지를 중화시킬 수 있고, 나아가 격상시킬 수 있다. 평판이 좋은 선거사무장을 발탁하거나, 이미지가 좋은 수행비서와 함께 다닐 경우 후보자의 이미지를 격상시켜준다.

3) 이미지의 유형 및 효용성

이미지의 유형

이미지에는 언어적 이미지와 비언어적 이미지가 있다. 선거운동 방법이 오프라인 매체에서 온라인 매체로 바뀌면서 언어적 메시지에서 비언어적 메시지로 이동하는 현상이 발생했다. 언어적 메시지인 연설과 토론, 기자회견 등에서 언급되는 정책과 이슈의 역할도 중요하지만, 정치인의 외모, 표정, 시선 처리, 말투, 듣는 태도, 제스처, 패션, 눈물 등 비언어적 요소들도 중요하다. 정치인들이 눈물 연기를 하거나 트로트 오디션에 참가한 무명 가수들의 한 맺힌 눈물 역시 이미지와 무관하지 않다. "눈물은 가장 강력한 언어"라는 어느 작가의 말이 이해가 간다.

비언어의 힘은 앨버트 메라비언을 통해 증명되었다. 메라비언은《무언의 메시지》에서 의사소통의 이론으로 사람들은 피상적인 겉모습, 비언어적 커뮤니케이션에서 강한 인상을 받는다는 메라비언 법칙(Albert Mehrabian law)[19]을 발표했다. 발타사르 그라시안은 "진실은 일반적으로 눈에 보이는 것이지, 귀에 들리는 일은 거의 없다"라며 시각의 힘을 간파하고 있다.

이미지의 효용성

로버트 그린은 "이미지(평판)는 요술지팡이 같은 힘을 갖고 있다"라고 말했다. 이는 상대방으로 하여금 호감을 갖도록 만들기 때문이다. 사업을 하든 어느 분야에 진출하든 막론하고 좋은 이미지는 성공을 위한 선결조건이며 출발점이다. 왜냐하면 "이미지는 의심과 반감의 근원지인 머리에가 닿는 게 아니라 가슴에 직접 가 닿기 때문이다"(로버트 그린, 2009). 선거판 역시 후보자 간 이미지 싸움이라 할 수 있다. 좋은 이미지라면 절반은 먹고 들어가는 셈이다. 좋은 이미지는 인맥을 확장시켜주는 고리 역할을 한다. 이미지와 인맥은 바늘과 실의 관계와 같다.

훌륭한 제품의 전제조건은 당연히 콘텐츠다. 하지만 콘텐츠가 아무리 좋아도 그에 어울리는 디자인을 개발해야 제품의 품격이 올라간다. 뛰어난 제품도 디자인이 떨어지면 고객으로부터 외면당한다. 많은 구매자가 제품을 평가할 때 보이는 이미지만 보고 평가하기 때문에 포장기술이 뛰어난 제품이 콘텐츠 좋은 제품을 이길 수도 있다. 이는 대인관계도 마찬가지다. 사람은 누구나 타인으로부터 좋은 평가를 받고 싶어 한다. 최근에

19 의사소통을 할 때 말보다 이미지가 훨씬 더 중요시된다는 커뮤니케이션 법칙으로 55-38-7 공식이다. 의사소통에서 말이나 언어가 차지하는 비중이 실제로는 7%에 불과하며, 보디랭귀지 등 비언어인 이미지 비중이 93%에 달할 정도로 중요시된다고 한다. 93%는 시각적 이미지 55%, 청각적 이미지 38%를 합한 것이다.

는 '있어 보이다'라는 표현과 '능력'이라는 뜻을 가진 ability를 합쳐 만든 '있어빌리티'라는 신조어까지 등장했다. "유능함을 보이고 사람들을 설득해야 할 경우 보이는 능력은 불확실성을 줄이는 열쇠다."(잭 내셔, 2018) 이에 대한 후보자의 욕구는 더 강렬하다. 그래서 일부 정치인은 좋은 이미지를 위해 성형수술을 하거나 이미지 훈련을 받기도 한다.

일부 기업 등에서 시각효과의 대명사인 파워포인트 활용에 대해 부정적인 의견을 제시하고 있지만, 그래도 파워포인트는 각종 보고, 교육, 회의의 효율성을 높여준다. 투표할 때 많은 유권자는 후보자의 콘텐츠라 할 수 있는 정책공약보다는 이미지에 의존하여 투표하는 경향이 강하다. 콘텐츠가 속살이라면 이미지는 피부다. 그러므로 후보자는 유권자에게 상처 난 피부를 굳이 보여줄 필요는 없다. 본전도 못 찾는다. 보여주려면 거리를 유지하고 멀리서 보여주자. "기억하라. 환상을 유지하는 것은 거리다. 멀리 있는 것은 매혹적이고, 기대감을 주며, 단순하고 아무 문제가 없어 보인다."(로버트 그린, 2009)

Tip 말과 이미지

"당신이 처한 상황을 말하는 것은 위험천만한 일이다. 말은 우리에게 해를 입히기도 한다. 말은 화자의 의도와 무관한 어떤 생각들을 불러일으키기 때문이다. 말을 하면 수세에 몰린다. 스스로에게 설명이 필요한 순간, 당신의 권력은 이미 의심받고 있는 것이다. 반면 이미지는 스스로 당위성을 가진다. 이미지는 의심받을 일이 없고, 강력한 연상 작용을 일으키며, 의도와 어긋난 해석을 허용하지 않는다. 또 즉각 의사전달이 되며, 사회적 차이를 뛰어넘는 유대감을 구축해준다. 말이 논쟁과 분열을 일으킨다면, 이미지는 사람들을 한데 집결시킨다. 이미지는 권력을 쥘 때 빠져서는 안 될 도구다."(로버트 그린, 2009)

4) 이미지 메이킹 전략

이미지 메이킹이란

이미지 메이킹이란 현재 자신의 이미지를 높이기 위해 이미지 형성에 영향을 미치는 외모, 표정 등 외형적인 요인들을 개선하려는 전략과 기술을 말한다. 이미지 관리를 포괄적으로 보면 이미지를 창출하거나 개선하고, 긍정적 이미지를 지속 · 발전시키는 경우가 포함된다. 또한 이미지 훼손을 미연에 방지하거나 최소화하고 조기에 회복하는 일도 포함된다. 내가 생각하는 나의 이미지와 실제 나의 이미지와는 많은 차이가 있다. 그러므로 이미지 메이킹은 이러한 차이를 줄이겠다는 마음 자세를 바꾸는 것에서부터 출발해야 한다. 마키아벨리는《군주론》에서 이미지 관리에 대해 정곡을 찌르는 말을 하고 있다.

> *"군주는 자비롭고, 신의 있고, 인정이 있으며, 신앙심이 깊고, 공정하게 보여야 하는데, 이러한 자질을 다 갖출 필요는 없지만, 그것들을 모두 지닌 것처럼 보이는 일은 매우 중요하다. 감히 말하건대, 이를 갖추고 계속 실천하는 일은 해가 되지만, 가진 것처럼 보이는 것은 유용하다."*

Tip 이미지 메이킹의 시발점

선거에서 후보자의 이미지 메이킹이 선거 결과에 영향을 미친 시점에 대해 미국 민주당 대통령 후보인 존 F.케네디와 공화당 후보인 리처드 닉슨 부통령 후보의 TV토론회를 든다. 당당하고 밝은 모습의 이미지를 연출한 한 존 F. 케네디가 예상과 달리 불안하고 어두운 모습의 이미지를 연출한 닉슨을 누르고 당선되었다. 이미지 좋은 후보가 유권자의 마음을 사로잡아 당락을 바꿔놓은 셈이다.

스펙보다는 스토리가 무기다

선거에서 이미지 메이킹이 중요한 이유는 이미지가 후보자의 신념, 가치관 또는 정책 등을 유권자에게 지지 · 호소하여 인간관계를 향상시켜주고, 더 나아가 득표에 도움이 되기 때문이다. 표를 먹고사는 후보자 입장에서는 자신의 신념, 가치관 또는 정책 등을 유권자에게 효율적으로 전달하기 위한 이미지 메이킹 전략은 매우 중요하다. 여기에 스토리텔링을 추가하면 금상첨화다. 한때 유행했던 "스토리가 스펙을 이긴다"라는 말은 지금도 유효하다. 이는 스펙보다는 스토리가 유권자에게 큰 울림을 주기 때문이다.

강연자가 생동감 넘치는 이야기와 실제 사례를 활용해야 청중에게 의미를 제대로 전달할 수 있는 것처럼 스토리텔링은 유권자의 마음을 열게 하고, 공감대를 형성해주며, 기억시키는 강력한 무기가 될 수 있다. 기억에 남게 만드는 것은 설득시키는 데 절반은 성공한 셈이다. 그러다 보면 유권자가 다른 유권자를 연결시켜주고 홍보해준다. "최근 연구에 의하면 우리는 어떤 내용을 단순히 사실만 들었을 때보다 이야기 형식(스토리텔링)으로 들었을 때 22배나 더 잘 기억하며, 단어를 듣는 것보다 시각적 이미지를 볼 때 6만 배나 더 잘 기억한다고 한다."(빌 맥고완, 2017)

Tip 보여주기 식의 이미지 메이킹은 독(毒)에 불과하다

내가 아는 A는 과거 초등학교 앞에서 2년 동안 진심을 다해 학생들 등하교 시 도로교통 정리 봉사활동을 한 덕분에 기초의원으로 당선되었다. 봉사활동이 A의 이미지를 180° 바꿔놓은 셈이다. A의 봉사활동이 언더독 효과(under dog effect)[20]를 불러온 것이다.

---

20 경쟁에서 열세에 있는 약자에게 연민을 느끼며 지지하고 응원하게 되는 심리 현상을 말한다.

이미지 메이킹은 겉으로 보이는 이미지도 중요하지만, 넘치지도 모자라지도 않는 중용의 멋이 더 중요하다. 진정성은 기본이다. 진정성은 성공적인 이미지 메이킹의 자양분이다. 눈감고 아웅 하는 보여주기 식의 이미지 메이킹은 독(毒)에 불과하다. 너무 티가 나면 금세 탄로 난다.

이와 달리 의사결정 과정에서 강자나 다수파에 편승하는 현상은 '밴드왜건 효과(band wagon effect)'라고 한다.

4.
나의 보물창고, 선거공약

1) 선거이슈란 무엇인가

선거이슈란

선거이슈란 정당이나 후보자가 유권자의 투표 선택에 영향을 미치기 위해 제시하는 정치와 정책, 그리고 후보 등에 관한 쟁점을 의미한다. 선거이슈는 후보자에 관한 정보는 물론이고 그 지역 유권자들이 관심을 기울이는 국가적 정책이나 지역 현안 등 유권자들의 투표 선택에 영향을 미칠 모든 사안이 그 대상이 될 수 있다. 이슈는 언론기관 등의 관심 또는 유권자들의 반응 정도에 따라 그 강도가 정해진다. 이슈는 나에게 좋은 이슈와 나쁜 이슈가 있는데, 양자는 상충관계(trade off)에 있다.

풍문으로 들었소!

"풍문으로 들었소"라는 글귀는 대중가요 가사 중 한 대목이다. 이슈와 비슷한 말로 풍문, 소문이 있다. 소문이란 그 내용의 진위는 알 수 없지만, 세상에서 회자되는 이야기를 말한다. 상황에 따라 소문이 강력한 이슈가 되기도 한다. 인간 행동양식 학자로 유명한 캐스 선스타인(Cass R. Sunstein)은 소문의 확산을 폭포수 효과(waterfall effect)로 정의했다. 이는 "자신이 아는 대부분의 사람들이 어떤 소문을 믿으면 자신도 그것을 믿게 된다는 것이다."(안병익, 2016) 이슈에 대한 이해를 돕기 위해 과거 내가 실제 근무했던 지역에서 발생한 사건 중 이슈 관련 일화를 소개하고자 한다.

Tip 풍문에 눈 감으면 안 돼요

제3회 지선(2002)에 출마한 A는 B당 추천을 받고 광역의원으로 당선되었으나, 선거벽보 등에 허위학력을 게재한 혐의로 벌금 300만 원을 선고받고 의원직을 상실했다. 이는 선거벽보 등에 기재된 당선자 A의 △△대학교 졸업이 허위학력으로 밝혀졌기 때문이다. 당시 A 당선자 소속 B당의 지지율은 타 정당에 비해 절대적으로 높았기 때문에 B당의 공천만 받으면 학력과 무관하게 쉽게 당선되는 분위기였다. 후보자등록 1개월 전부터 선거구 내에서 A의 학력이 허위라는 풍문이 돌았다. 풍문에 대응할 시간이 있었으나 A는 풍문을 무시한 채 후보자등록을 했으며, 선거운동이 시작되자 학력이 이슈로 급부상했다.

A와 측근 모두 풍문이 돌고 있다는 사실을 알았을 것이다. 그럼에도 대응한 게 아니라 외면했다. 풍문이 소멸하고 선거가 종료되기를 바라는 심정으로 무시했을 수도 있다. 결국 선거기간 중 선관위로부터 고발당한 A는 당선된 후 의원직을 상실했다. 당시 △△대학교에 공문을 보내 최종학력을 통보받았던 기억이 새롭다. 풍문, 이슈에 제대로 대처하지 못한 게 좀 아쉬웠다.

선거이슈의 종류

선거이슈의 종류는 연구자마다 조금씩 갈리는데, 여기서는 송근원 교수가 구분한 ① 후보자 특성(인물)이슈, ② 정책이슈, ③ 사건이슈로 나누어 설명한다. 첫째, 후보자 특성(인물)이슈는 '인물이슈'라고도 하는데, 후보자의 경력, 도덕성, 참신성 등이 있다. 선거를 앞두고 제기된 병역 비리, 부동산 투기, 위장전입 등 후보자의 자질, 자격, 도덕성, 가족 등과 관련된 요인들이 이슈화되어 지지율 변화에 영향을 미친다. 둘째, 정책이슈는 4대강 사업, 신공항건설사업, 무상급식 등 정책 관련 사업 · 시책 등을 들 수 있다. 이들은 자신이나 상대 후보의 정책공약에 관한 이슈논쟁을 통해 후보자의 지지율에 영향을 미친다. 후보자의 선전인쇄물 등에 공약사항을 부각하는 것은 이슈를 소유 · 선점하기 위한 전략이라고 볼 수 있다. 셋째, 사건이슈는 천안함 침몰, 세월호 침몰, 코로나19, ○○게이트, ○○비리 등을 들 수 있다. 이들은 보도자료나 기자회견 등의 다양한 방법을 통해 이슈화됨으로써 후보자의 지지율에 영향을 미친다.

선거이슈의 속성

이슈는 객관적, 구체적, 합리적, 규칙적이라기보다는 주관적, 추상적, 비합리적, 불규칙적이라는 속성을 지니고 있다. 이와 같이 럭비공 같은 속성 때문에 오히려 이슈가 위력을 발휘한다. 대선과 총선의 경우 선거를 앞두고 이슈가 급부상하여 선거 결과에 많은 영향을 주는 반면, 지선의 경우 지방자치단체별 규모가 다르고, 지역적 특수성으로 인해 이슈가 형성되지 않은 채 선거가 종료되는 경우도 많다. 과거 선거를 보면 후보자 특성(인물)이슈와 사건이슈는 파급력이 큰 반면, 정책이슈는 상대적으로 관심이 적었다.

이슈에도 사이클이 있다

사회적 사건들이 이슈화되면 유권자가 관심을 가지고 점차 이슈가 생성된다. 그러면 이 이슈가 확장되느냐 소멸되느냐는 전파자의 역할에 따라 운명이 갈린다. 이슈 전파자는 TV 등 언론매체, SNS 플랫폼 등이 결정적인 역할을 한다. 언론매체는 고도의 전달기술로, SNS 플랫폼은 신속한 전파력으로 유권자의 관심을 끌고 이슈를 확장한다. 이런 과정을 통해 이슈는 정당 · 후보자의 지지율과 유권자의 표심에 영향을 미친다.

Tip 선거이슈 사이클

이슈 제기 / 생성 ⇒ 이슈 확장 / 소멸 ⇒ 지지율 변화 / 표심 자극

2) 이슈가 선거판을 바꾼다

선거판은 이슈 제조공장

이슈가 중요한 것은 한마디로 선거 결과에 영향을 미치기 때문이다. 송근원 교수는 "정치무대에서 이슈는 정치의 연료"라며 이슈의 중요성을

언급하고 있다. 모든 후보자는 이슈를 선점하기 위해 공을 들이고 이슈를 퍼뜨리고 활용한다. 선거판은 이슈 제조공장이다. 포커게임에서 공격 포지션을 취하는 쪽이 이길 확률이 높은 것처럼 이슈도 먼저 틀을 짜고 제기하는 쪽이 이길 확률이 높고 얻는 게 많다. 이는 선거에서 프레이밍을 선점하는 쪽이 얻는 게 많은 것과 같다. "이처럼 누군가가 먼저 틀을 만들고 규칙을 정하면 사람들은 무비판적으로 따라가는 성향이 있다. 미국의 사회심리학자 스탠리 밀그램(Stanley Milgram)은 이것을 권위에 대한 복종으로 표현했다."(장문정, 2017) 경쟁 상대 후보의 지지율에 부정적 영향을 줄 수 있는 사건이나 이슈가 제기되면 이는 곧 자신의 지지율에 유리하게 작용할 수 있기 때문이다.

네거티브 이슈전략은 내 목을 찌르는 부메랑

선거가 과열되고 박빙으로 전개되면 상대 후보자에게 타격을 가하기 위해 후보자의 자격 등에 의혹을 제기하여 이슈화시킨다. 당연히 상대 후보자의 약점을 공격하는 네거티브 전략 포지션을 취한다. 일부 후보자는 이벤트성 소문을 인위적으로 기획하여 퍼뜨리거나 가짜뉴스를 퍼뜨리는데, 이는 매우 위험하다. "언 발에 오줌 누기" 식의 전술은 상대의 역공에 당하기 십상이다. 성급하게 이슈몰이 하려다가 자칫 손절매(?)해야 하는 사태가 벌어질 수도 있다. 장기, 바둑, 포커게임과 마찬가지로 선거도 조급한 사람이 지게 되어있다. 상대에게 던진 부메랑이 내 목을 찌를 수 있기 때문이다. 이젠 유권자의 의식수준이 높아졌다. 어설픈 의혹 제기, 카더라통신은 통하지 않는다.

선거 판세를 뒤집는 부동표

정당 · 후보자의 판세를 분석할 때 자주 사용되는 용어가 있다. 바로 고정표와 부동표다. 부동표는 고정표에 대응하는 개념으로, 선거 때마다 지지하는 후보와 정당을 바꾸거나 특정 선거일이 다가올 때까지 지지하는 정당과 후보자가 정해지지 않은 불투명한 유권자 계층이다. 정당별 · 후보자별 고정표는 어느 정도 정해져 있다. 반면 부동층은 선거 · 지역별, 선거이슈 여부에 따라 다르지만, 과거에 실시한 여론조사 결과를 보면 대개 20~30% 정도로 본다. 여론조사 시 무응답자를 부동층이라고 단정할 수는 없지만, 어느 정도 객관적인 지표로 삼을 수 있다. 나는 개인적으로 여 · 야 고정 지지층이 각각 25~30% 정도, 부동표 40~50% 정도라고 생각한다. 선거철마다 '샤이표' 운운하는데, 부동표를 샤이표라고 부른 것으로 언어의 유희에 불과하다. 낙선이 예상되는 후보자가 간절히 얻고 싶어 하는 '희망 표', '애원 표', '짝사랑 표'라는 말이 더 어울린다. 수험생이 시험을 치르고 나서 모호한 문제를 자신이 맞은 것으로 채점하는 심리와 유사한 상태다.

선거구 내 연령대별, 직업 · 계층별, 도시 · 농촌지역별 지지층이 다양하지만, 모든 후보자가 서로 내 편이라고 말하기 어렵고, 내 편으로 만들기도 어려운 곳, 즉 외나무다리가 바로 부동층이다. 이들 부동층은 그때그때의 정치 상황에 따라 예민하게 반응하고 쉽게 변한다. 그래서 더 무섭다. 특정 정당이나 후보자에게 쏠림현상이 나타나 선거판을 뒤집기도 한다. 역전의 명수다. 이와 같은 어마어마한 영향력 때문에 여야 모두 부동표 잡기에 총력을 기울인다.

선거 판세의 신흥 강자, 여성표

부동표 못지않게 선거판의 강자로 부상한 세력이 여성 파워다. 과거 집안의 투표권, 영향력은 남성이 쥐고 있었지만, 지금은 평준화 또는 역전되었다. 아직 여성이 후보자로 나서는 비율은 낮지만 이미 바닥 민심을 좌지우지하는 세력이 되었다. 비단 선거뿐만이 아니다. 가전제품 구매, 자동차 구매, 영화 및 음원시장 등 모든 분야에서 제품을 구매할지 결정하는 권한은 여성에게 있다. 그러다 보니 정당 · 후보자마다 여성 표심을 잡기 위해 여성 및 사회복지 분야의 선거공약 개발에 많은 공을 들인다.

Tip 선거전략의 최종 목표는 부동층, 중도층 확보하기

선거전략의 기본 원리는 간단하다. 내치와 외치를 잘하여 고정표는 지키고, 부동표를 빼앗아오면 된다. 즉, 집토끼는 우리 안에 잘 가두고 산토끼를 최대한 많이 잡으면 된다. 결국 부동표가 선거판을 좌우하기 때문에 부동표를 누가 많이 차지하느냐의 싸움이다. 과거 특정 지역에서 특정 정당으로부터 공천만 받으면 당선되던 시절, 이른바 '묻지 마 투표'에는 선거전략이 아무런 의미도 없었다. 부동층이 많아야 선거전략이 힘을 받는다. 부동층을 정치이념에 대입하면 중도층과 거의 일치한다. 대선, 총선을 앞둔 각 정당은 어떻게 선거전략을 잘 짜서 중도층을 내 편으로 만드느냐가 최대의 관건이고 사활을 건다. 왜냐하면 중도층이 선거판의 키맨이라는 것을 알기 때문이다. 중도층 흡수전략은 선거전략기획의 핵심 주제가 되어야 한다.

3) 정책이슈[선거공약]를 제시하라

선거공약은 특효약은 아니더라도 처방전은 된다

선거공약이란 정당이나 후보자가 유권자에게 제시하는 공적 약속을 의미한다. 당선된 후에 실천하겠다는 시책인 셈이다. 차별화된 선거공약은 후보자의 정치이념, 가치가 녹아있는 보물창고이자 유권자에게 직접 호소할 수 있는 가장 경쟁력 있는 무기다. 독점기업이 이윤을 많이 내는 것과 마찬가지로 차별화된 선거공약을 제시하는 후보자가 많은 유권자를 내 편으로 만들 수 있다. 앞에서 설명한 정책이슈가 바로 선거공약이다. 정책이슈가 후보자 특성(인물)이슈나 사건이슈에 비해 선거에 덜 영향을 미치지만, 신공항건설, 지하철 도입, 국회 이전 등으로 혜택을 받는 지역의 유권자에게는 적지 않은 영향을 미칠 수 있다.

후보자 특성(인물)이슈, 사건이슈가 급부상하여 선거공약이 매몰되기도 하지만, 그래도 선거공약은 후보자를 지탱해주는 대들보 역할을 한다. 지역에서 특별한 선거이슈가 없으면 유권자는 당연히 선거공약에 관심을 두게 마련이다. 좋은 정책공약은 부동표를 흡수하는 데 특효약은 아니더라도 최소한 처방전은 될 수 있다. 그렇기 때문에 정당이나 후보자는 더 값진 보물을 발굴하여 보물창고에 저장해놓아야 한다. 정책공약에서 상대 후보자에게 밀리면 아무리 좋은 비전을 제시해도 유권자는 믿지 않는다.

별도의 공약개발팀 구성, 선거공약 수집

2장에서 유권자가 원하는 욕구, 니즈에 대응할 것을 강조했는데, 중요한 것은 선거공약을 통해 실현시켜야 한다. 많은 작가가 풍부한 글을 쓰기 위해 기초자료를 모으고 충분한 배경지식을 습득하고 자료를 준비한다. 왜냐하면 베스트셀러 작가도 다른 저서의 도움을 받지 않고 단박에 걸작을 쓰는 게 쉽지 않기 때문이다. 입후보예정자 역시 보물창고의 문을 열 키가 필요하다. 그게 바로 '공약개발팀(가칭)'[21] 구성이다. 공약개발팀은 공약에 포함할 자료 수집을 위해 다양한 채널을 가동해야 한다. 하지만 악마의 유혹은 뿌리쳐야 한다. 반짝이는 것이 모두 금은 아니다. 이익집단 등에서 자신들의 '사익'을 챙기기 위해 특별한 사업을 공약에 포함해줄 것을 요구하는 경우도 많다. 그러한 계륵 공약이 훗날 발목을 잡을 수 있음에 유의해야 한다. 총선과 기초장선거를 기준으로 공약개발팀의 공약사항 수집부터 확정까지의 과정을 보면 아래와 같다.

첫째, '공약 수집 단위' 및 '공약 개수'를 정하자. 공약 수집 단위는 시 · 도 단위, 구 · 시 · 군 단위 및 읍 · 면 · 동 단위 선거공약으로 나누고, 그 아래에 지역과 직능단위로 생활안전, 교육복지, 문화체육, 도시교통, 경제농업 등 5개 정도의 분야로 각각 나눌 수 있다. 지역과 직능단위로 나눠야 쏠림현상을 막을 수 있고, 분야별로 일목요연하게 한눈에 볼 수 있다. 공약 개수는 분야별로 수집된 선거공약 대상 자료에 대해 기획팀에서 충분한 시간을 두고 검토하여 선거에 사용할 최종 선거공약을 선정한다. 선거별 차이는 있지만 총선과 지방자치단체장선거의 경우 최종 선거공약

21 공약개발팀(가칭)은 최소 선거일 전 1년쯤 구성하되, 공약개발팀장은 외부전문가보다는 지역 실정에 밝고 선거 경험이 많은 지역 사람이 좋다.

사항으로 100개 정도면 충분하다.

둘째, 수집 방법은 다양화가 필요하다. 각종 단체 대표자 등과의 간담회, 공모 등을 통한 유권자의 의견수렴, 방문자 면접 등을 통해 수집할 수 있다. 또한, 해당 선거구와 인구가 비슷한 타 시 · 도 또는 구 · 시 · 군 지역에서 시행하고 있는 사업 등도 벤치마킹할 수 있다. 지선의 경우 같은 당 소속 시 · 도지사와 기초단체장선거 후보자 간 사전 협업을 통해 공약 사항을 정하는 것도 좋은 전략이다. 왜냐하면 같은 정당 소속 시 · 도지사 선거 후보자와 기초단체장선거 후보자 간 핵심 선거공약이 다르면 신뢰성이 떨어지기 때문이다.

셋째, 공약 내용은 유권자가 공감할 수 있어야 한다. 나만의 탁월한 선거공약도 중요하지만, 많은 유권자가 공감할 수 있는 게 좋다. 너무 앞서가거나 특정 지역에 편중된 선거공약을 제시할 경우 상대 후보자로부터 공격을 받을 수 있다. 또한 소외된 타 지역의 유권자를 설득하기 어렵고, 거센 반발에 직면할 수도 있다. 차등 적용할 때는 합리적인 답안지를 보여주고 해당 지역의 유권자를 설득해야 한다. 그리고 유권자에게 두려움을 줄 수 있는 선거공약은 배제하는 게 좋다. "서비스를 제공하는 사람들은 고객의 두려움을 줄이는 것이 중요한 과제다. 두려움이 핵심 인자다. 대다수의 기업이 직원을 채용할 때 개성이 뚜렷한 인재 대신, 치명적인 결함이 없는 무결점 직원들을 고용한다."(잭 내셔, 2018)

넷째, 현장 실사가 필요하다. 터무니없는 탁상공약은 역풍을 맞을 수 있으므로 선거공약을 최종 확정하기 전에 현장실사를 통한 검증 절차가 필요하다.

Tip 탁상공약이 가져온 선거공약 실패 사례

제21대 총선을 앞두고 A정당 소속 ◎◎◎후보자는 관내 ◇◇면 소재 ○○중학교 이전을 지역 선거공약으로 확정한 후 다른 선거공약과 함께 최종 선거공약에 포함하여 발표했다. 그런데 공약 발표 후 상권 붕괴 등을 우려하는 지역 상인들과 ○○중학교 총동문회의 반발이 거셌다. 이에 당황한 ◎◎◎후보자는 ○○중학교 이전 공약을 취소하는 해프닝이 벌어졌다. 그야말로 탁상공약이 가져온 전형적인 선거공약 실패 사례다. 선거공약을 발표하기 전에 현장을 방문하여 학교 관계자, 총동문회 및 지역상인의 의견을 수렴했다면 최소한 이런 해프닝은 방지할 수 있었을 것이다.

다섯째, 일정한 의견수렴 후 최종 확정한다. 기획팀에서 선정한 최종 선거공약 사항에 대해 지역 내 사회단체 등 여론주도층의 의견을 수렴한 후, (예비)후보자 등이 참석하는 회의 등은 거쳐 실현 가능한 선거공약을 최종적으로 확정한다.

실현 가능한 선거공약 제시, 매니페스토

공약 개발 시 많은 정보를 가지고 있는 현직 국회의원과 지방자치단체장이 당연히 유리하다. 좋은 공약의 기본 조건은 해당 선거 · 선거구의 수준과 실정에 맞고, 경제 · 사회의 흐름을 반영하는 공약이어야 한다. 코로나19의 영향으로 경제, 일자리 창출, 실업문제 등의 메시지가 키워드가 되고 있다. 가끔 기초의원선거 후보자의 선거공약이 지역구 국회의원도 추진하기 어려운 공약을 제시하여 빈축을 사기도 한다. 차라리 사탕발림이 아닌 주변의 소소한 선거공약을 제시하는 것이 유권자의 마음을 움직일 수 있다. 유권자는 단순한 팩트만 가지고 움직이지는 않는다. 유권자에게 어떤 의미가 있는지, 어떤 이익을 가져다주는지를 설명해야만 선거공약 메시지가 유권자의 감정을 자극하고 표로 연결된다. 이는 마케팅 원리와 흡사하다. 선거공약은 유권자와의 약속으로, 넓게 보면 "표를 주면 약속을 지키겠다"라는 '비공식 협상'이다. 공약을 제시할 때는 실현 가능해야 하고, 당선된 후에도 실천해야 한다. 이게 바로 매니페스토 제도의 요지다. 하지만 매니페스토 제도는 강제성이 없는데다가 선거 종료 후 관심이 미미해 실효성을 확보하는 데 한계가 있다.

후보자와 유권자의 관계도 짝사랑이 아니라 윈윈(win-win)해야 한다. 후보자와 유권자가 서로 표만 주고받으면 그것으로 계산이 끝나는 게 아니다. 당선자는 협상 시 유권자에게 제시했던 카드를 버리지 말고 정책수행 등을 통해 이행하고 보답해야 한다. 대인관계 등 모든 일 처리는 애프터(after)가 더 중요한 법이다.

4) 선거이슈 대응전략

카더라 통신, 가짜뉴스는 안 돼요

대부분의 운동경기에는 공격과 수비가 있듯이 이슈도 마찬가지다. 나에게 좋은 이슈가 공격이라면 나쁜 이슈는 수비다. 그러므로 이슈를 소유, 선점하여 퍼뜨리려는 후보자(공격)는 활화산처럼 폭발하기를 바라고 행동해야 하지만, 방어하려는 후보자(수비)는 불발탄이 되기를 바라고 그에 맞게 대응해야 한다. 이슈도 초기에 잘못 대응하면 선거 판세에 악영향을 미치므로 빨리 파악해야 한다. 나에게 유리한 이슈는 퍼뜨리고, 나쁜 이슈는 숨겨야 하기 때문이다.

이슈라는 게 원래 유권자에게 후보자를 선택하는 데 도움이 되는 판단자료로서 가치가 있는 따끈따끈한 정보 또는 자료를 제시하는 게 원칙이다. 그런데 이슈를 선점하기 위해 전혀 가치가 없는 것을 끄집어내어 이를 포장하여 퍼뜨리는 경우가 많다. 경우에 따라서는 판세가 불리한 후보자가 카더라 통신 또는 가짜뉴스를 동원하여 허위사실을 유포하고 후보자를 비방하는 행위를 서슴없이 저지르기도 한다. 그야말로 아니면 말고, 치고 빠지기식이다. 선거운동기간 중에 발생하면 제대로 대처도 하지 못한 채 선거가 종료될 수 있다.

법은 권리 위에 잠자는 사람을 깨워주지 않는다

허위사실을 유포하거나 비방하는 행위가 발견되었다고 하자. 이때 후보자(수비)의 방어 전략은 세 가지 정도가 있다. 첫째, 이슈가 소멸되기를 기다리는 방법도 생각할 수 있다. 그럴 경우 이슈가 확장될 가능성이 높기 때문에 좋은 방법이 아니다. 그러므로 어떤 방법으로든 대응해야 한다. 둘째, 농구에서 사용되는 풀코트 프레스 공격이 필요하다. 왜냐하면 자칫 계속 상대 후보자의 불꽃놀이 또는 프레임(frame)에 놀아날 수 있기 때문이다. 법은 권리 위에 잠자는 사람을 깨워주지 않는다. 문제는 대부분 반박할 객관적인 증거자료가 없는 경우가 많다는 것이다. 그렇다고 '눈에는 눈 이에는 이'라는 식의 대응은 곤란하다. 셋째, 축구경기에서 골키퍼가 날아오는 공을 원 바운드로 잡거나 펀칭을 통해 공을 상대편 또는 라인 밖으로 쳐내야 한다. 이는 손으로 직접 잡으려다 자칫 뒤로 빠뜨려 실점할 수도 있기 때문이다. 구체적인 물증 없이 추측만 가지고 대응할 경우 오히려 역효과만 가져온다. 프리드리히 니체가 정답을 말해준다. "나쁜 평판으로 맞서기보다는 나쁜 양심으로 맞서는 것이 쉬운 법이다."

Tip 허위사실 유포 및 비방행위 등에 어떻게 대응해야 할까?

상대 후보자 또는 제3자의 허위사실 유포행위 등에 대한 해결책은 두 가지를 생각할 수 있다. 첫째, 선관위나 검찰에 고발·고소하여 도움을 받는 방법이다. 해당 건과 관련된 조사·수사에 필요한 구체적인 증거자료를 확보하여 제출하는 것이다. 향후 선관위 또는 검찰에서 조사·수사할 것에 대비하여 고발·고소 후에도 지속적으로 자료든 말이든 필요한 자료를 수집하는 게 좋다. 둘째로, 지역신문 등 언론에 보도자료를 제공한다. 비록 지역의 경우 인터넷신문 구독층이 미약하지만, 그래도 허위, 비방 사실을 알리는 해명자료를 제공해야 한다.

5.
당선의 문을 여는 슬로건

1) 슬로건이란

슬로건(slogan)이란 대중의 행동을 조작하고 선전에 쓰이는 짧은 문구를 말한다. 흔히 사용하는 표어다. 정보화시대에 모든 것이 느린 것에서 빠르게, 긴 것에서 짧게, 두꺼운 것에서 얇게, 무거운 것에서 가볍게로 바뀌고 있다. 그래야 경쟁력이 있고 살아남는다. 특히 짧고 빨라야 한다. 선거는 말잔치라고 하지만, 말은 금방 사라진다. 사람의 뇌 구조는 청각보다 시각적인 메시지에 빨리 반응하고 더 오래 기억에 남는다고 한다. 이 시각적인 메시지를 전달하는 데 가장 좋은 방법이 그림과 짧은 어구다. 이 짧은 어구가 바로 슬로건이다. 이 슬로건을 총에 비유하면 방아쇠다.

2) 슬로건의 기능 및 역할

슬로건은 후보자의 얼굴이자 또 다른 이름

우리는 슬로건 홍수 속에 살아가고 있다. 슬로건은 TV광고나 도로 주변 선전물, 고속도로 전광판 · 현수막 등의 키워드가 되고 있다. 공공기관이든 사기업이든 기관, 기업의 이미지 등을 높이기 위해 표어, 슬로건을 공모하여 활용한다. 선관위 역시 각종 공직선거를 앞두고 슬로건을 공모한다. 선관위의 표어 중 단연 으뜸은 "선거는 민주주의 꽃입니다"라는 표어다. 선거의 의미를 가장 간단명료하게 표현해주는 문구다. 그다음으로는 1990년 후반의 "받는 손이 사라지면 주는 손도 사라진다"라는 슬로건이다. 나는 이 슬로건이 돈선거를 예방하는 데 크게 기여했다고 생각한다. 이 두 슬로건에는 선거의 중요성과 돈선거를 근절시키겠다는 염원이 농축되어 있다.

선거운동이 유권자에게 정당 · 후보자의 철학, 비전, 자질, 능력 등을 알리고 설득하는 과정이라면, 선거슬로건은 후보자의 좋은 이미지 구축은 물론 정체성, 전문성, 상품성 등을 압축하여 유권자에게 효과적으로 전달하는 도구다. 당연히 고도의 설득 전략이 숨어있다. 슬로건은 후보자의 얼굴이자 또 다른 이름이다. 유권자의 시선을 강탈하라. 그래야 표가 보인다.

Tip 우리나라 선거슬로건의 역사

1970년대 경제부흥의 상징이던 새마을운동의 대표적인 경제 슬로건이 "잘살아보세"였다. 이 다섯 글자는 대한민국을 세계 10대 경제대국을 만드는 디딤돌이 되었다. 선거슬로건은 1956년 대선 당시 신익희 민주당 후보의 "못 살겠다, 갈아보자"를 들 수 있다. 당시 경제 · 선거 상황에 걸맞은 슬로건으로 유권자의 시선을 강탈하는 데 조금도 손색이 없었다.

선거가 끝나면 슬로건만 남는다

호랑이가 죽으면 가죽을 남기고, 사람이 죽으면 이름을 남긴다. 그런데 선거가 끝나면 슬로건만 남는다. 슬로건 없는 광고가 없듯이, 슬로건 없는 선거는 없다. 후보자의 선거준비 과정에서 선거공약 개발도 중요하지만, 그에 못지않게 좋은 슬로건을 개발하는 것도 매우 중요하다. 슬로건은 선거사무소 간판, 어깨띠, 선거벽보 등 선전인쇄물, SNS, 유세차량 등 법정선거운동의 품격과 가치를 높여주는 도구다. 한약재에 비유하면 감초 같은 존재다. 아니 오히려 산삼, 녹용이라는 표현이 적절하다. 이들 선전물에 슬로건이 없다면 어떨까? 시든 꽃다발에 불과하다. 그러므로 후보자는 이들 선전물에 후보자의 소속 정당명, 기호, 이름 외에 슬로건만 잘 포장하면 된다. 다른 미사여구는 사족에 불과하다.

선거는 슬로건 전쟁이다

TV를 켜면 드라마보다 더 재미난 광고가 있다. 일부 광고는 스토리텔링으로 무장하여 시청자의 눈과 귀를 사로잡는다. 광고의 단골 메뉴인 슬로건이 광고의 성패를 가르는 가늠자 역할을 한다. 선거라는 전쟁터에서 사용되는 생각과 말의 실탄이 슬로건이다. 그래서 선거를 앞두고 각 정당, 후보자마다 슬로건이라는 비밀병기를 만들기 위해 전력을 다한다. 광고의 꽃이라 부르는 카피라이터(copywriter)들이 선거슬로건 창작에 깊이 관여한다. 슬로건은 선거전의 백미로 "훌륭한 슬로건이 100분의 연설이나 1천 명의 선거운동원보다 낫다", "슬로건이 백만 표를 좌우한다"라고 말한다. 정치슬로건이 유권자의 투표 의사결정에 미친 영향을 연구한 여론조사에 따르면 "슬로건 때문에 투표한 적이 있느냐?"라는 질문에 "그렇다"라고 밝힌 사람이 33%였다. 특히 20~30대는 슬로건의 영향을 가장 크게 받은 것으로 조사됐다(중앙선데이 제278호, 2012년 7월). 오래된 여론조사지만 지금도 크게 다르지 않을 것이다. 미국은 우리나라보다 슬로건의 중요성이 부각되고 전문화되어 있다. 미국 대선은 슬로건 전쟁이라고 해도 과언이 아니다.

Tip 미국 대선 관련 슬로건의 위력

1992년 미국 대선에서 빌 클린턴 후보의 "문제는 경제야, 바보야!(Its the economy, stupid!)"라는 슬로건은 40대의 젊은 빌 클린턴을 백악관으로 보낸 일등공신이었으며, 2008년 미국 대선에서 버락 오바마는 "변화, 우리는 할 수 있다(Change, Yes, We can!)"로 재선에 성공했다.

3) 선거공약과 슬로건은 양대 중심축

선거공약은 미래를, 슬로건은 현재를 대변한다

선거공약이 후보자의 보물 창고라면 슬로건은 열쇠다. 그리고 선거공약이 바다라면 슬로건은 등대다. 선거공약은 날씨가 흐리면 보이지 않고 거센 바람이 불면 흔들린다. 왜냐하면 후보자의 선거공약은 대부분 앞으로 어떻게 하겠다는 미래의 일이다. 선거공약의 한계를 극복하게 해주는 버팀목이 슬로건이다. 슬로건은 사람의 이목을 집중시키고, 마음을 사로잡는 매력이 있다. 이는 슬로건이 유권자에게 현재의 상황처럼 인식하게 하고, 바로 이루어질 것 같은 기대감에 빠뜨리기 때문이다. 이와 같은 알토란같은 역할로 한겨울에 개나리꽃이 피게 할 수도 있다. 사람들은 현재 1만 원의 가치를 미래의 10만 원보다 더 소중하게 여긴다. 슬로건은 현재를 대변해야 가치가 있고, 유권자의 마음을 움직일 수 있다.

> **Tip 선거공약과 슬로건의 플라이휠 효과**
>
> 선거공약과 슬로건은 상호보완관계에 있기 때문에 양자를 어떻게 활용하느냐에 따라 플라이휠 효과(flywheel effect)를 가져다줄 수 있다. 즉 선거공약과 슬로건이 유권자에게 후보자를 알리고, 후보자의 인지도를 상승시키며, 더 나아가 득표에 영향을 주는 모멘텀이 될 수 있다. 선거공약이 불명확할 때 슬로건이 확신을 심어주는 역할을 한다. 그렇기 때문에 거센 파도에도 등대는 흔들리지 않고 버팀목 역할을 해주는 것이다.

4) 좋은 슬로건이 갖춰야 할 조건

우리가 주변에서 흔하게 접하는 게 슬로건이지만 막상 만들려면 어렵다. 좋은 슬로건이 갖춰야 할 조건을 알면 향후 슬로건을 만들 때 도움이 될 것이다. 댄 히스와 댄 칩스는 베스트셀러 《스틱》에서 캠페인 메시지를 각인시킬 수 있는 아이디어 6개의 특징을 주장했는데, 첫 글자를 따면 SUCCES[22]가 된다(제러미 하이먼즈 외, 2019). 슬로건의 품질을 결정하는 핵심요소는 글쓰기의 모든 것이라 할 수 있는 문단 작성과 그 맥을 같이한다. 좋은 슬로건은 후보자 자신을 규정하고, 타후보자와 차별화할 수 있는 메시지여야 하며, 유권자를 위한 것이어야 한다. 그래야 유권자가 반응하고 홍보대사 역할을 해준다.

첫째, 감성을 자극하고, 의미를 쉽게 전달해야 한다. 글은 누구나 편하고 쉽게 읽을 수 있도록 써야 독자의 마음을 움직일 수 있듯이, 선거슬로건도 쉽게 의미를 전달해야 유권자의 마음을 움직일 수 있다. 그러려면 이성보다는 감성을 건드려야 한다. 선거공약은 이성을, 슬로건은 감성을 자극해야 가치가 있다. 왜냐하면 선거슬로건을 이성적으로 받아들이는 유권자는 없기 때문이다. 그 감성을 건드리는 데 슬로건이 특효약이다. 선거슬로건을 시에 비유하면 서사시가 아니라 서정시에 가깝다. 오늘날 마케팅 역시 감성 마케팅이 대세다. 여기에 시대정신을 더하면 금상첨화다.

둘째, 짧고 간결하되, 명확해야 한다. "생각은 길게 하되 글은 짧게 하라"라고 말한다. 이는 한 글자라도 짧아야 눈에 잘 띄고 유권자의 시선과 귀를 사로잡을 수 있기 때문이다. 자신의 이미지를 압축해 표현할 수 있

22 SUCCES란 Simple(단순하다), Unexpected(뜻밖이다), Concrete(구체적이다), Credible(믿음직스럽다), Emotional(감성적이다), Stories(이야기가 있다)

는 단어나 문장이어야 한다. 사람들은 유튜브 광고 5초를 기다리지 못하고 건너뛰기를 누르고, 7초 이내에 내가 원하는 정보를 찾지 못할 경우 해당 웹사이트를 떠난다. 우리가 전하는 메시지의 기초적인 구성단위는 단어로 목수의 연장과 같다. 이 단어가 좋은 목수나 다른 맥락과 결합할 때 마음을 움직이는 무기가 된다. 미국 제42대 대선 시 조시 부시에게 열세였던 빌 클린턴은 단 하나의 유용한 단어(economy)를 슬로건(Its the economy, stupid!)에 사용한 후 선거판 이슈를 정치적 문제에서 경제적인 문제로 뒤바꿔놓고 선거에서 이겼다. 그리고 슬로건은 명확해야 한다. 슬로건이 추구하는 목표가 무엇인지 유권자가 금방 알 수 있어야 한다. 단순히 "희망을 봅니다!"보다는 "시민과 함께 희망을 열어가겠습니다"가 좀 더 명확하다.

셋째, 단박에 임팩트를 주어야 한다. 많은 사람이 TV 뉴스나 신문을 볼 때 헤드라인을 보고 시청할지, 읽을지를 결정한다. 책을 구입할 때도 제목과 목차를 보고 결정한다. 그래서 기자들은 헤드라인 뽑기에, 작가들은 책 제목과 목차 뽑기에 심혈을 기울인다. 책, 기사 등의 제목이 얼굴이기 때문이다. 광고에서는 더 막강한 위력을 보여준다. TV광고 중 "순간의 선택이 10년을 좌우한다"라는 광고는 지금도 회자되고 있다. 나이키의 "일단 도전하라(just do it)"라는 슬로건이 단박에 스포츠 정신의 의미를 더해주고 구매자로부터 설득력을 얻을 수 있었다. 선거슬로건 역시 단박에 임팩트를 주어야 관심을 끌 수 있다. 그렇지 않으면 단순한 글자놀이에 불과하다. 관심이 있어야 호감이 생기고 표로 연결될 가능성이 높아진다.

넷째, 독창적이어야 한다. 과거 선거 시 사용했던 슬로건을 그대로 모방하는 것은 짝퉁에 불과할 뿐 슬로건으로서 가치가 없다. 하지만 과거 사용했던 슬로건에 나만의 개성을 더하여 디자인할 경우 독창적인 슬로건으로 탄생시킬 수 있다. 미완성 슬로건에 내 숟가락을 얹는 재치도 필요하다. 슬로건은 발명하는 게 아니라 발견하는 것이다. 원곡을 다르게 해석한 편곡이 원곡보다 좋은 평가를 받기도 한다. "생각의 가치는 타인의 지혜를 얼마나 많이 빌려올 수 있느냐에 달렸다. 타인의 지혜를 빠르게 배워 구체적인 행동으로 옮기면, 그것이 나의 지혜가 된다."(가오위안, 2019) 인터넷에 접속하면 과거 각종 공직선거 때 사용한 슬로건이 넘쳐난다. 특히 공익광고에 좋은 슬로건이 많은데, 여기에 양념을 추가해 멋진 선거슬로건으로 재탄생시킬 수도 있다.

다섯째, 중독성이 강해야 한다. 가수는 자신의 히트곡을 내는 데 목숨을 건다. 히트곡이 되려면 가수의 뛰어난 가창력에 국민의 공감대가 형성되어야 한다. 그동안의 히트곡을 보면 공통점이 있는데, 이는 바로 중독성이 강하다는 것이다. 가수의 가창력이 좀 떨어져도 중독성이 강할 경우 히트곡이 되는 경우가 많다. 오디션프로그램에서도 이와 유사한 사례를 많이 볼 수 있다. 슬로건 역시 짧은 선거기간 내에 최대한 빨리 유권자의 마음을 사로잡으려면 중독성은 필수 요건이다.

4장.

실전 선거운동 극대화하기

지렛대의 길이와 홍보효과는 비례한다

홍보는 바라보는 사람의 시각 또는 관점에 따라 그 접근 방법이 다양하고 효과 또한 천차만별이다. 사람은 생각대로 된다고 했다. 홍보라는 게 과거 누가 지나간 길, 편안한 길을 가기로 마음먹으면 쉽지만, 새로운 길을 찾고자 하면 할 일이 많고 어렵다. 당연히 새로운 길에는 마스터키(master key)가 숨어 있기 때문에 홍보효과가 훨씬 크다. 어떤 길을 갈지는 후보자 자신의 몫이고 책임이다.

선거법은 선거일이 가까워질수록 후보자에게는 자신을 알릴 기회를, 유권자에게는 알권리 보장 차원에서 선거운동 방법을 넓게 허용하고 있다. 이젠 실전으로 총력전을 펼쳐야 한다. 부뚜막의 소금도 집어넣어야 짜고, 개인의 재능도 자신의 강점으로 활용하지 못하면 소용없다. 선거전략은 실행되어야 완성된다. 한 벌의 옷을 만들려면 날실을 가공하는 절차를 거쳐야지 그렇지 않으면 그저 날실일 뿐이다.

4장은 1장, 2장, 3장에서 마련한 토대를 바탕으로 후보자라는 제품을 최소의 비용을 투입하여 최대의 홍보효과를 이끌어내야 한다. 여기서 중요한 것은 법에서 허용된 선거운동 방법을 통해 단순히 후보자를 알리는 차원을 넘어 유권자의 마음을 사로잡는, 즉 '포지션'을 확고히 다지는 것이다. 특히 선거판은 '파이'가 한정되어 있기 때문에 정치신인 등은 중도층 유권자 등을 중심으로 지지기반을 다져야 한다. 그러자면 선거운동 방법의 차별화는 필수다. 차별화는 '지렛대' 같은 역할을 하고, 후보자에게 큰 홍보효과를 가져다준다. 당연히 지렛대가 길면 길수록 좋다. 왜냐하면 지렛대의 길이와 홍보효과는 비례하기 때문이다. 4장에서는 후보자의 신분변화에 따라 법에서 허용한 선거운동 방법을 어떻게 활용하여 홍보효과를 높일 수 있는지에 대해 알아본다.

1.
실전 공격은 어떻게 할까?

1) 신분 변화에 따른 선거운동 방법 비교

선거운동 방법을 크게 구분하면 온라인 선거운동과 오프라인 선거운동으로 나눌 수 있는데, 온라인 선거운동 방법이 대세다. 밀레니얼 세대, Z세대 등 디지털 세대가 우리 사회의 주류로 부상하고 있다. 최근 선거판을 봐도 이들의 폭발력은 막강하다. 선거운동도 기존 방식과 다르게 접근해야 하고, 플러스 알파가 필요하다. 그래야 표심을 잡을 수 있다. 현행 선거법상 대선, 총선, 지선의 선거운동 방법을 망라하여 허용되는 선거운동 방법을 매체별로 구분하면 아래 표와 같다.

신분별 선거운동 방법 비교(2020.12.29 현재)

구분	입후보예정자	예비후보자	경선후보자	후보자
인쇄물	① 명함	① 명함 ② 예비후보자 홍보물 ③ 예비후보자 공약집	① 명함 ② 경선홍보물	① 명함 ② 선거벽보 ③ 선거공보 ④ 선거공약서
시설물		① 선거사무소 외벽 간판 등 ② 어깨띠 및 표지물	① 경선사무소 외벽 간판 등	① 선거사무소 외벽 간판 등 ② 어깨띠 및 표지물 ③ 현수막 ④ 자동차 · 선박 부착 선전물
언론 매체				① 신문광고 ② 방송광고 ③ 후보자의 방송연설 ④ 방송시설 주관 후보자연설의 방송 ⑤ 한국방송공사 경력 방송
면대면			① 합동연설회 또는 토론회	① 공개장소 연설 · 대담 ② 단체의 초청 대담 · 토론회 ③ 언론기관 초청 대담 · 토론회 ④ 선관위 주관 대담 · 토론 ⑤ 거리 인사 ⑥ 공개장소에서의 지지 · 호소
정보 통신 등	① 문자메시지 ② 홈페이지 및 전자우편 ③ 전화, 말	① 문자메시지 ② 홈페이지 및 전자우편 ③ 전화, 말	① 전화, 말	① 문자메시지 ② 홈페이지 및 전자우편 ③ 인터넷 광고 ④ 전화, 말

2) 사전투표기간 개시 전 집중적인 선거운동 전개

아래 표를 보면 제7회 지선 및 제21대 총선의 선거인 수 대비 사전투표율과 투표자 수 대비 사전투표율이 제6회 지선 및 제20대 총선보다 거의 2배 이상 증가했음을 보여주고 있다. 차기 대선과 지선에서도 사전투표율이 높아질 가능성이 크다. 선거인(거소투표자와 선상투표자는 제외함)은 누구든지 선거일 전 5일부터 2일 동안(사전투표기간) 읍 · 면 · 동마다 1개소씩 설치 · 운영하는 사전투표소에 가서 투표할 수 있다(§148, §158). 후보자의 입장에서는 한 표라도 미리 득표해두는 전략을 세워야 한다. 왜냐하면 사전투표 종료 후 선거 막판에 어떤 악재가 터질지, 새로운 이슈가 나타나 판세에 영향을 미칠지 모르기 때문이다.

그러므로 사전투표를 앞두고 문자메시지를 집중 전송하거나, 유세차량을 유권자의 이동이 많은 곳에 집중적으로 가동하고, 현수막을 사전투표소 주변에 이동 게시하는 등 일반투표에 준하여 가용자원을 총동원하여 선거운동을 해야 한다.

최근 공직선거의 사전투표율 비교

(단위: %)

구분	제6회 지선 (2014.6.4)	제20대 총선 (2016.4.13)	제19대 대선 (2017.5.9)	제7회 지선 (2018.6.13)	제21대 총선 (2020.4.15)
전체 투표율	56.8	68.0	77.2	60.2	66.2
선거인 수 대비 사전투표율	11.49	12.19	26.06	20.14	26.69
투표자 수 대비 사전투표율	20.2	21.0	33.7	33.4	40.3

*출처: 제6회 지선~제21대 총선 총람(중앙선관위)

2. 입후보예정자

1) 문자메시지 발송(§59.2)

입후보예정자는 문자메시지(음성 · 화상 · 동영상 포함)를 이용하여 선거운동용 정보를 전송하는 행위를 할 수 있다. 그러나 컴퓨터 및 컴퓨터 이용기술을 활용한 자동 동보통신 방법(동시 수신대상자가 20명을 초과하거나 그 대상자가 20명 이하인 경우에도 프로그램을 이용하여 수신자를 자동으로 선택하여 전송하는 방식을 말함)으로 전송할 수는 없다. 반면에 예비후보자와 후보자는 자동 동보통신 방법으로 전송할 수 있는데, 횟수는 예비후보자와 후보자를 합하여 8회를 초과할 수 없다. 이 경우 발송 전일까지 선관위에 신고한 1개의 전화번호만 사용하여야 한다.

(예비)후보자가 자동 동보통신 방법으로 문자메시지를 전송하는 경우 제82조의5(선거운동정보의 전송제한) 제2항을 준수하여야 한다. 문자메시지는 대표적인 저비용 · 고효율의 선거운동 방법이지만, 너무 자주 발송하면 유권자로부터 반감이 생겨 역효과가 나타날 수도 있다. 그러므로 발송 타

이밍을 잘 잡는 게 중요하다.

> **Tip 문자메시지 8회를 언제 발송하나요?**
>
> (예비)후보자의 인지도는 수시로 바뀐다. 인지도를 높이기 위해 선거 초반에 문자메시지 가능 횟수를 대부분 사용할 경우, 나의 호재 또는 상대 후보자의 악재가 발생하여 홍보가 필요할 때 활용하지 못하는 사태가 발생할 수도 있다. 이는 프로야구 규정 중 비디오판독 요구권을 적시에 사용하지 못하여 게임을 망치는 것과 같다. 예비후보자의 최대 관건은 경선을 통과하는 것이므로 예비후보자홍보물과 마찬가지로 경선 직전에 전송하는 게 유리하다. 그리고 문자메시지 내용은 시기, 대상, 계층별로 내용을 다르게 전송하는 것이 홍보효과가 크다.

2) 인터넷 홈페이지 및 전자우편(§59.3)

선거운동을 할 수 있는 사람 · 단체는 언제든지 자신 또는 타인이 개설한 인터넷 홈페이지(카페, 블로그, 미니홈피 등 포함) 또는 그 게시판 · 대화방 등에 글이나 동영상 등을 게시할 수 있으며, 언제든지 전자우편(컴퓨터 이용자끼리 네트워크를 통해 문자 · 음성 · 화상 또는 동영상 등의 정보를 주고받는 통신시스템을 말함)을 전송하는 방법으로 선거운동을 할 수 있다. 다만, 전자우편 전송대행업체에 위탁하여 전자우편을 전송할 수 있는 사람은 예비후보자와 후보자만 가능하다.

인터넷 홈페이지는 홈페이지 열풍이 불었던 2000년대 초반에는 효율적인 선거운동 방법이었지만, 지금은 SNS에 떠밀려 구시대 유물로 전락했다. 인터넷 홈페이지를 운영은 하되, 많은 에너지를 투입할 필요는 없다. 투입한 것에 비해 얻을 게 별로 없다. 선거운동 목적의 정보(선거운동 정보) 전송 시 제한되는 행위를 해서는 안 된다(§82의5, 규칙 §45의4). 또한 당선되지 못 하게 할 목적으로 컴퓨터통신망의 게시판에 후보자(후보자가 되고자 하는 사람 포함)를 비방하는 글을 게시하면 후보자 비방죄로 처벌받을 수 있음에 유의해야 한다.

3) 말(言)과 전화 이용 선거운동(§59.4)

말(言)로 하는 선거운동의 허용범위

2020.12.29자 선거법 개정으로 선거일이 아닌 때에 전화(송 · 수화자 간 직접 통화하는 방식에 한정하며, 컴퓨터를 이용한 자동 송신장치를 설치한 전화는 제외함)를 이용하거나 말로 선거운동을 할 수 있다. 다만, 확성장치를 사용하거나 옥외집회에서 다중을 대상으로 말로 하는 선거운동은 할 수 없다(§59.4). 정당의 당원인 후보자가 되려는 사람이 선거기간이 아닌 때에 정당의 계획에 따라 통상적인 내용의 입당원서를 배부하면서 말로 자신의 선거운동을 하는 것은 무방하다(회답, 2021.3.3). 말로 하는 선거운동과 관련하여 유의해야 할 점을 보면 아래와 같다(중앙선관위 운용기준, 2021. 1. 12).

첫째, 선거운동을 할 수 있는 사람은 선거일이 아닌 때에 제59조제4호에 따라 옥내 · 외에서 개별적으로 말로 하는 선거운동을 할 수 있다. 다만 말로 하는 선거운동은 선거운동의 주체, 기간, 방법 등에 대한 다른 제한 · 금지 규정에 위반되어서는 아니 된다. 그러므로 누구든지 선거공약이 게재된 인쇄물을 배부하면서 말로 선거운동을 할 수 없고, 누구든지 옥외에서 개최되는 각종 집회에 참석하여 다수의 참석자를 대상으로 말로 하는 선거운동을 할 수 없다.

둘째, 선거운동을 할 수 있는 사람은 선거일이 아닌 때에 선거법상 제한 · 금지되지 아니하는 옥내집회에서 다중을 대상으로 법 제59조제4호에 따라 말(연설 형태 포함)로 하는 선거운동을 할 수 있다. 다만, 누구든지 선거운동을 목적으로 집회를 개최하여 다중을 대상으로 말로 하는 선거운동을 할 수 없다.

셋째, 누구든지 선거운동기간 전에 선박 · 정기여객자동차 · 열차 · 전동차 · 항공기의 안 등 법 제60조의3 제1항제2호 단서에 규정된 예비후보자의 지지 호소가 금지되는 장소에서 법 제59조제4호에 따라 말로 하는 선거운동을 할 수 없다. 그러므로 누구든지 선거운동기간 전에 지하철 안에서 말로 하는 선거운동을 하거나, 예비후보자가 지하철 안에서 자신의 선거운동용 명함을 주거나 선거운동을 하는 행위는 할 수 없다.

호별방문은 안 돼요

말로 하는 선거운동과 관련하여 특히 주의해야 할 점은 호별방문에 이르러서는 안 된다는 점이다(§106). 또한 호별방문은 투표참여를 권유하기 위해서도 금지된다(§59의2). 선거운동을 위하여 호별방문행위를 하면 선거운동기간 전에는 사전선거운동기간위반죄로(§254②), 선거기간 중에는 부정선거운동위반죄로 처벌받는다(§255①). 호별방문죄(§106)는 선거운동을 위하여 연속적으로 두 호 이상 방문함으로써 성립하는 범죄다. ① '호'의 의미는 일상생활을 영위하는 거택은 물론이고 널리 주거나 업무 등을 위한 장소 혹은 그에 부속하는 장소라면 호에 해당한다. 고추밭은 공개된 장소로서 호에 해당하지 않는다(대법원 판결 2007.3.15. 선고 2006도9042). ② '연속적'인 것으로 인정되기 위해서는 반드시 집집을 중단 없이 방문하여야 하거나 동일한 일시 및 기회에 각 집을 방문하여야 하는 것은 아니지만, 각 방문행위 사이에는 어느 정도의 시간적 근접성이 있어야 할 것이고, 시간적 근접성이 없다면 연속적인 것으로 인정될 수는 없다(대법원 판결 2007.3.15. 선고 2006도9042). ③ '두 호 이상'을 방문해야 하므로 한 곳만을 방문한 경우 호별 방문죄가 성립하지 않는다(대법원 판결 2007.6.14. 선고 2007도2940). ④ '방문'은 타인을 면접하기 위하여 그 집 등에 가는 것을 말하지만, 반드시 그 거택 등에 들어가야 하는 것은 아니다(대법원 판결 2000.2.25. 선고 99도4330). 선거인을 방문하여 면회를 구하면 족하고(대법원 판결 1975.7.22. 선고 75도1659), 피방문자가 부재중이어서 들어가지 못한 경우에도 성립한다(대법원 1999.11.12. 선고 99도2315).

Tip 호별 방문 관련 주요 위반사례

주요 위반사례를 보면 ① 아파트를 연속 방문하여 인터폰상으로 후보자에 대한 지지를 부탁한 경우(서울지방법원 북부지원 판결 2002.8.30. 선고 2002고합308), ② 병원에 입원하고 있는 선거인 등을 방문한 행위(대구고등법원 판결 2007.3.15. 선고 2007노38), ③ 학교의 사무실 및 관공서를 방문한 행위(대법원 판결 2015.9.10. 선고 2014도17290) , ④ 선박 객실을 방문하여 지지를 부탁한 경우[광주고등법원 판결 2017.6.29. 선고 (전주)2017노28] 등을 들 수 있다.

전화로 하는 선거운동

2020.12.29자 선거법 개정으로 선거일을 제외하고 상시 송 · 수화자 간 직접 통화하는 방식으로 전화를 이용하여 선거운동을 할 수 있다. 다

만, 컴퓨터를 이용한 자동 송신장치를 설치한 전화로는 할 수 없다. 그리고 전화를 이용한 선거운동은 말로 하는 선거운동과 달리 야간(오후 11시부터 다음날 오전 6시까지)에는 할 수 없다(§109②). 전화에 의한 선거운동이 순수한 후보자를 지지 · 호소하려는 목적도 있지만 아군인지, 상대편인지, 부동층인지 파악하려는 목적도 있다. 전화홍보팀에서 유권자에게 전화를 걸면 바로 지지 성향을 분석할 수 있다.

정보통신망의 발달로 유선전화, 핸드폰에 이어 최근에는 여러 기능이 결합하여 활용되고 있다. 어느 범위까지를 전화에 의한 선거운동으로 볼 것인가에 대해 중앙선관위는 ① 예비후보자 선거사무소의 통화연결음 서비스(회답, 2006.3.13), ② 유명연예인의 음성으로 된 통화연결음 사용(회답, 2010.5.14), ③ 모바일 인터넷전화(mVoIP, 보이스톡)를 이용한 1대 또는 다수의 송 · 수화자 간 직접 통화 방식에 의한 선거운동(회답, 2019.10.30), ④ 송 · 수화자가 스피커폰을 이용하여 직접 통화하는 것(회답, 2019.10.30)은 무방한 것으로 판단하였다. 단, ⓐ 송 · 수화자가 스피커폰을 이용하여 통화에 직접 참여하지 않는 사람들에게 선거운동의 통화내용을 들려주기 위하여 스피커폰을 이용하거나(회답, 2019.10.30), ⓑ 별도의 확성장치를 이용하는 행위는 위반이다(회답, 2019.10.30). 그리고 ⓒ 자동전화걸기시스템(Auto Dial)이 설치된 전화를 이용하여 선거운동을 하는 행위도 위반된다(회답, 2021.2.5).

Tip (예비)후보자의 전화홍보를 적극 활용하자

"말 한마디로 천 냥 빚을 갚는다"라는 말이 있다. 사람은 다른 사람으로부터 인정받고 싶어 하는 열망이 강렬하다. 다른 사람과 함께 칭찬받는 것에 대해서는 중요성을 느끼지 못하지만, 혼자 칭찬받는 것을 싫어하는 사람은 한 명도 없다. 마케팅에서도 "○○○고객님을 위해 특별히 제안 드리는 상품!" 같은 문구의 메일을 받은 경우 구매 확률이 높다고 한다. 후보자가 직접 유권자에게 전화를 걸어 지지 · 호소할 경우 유권자가 타 정당의 당원이 아니라면 대부분 특별한 대우를 받는 기분을 느끼기 때문에 마음의 문을 열 것이다. 지역구국선과 자치단체장선거의 경우 유권자 수가 많기 때문에 별도 HP DB를 작성하여 활용하면 된다.

4) 명함 배부(§59.5)

신분별 명함 배부 시기 및 방법

입후보예정자는 2020.12.29자 선거법 개정으로 선거일 전 180일부터 해당 선거의 예비후보자등록신청 전까지, 예비후보자는 예비후보자등록 후 자신의 성명 · 사진 · 전화번호 · 학력(정규학력과 이에 준하는 외국의 교육과정을 이수한 학력) · 경력, 그 밖에 홍보에 필요한 사항을 게재한 길이 9cm 너비 5cm 이내의 명함을 직접 주거나 지지를 호소하는 행위를 할 수 있다. 다만, 선박 · 정기여객자동차 · 열차 · 전동차 · 항공기의 안과 그 터미널 · 역 · 공항의 개찰구 안, 병원 · 종교시설 · 극장의 옥내(대관 등으로 해당 시설이 본래의 용도 외의 용도로 이용되는 경우는 가능)에서는 할 수 없다(§59.5). 그리고 예비후보자의 명함에 예비후보자라는 문구를 사용하지 않아도 무방하지만, 후보 또는 후보자라고 게재할 수는 없다. 반면 후보자는 선거운동기간 중 호별방문에 이르지 않는 한 배부장소에 제한이 없다(§93①).

하지만 입후보예정자는 선거일 180일 전까지는 과거와 마찬가지로 명함 배부 시 그 행위가 행하여지는 시기 · 장소 · 방법 등에 따라 사전선거운동죄(§254)로 처벌받을 수 있으므로 유의해야 한다. 명함 배부 등 사전선거운동 행위를 한 후 문제가 될 경우 입후보하지 않겠다는 의사표시를 해도 사전선거운동죄로 처벌받는다.[1] 화투판에서 흔히 통용되는 낙장불입이다. 그리고 명함에 허위 · 유사 학력, 허위경력 등을 게재할 경우 허위사실 공표죄로 처벌받을 수 있음에 유의해야 한다.

명함을 배부할 수 있는 자

입후보예정자는 자신만이 명함을 배부할 수 있으나(§59.5), (예비)후보자는 (예비)후보자 본인뿐만 아니라 (예비)후보자의 배우자(배우자가 없는 경우 예비후보자가 지정한 1명)와 직계존비속, (예비)후보자와 함께 다니는 선거사무장 · 선거사무원 및 제62조제4항에 따른 활동보조인, (예비)후보자가 그와 함께 다니는 사람 중에서 지정한 1명도 (예비)후보자의 명함을 직접 주거나 (예비)후보자에 대한 지지 · 호소를 할 수 있다(§60의3①2, §93①1).

저비용 · 고효율 선거운동 방법의 대명사

명함 배부는 유권자와 직접 소통하는 데 가장 좋은 매체로, 효율적인 명함 제작 등을 위해 아래와 같이 제작, 배부, 인사, 사후관리로 나눠 살펴본다.

첫째, 품격 있는 나만의 명함을 제작하자. 선거환경이 수시로 변하므

1 입후보의사를 가진 자가 입후보 신청 전에 선거운동을 한 때에는 그 후 입후보의사를 단념하거나 후보자등록을 하지 않았다 하더라도 사전선거운동으로 처벌받는 데에는 아무런 영향이 없음(대법원 판결 2007.7.26. 선고 2007도2625).

로 적당한 양을 제작하여 활용한 후 유권자의 반응 정도에 따라 디자인, 내용 등을 보완하여 추가 제작하면 된다. 재질, 디자인, 형태, 문안 내용, 점자형 등 세심한 부분까지 차별화하고, 다양한 종류의 명함을 제작하여 교부하자. 품격 있고 차별화된 명함만으로도 후보자의 이미지를 높이는 무기가 될 수 있고, 유권자와의 특별한 관계를 유지할 수도 있다.

둘째, 자신 있게 명함을 배부하자. 명함을 배부할 때 마네킹처럼 소심하게 교부하는 (예비)후보자가 있는데, 이미 게임에서 패배한 것이다. 나 스스로가 자신감이 없는데 싸움에서 어떻게 승리한단 말인가? (예비)후보자의 눈은 둘이지만, (예비)후보자를 바라보는 유권자의 눈은 수백 개다. 자신 있게 명함을 배부하자.

셋째, 인사할 때 정성껏 마음을 전하고 듣기(경청)를 잘하자. 비록 짧은 만남이지만 유권자와 신뢰를 쌓을 수 있는 소통의 자리다. 미소를 지으며 정중하게 인사하며 마음을 전하자. 인사는 원만한 인간관계는 물론이고 약한 연결(weak ties)[2]을 만들 수도 있다. 소통은 잘하기보다 잘 듣기가 중요하다. 존 C. 맥스웰은 "반응하기 위해 귀 기울이지 말고, 배우기 위해 귀 기울여라"라고 했으며, 피터 드러커는 "먼저 듣고 마지막에 말하라"라고 말했다. 대인관계에서 유권자의 이름을 기억하는 것이 좋다는 말은 많이 들어 알 것이다. 퀸투스 툴리우스 키케로는 《선거에서 이기는 법》에서 출마자들에게 아래와 같이 의미 있는 충고를 하고 있다.

"평범한 유권자는 자신의 이름을 기억해주는 후보에게 무엇보다 크게 감동합니다. 따라서 유권자의 이름과 얼굴을 기억하기 위해 매일 노력하

2 미국의 사회학자 마크 그래노베터가 자신의 박사학위논문《약한 연결의 힘》에서 처음 언급한 말이다.

십시오. 형제여, 당신은 훌륭한 자질을 가지고 있습니다. 하지만 이제부터는 당신에게 없는 자질도 갖추어야 합니다. 마치 원래부터 그런 사람이었던 것처럼 보여야 합니다. 필사적으로 아첨하는 기술을 배워야 합니다. 평소라면 명예롭지 못한 행동이지만, 공직에 출마한 사람이라면 반드시 필요한 일입니다. 후보자는 카멜레온처럼 만나는 사람에게 자신을 맞추고, 필요하다면 표정과 말투를 바꿀 수 있어야 합니다."

넷째, 명함은 사후관리가 더 중요하다. 명함을 수교하는 (예비)후보자 입장에서는 유권자 한 명 한 명이 우수 고객이다. 유권자 중에는 나의 든든한 홍보대사가 될 수도 있고, 당내경선 시 나에게 투표권을 행사할 수도 있다. 명함은 사후관리가 더 중요하다. 왜냐하면 확보한 자료(연락처)를 바탕으로 유권자에게 예비후보자홍보물을 발송할 수 있고, 선거운동용 문자메시지를 보낼 수도 있기 때문이다. 그리고 다른 후보자에게로 마음을 바꾸지 않도록 기존에 만난 유권자의 마음을 사로잡는 게 중요하다. 그러기 위해서는 판매자가 신규고객을 단골고객으로 전환시키는 것처럼 반복과 확인 과정이 필요하다. 그런 과정에서 신뢰도 쌓인다. 인맥관리도 마찬가지다. 공부 역시 반복해야 내 지식이 되고, 운동도 반복해야 근육이 생긴다. 그저 생각만 하는 것은 백해무익하다.

Tip 명함관리는 잘하고 계십니까?

유권자로부터 명함을 받거나 전화번호를 수집한 후, 그냥 서랍에 넣으면 폐지에 불과하지만 이를 컴퓨터 파일로 잘 정리하고 관리하면 정보가 된다. 유권자로부터 받은 명함은 선거구 내 읍 · 면 · 동별 · 직능별로 구분한 후 A, B, C 등급을 부여하여 파일로 관리하면 된다. 이는 제품 판매자가 고객을 A, B, C 유형으로 분류하여 관리하는 것과 같다.

고객에는 뜨내기 고객과 단골고객이 있는데, 이를 분류하여 등급별 차등을 두고 집중관리한다. 아이쇼핑 고객 100명보다 열성 고객 1명이 소중하다. (예비)후보자도 호의적인 유권자를 중심으로 인맥을 넓혀나가는 게 좋다. 인맥관리는 사다리를 놓고 감나무에 올라가 감을 따는 것과 같다. 혼자 감나무에 올라갈 수도 있겠지만, 위에서 잡아주고 뒤에서 밀어주는 아군이 필요하다. 인맥관리도 윈윈이다.

5) 성공적인 출판기념회(§103)

일석삼조, 출판기념회

출판기념회란 어떤 저작물의 출판을 축하하기 위해 여는 모임이다. 출판기념회와 관련하여 편법 정치자금 모금 수단, 비공식 후원금, 깜깜이 책값 등 외부의 부정적인 시각이 있지만, 저서 출간을 통해 유권자에게 좋은 이미지를 심어주고 비전을 제시할 수도 있다. 또한 출판기념회 행사를 통해 자신의 세를 과시할 수 있으며, 덤으로 일정한 선거자금을 확보할 수도 있다. 일석삼조인 셈이다.

출판기념회는 선거일 전 90일까지만 개최할 수 있다. 그러므로 선거일 전 90일부터 선거일까지 후보자(후보자가 되고자 하는 자 포함)와 관련 있는 저서의 출판기념회를 개최할 수 없다. 후보자 본인뿐만 아니라 출판사도 개최할 수 없다. 후보자와 관련 있는 저서의 출판기념회라면 개최장소나 참석대상자와 무관하게 금지된다. 반드시 후보자 본인이 저술한 저서뿐만 아니라 다른 사람이 저술한 것이라 하더라도 후보자와 관련이 있는 저서라면 금지된다. 다만, 정치인의 가족이 후보자와 무관하게 개최하는 것은 무방하다.

그리고 저서가 아닌 경우에는 비록 그와 유사한 경우라도 가능하다. 따라서 후보자가 되고자 하는 자가 음반을 출시하고 그 기념행사를 선거구 안에서 개최하는 것은 무방하지만, 일반선거구민을 대상으로 개최하는 때에는 사전선거운동죄로 처벌된다. 입후보예정자의 일반 저서 사인회는 출판기념회가 아니므로 선거기간이 아닌 때에 출판기념회에 이르지 아니하는 방법으로 통상적인 사인회를 개최하는 것은 가능하다. 한편, 후보자 명의를 나타내는 저서는 선거일 전 90일부터는 광고하는 행위도 금지된다(§93②).

출판기념회와 관련하여 선거법에서는 시기에 대해서만 제한을 가하고 있으나, 저서 내용에 비방 또는 허위사실이 포함된 내용이 없는지 신중한 검토가 필요하다. 그리고 제3자가 출판기념회와 관련하여 선거구민에게 음식물을 제공하거나 무료로 책을 제공하는 행위 등이 간혹 발생하고 있으므로 사전교육을 통해 위반행위가 발생하지 않도록 대비하자.

성공적인 출판기념회는 철저한 준비에 달려있다

첫째, '저서' 출간 및 행사 개최를 철저히 준비해야 한다. 출판기념회는 책 출간을 통해 유권자와 소통하는 자리로 저서 출간과 행사 개최를 위해 철저히 준비해야 한다. 글을 써본 경력이 없는 사람은 글을 쓴다는 게 어렵다. 하지만 정치인이라면 할 말이 많을 것이고 관련 자료를 준비하여 매일 조금씩 글로 옮기면 된다. 진심을 다하면 명저는 아니더라도 평균 이상의 저서를 출간할 수는 있다. 글은 나의 브랜드를 높이고, 가치관을 확고히 하며, 꿈을 현실로 바꾸는 도구가 될 수 있다.

정치인의 저서 출판은 기획출판이 주류를 이루고 있으며, 평균 1~2천 부 정도 인쇄하여 판매한다. 저서의 내용은 정치인의 발자취를 담은 기록물이므로 기본 틀은 대동소이하다. 일부 정치인은 아예 기획사에 맡기기도 한다. 경력, 업적, 사진 등 기초자료를 제공하면 기획사에서 책 출간을 도와준다. 출판기념회 행사 역시 초청장 발송 대상자 명단만 건네주면 기획사(출판사)에서 초청장 DM 발송부터 행사 준비, 마무리까지 전담해주기 때문에 정치인은 사람 동원에만 전념하면 된다.

Tip 입후보예정자 자신의 주요 활동사진을 미리 준비하자

출판기념회 관련 책 출간, 후보자선전물 제작 등에 사용할 사진을 충분히 준비해놓는 게 좋다. 저서 작성을 통해 자신의 경력 및 활동 상황 등을 유권자에게 어필하는 데는 진정성 있는 글에 좋은 이미지를 담은 사진을 더할 경우 책의 가치를 배가시킬 수 있다.

둘째, 적정한 장소를 확보해야 한다. 개최 장소는 참석 예정인원 등을 고려하여 적정한 장소를 선정하는 게 중요하다. 적정한 공간이 없으면 너무 넓은 공간보다는 차라리 다소 비좁아 주차하기 어려울 정도의 장소도 괜찮다. 행사장 안이 시장처럼 혼잡하고 붐벼야 홍보효과가 크다. 출판기념회 자체가 후보자의 세 과시장이기 때문이다. 큰 공간에 빈자리가 많으면 실패한 출판기념회로 비칠 수 있다. 정치는 실속 있는 실내등보다는 화려한 네온사인을 더 높게 평가한다.

셋째, 적극적인 홍보로 많은 인원을 참석시켜야 한다. 성공적인 출판기념회의 조건은 참석자가 많아야 한다. 주의해야 할 점은 SNS 등을 이용하여 광범위한 선거구민에게 초청장을 전송하여 출판기념회를 이용하여 선거운동에 이르게 한 때에는 제254조에 위반될 수 있다는 것이다(회답, 2014.4.23). 우리나라에서는 아직도 체면을 따지는 곳이 의외로 많다. 애·경사나 자치단체에서 개최하는 각종 행사가 대표적이다. 방문자 수가 많아야 행사 주관자 입장에서는 체면이 서고 성공적인 행사로 평가한다. 선거판은 오히려 체면을 더 따지고 중요하게 생각한다. 그래서 행사 후 참석 인원을 부풀려 홍보한다.

Tip 출판기념회의 성공 여부는 유력정치인의 참석 여부에 달려 있다

영화를 보면 주연 못지않은 조연이 있듯이 출판기념회도 마찬가지다. 후보자가 주연이라면 유력정치인은 주연 같은 조연이다. 출판기념회 일정을 잡을 때 유력정치인의 일정에 맞추어 잡는 게 좋다. 성공적인 출판기념회 여부를 평가할 때 중요한 항목 중 하나는 유력정치인의 참석 여부다. 제8회 시·도지사선거 입후보예정자의 출판기념회에 유력 대선 (예비)후보자가 참석하면 출판기념회의 품격이 높아진다. 참석이 어려우면 차선책으로 축하 동영상을 받아 상영해도 좋다.

넷째, 경험이 풍부한 사회자를 선정해야 한다. 사회자가 어떻게 행사를 진행하느냐에 따라 행사 분위기가 달라질 수 있으므로 사회자 경험이 풍부한 사람이 좋다. 예전에는 개그맨 등 연예인이 대세였는데, 최근에는 젊은 캠프관계자들도 많다.

최근 판례

❶ 출판기념회 관련 도서 무료 제공(제3자의 기부행위) [대전고등법원 2019노194]
❷ 이장이 전세버스 기사와 공모하여 군수 출판기념회 교통편의 제공 등[대구지방법원서부지원 판결 2018고합219]
❸ 입후보예정자의 사진이 인쇄되어 있고, ○○○ 시장이라는 직위가 표시되어 있으며, "△△

시장이 시민, 공직자들과 함께 만든 △△사랑 이야기"라고 기재된 출판기념회 초청장 발송
[대전지방법원논산지원 판결 2015.2.9 선고 2014고합61]

6) 의정보고회(§111)

현직 프리미엄의 대명사

현직효과를 거론할 때 단골로 등장하는 의정보고회는 국회의원과 지방의원에게 주어지는 보너스다. 의정보고회 관련 선거법상 제한은 기간(대선, 총선, 지선의 선거일 전 90일부터 선거일까지)만 제한을 두고 있을 뿐이다. 국회의원과 지방의원이 인터넷 홈페이지 또는 게시판 · 대화방 등에 게시하거나 전자우편 · 문자메시지로 전송하는 방법(자동 동보통신 방법 포함)으로 의정활동을 보고하는 것은 언제든지 가능하다. 그리고 의정보고서의 발행 횟수 · 부수 · 면수 · 규격 또는 제작비용에 관하여 선거법상 제한규정은 없다. 의정보고서를 우편으로 발송할 경우 구 · 시 · 군의 장으로부터 세대주명단을 연 1회에 한하여 교부 받을 수 있다(§111③). 그리고 의정보고서에 허위 · 유사학력을 기재하는 경우 허위사실 공표죄로 처벌받을 수 있음에 유의해야 한다.

의정활동 보고 · 홍보 기간 확대

국회의원 또는 지방의회의원은 보고회 등 집회, 보고서, 인터넷, 문자 메시지, 송 · 수화자 간 직접 통화방식의 전화 또는 축사 · 인사말(게재하는 경우 포함)을 통하여 의정활동을 선거구민(행정구역 또는 선거구역의 변경으로 새로 편입된 구역의 선거구민 포함)에게 보고할 수 있다. 2020.12.29자 선거법 개정으로 의정활동보고 · 홍보기간이 확대되었다. 즉, 국회의원 · 지방의회의원 또는 선거운동을 할 수 있는 사람은 선거일이 아닌 때에 법 제59조제4호에 따라 말 또는 송 · 수화자 간 직접 통화방식의 전화를 이용하여 선거운동을 하면서 의정활동을 보고 또는 홍보할 수 있다(중앙선관위 운용기준, 2021.1.12).

3.
예비후보자

1) 간판·현판·현수막 게시(§60의3.1)

예비후보자의 선거사무소에 게시할 수 있는 간판·현판·현수막의 수량·규격에는 제한이 없으나, 선거사무소가 있는 건물이나 담장을 벗어난 장소에 설치·게시할 수는 없다(규칙 §27④). 간판·현판·현수막에 게재하는 내용과 관련하여 기호가 결정되기 전이라 하더라도 예비후보자가 자신의 기호를 알 수 있는 때에는 그 기호를 게재할 수 있고(규칙 §27③), 간판·현판·현수막에 반드시 예비후보자를 표시하지 않아도 무방하지만 후보자임을 표시할 수는 없다. 그러나 당해 예비후보자가 당해 정당의 당헌·당규에 따라 정당추천후보자로 확정된 경우에는 후보자라 표시할 수 있다. 또한 선거사무소 현수막에 해당 지역을 선거구로 하는 다른 선거 입후보예정자의 직·성명을 게재하거나 자신의 사진과 다른 선거 입후보예정자의 사진을 나란히 게재하는 경우 그 입후보예정자를 부각하거나 지지·추천 또는 반대하는 내용을 게재하지 않는 경우 허용된다.

2) 명함 배부(§60의3.2) ⇒ 4장 2. 4) 명함 배부 및 지지 · 호소(§59.5) 참조

3) 예비후보자홍보물 발송(§60의3.4)

내용도, 스펙도 줄이고 또 줄이자

총선 등의 예비후보자는 자신의 사진 · 성명 · 전화번호 · 학력 · 경력, 그 밖에 홍보에 필요한 사항을 게재한 예비후보자홍보물을 선거구 안에 있는 세대수의 100분의 10에 해당하는 수 이내에 해당하는 매수를 제작하여 1회 우편발송 할 수 있다. 예비후보자는 표지를 포함한 전체 면수의 100분의 50 이상의 면수에 선거공약 및 이에 대한 추진계획으로 각 사업의 목표 · 우선순위 · 이행절차 · 이행기한 · 재원조달방안을 게재하여야 하며, 이를 게재한 면에는 다른 정당이나 후보자가 되려는 자에 관한 사항을 게재할 수 없다. 크기(길이 27cm, 너비 19cm 이내)와 면수(8면 이내)만 제한을 두고 있을 뿐 직사각형이 아닌 원형 또는 특정 형태로 제작하는 것도 가능하다. 예비후보자홍보물과 그 발송용 봉투의 앞면에는 "예비후보자홍보물"이라고 표시하여야 하나(규칙 제26조의2), "후보자"로 표시할 수는 없다. 예비후보자홍보물은 각 세대에 우편발송 해야지 거리 등에서 배부할 수는 없다. 예비후보자홍보물을 선거구 내 각 읍 · 면 · 동별로 내용을 달리 제작하여 발송할 경우 횟수(1회)를 초과하므로 유의해야 한다.

예비후보자홍보물의 키포인트는 디자인에 있다. 내용은 자신만의 기발한 공약이라든지 아이디어가 아니라면 지면과 글자 수를 과감히 줄이

자. 저서가 아니라 홍보물이므로 유권자의 눈이 즐거우면 그만이다. 감동받기를 바라는 것은 과욕이다. 말이나 글이 길다고 내용이 더 탁월한 것은 아니다. 헝가리 태생의 미국 언론인 조셉 풀리처(Joseph Pulitzer)는 "짧게 써라. 그러면 읽힐 것이다. 명료하게 써라. 그러면 이해될 것이다. 그림같이 써라. 그러면 기억 속에 머물 것이다"라고 말했다. 많은 지면을 읽어볼 만큼 한가하고 넉넉한 마음을 가진 유권자는 많지 않다. 차라리 매력적인 한 단어, 한 문장으로 작성하거나, 노안 등으로 시력이 좋지 않은 유권자를 배려하여 큰 글자 포인트로 작성하는 게 유권자의 마음을 사로잡을 수 있다.

스펙도 일반적인 사회경력을 나열하지 말고 확실한 스펙 1~2개만 큰 글자체로 넣자. 그게 오히려 유권자의 눈에 띄고 어필할 수 있다. 너무 많으면 읽지 않는다. 너무 많은 종류의 제품을 비치한 경우보다 몇 개의 제품만 비치한 경우 판매량이 많다고 한다. 이러한 인간의 심리를 심리학자들은 인지적 구두쇠[3]라고 표현한다. 기업에서도 브랜드 선호도를 높이기 위해 제품을 홍보할 때 많은 장점보다는 소비자가 쉽게 기억할 수 있도록 1~2가지 제품에 포커스를 맞추는 판매 전략을 구사한다.

Tip 예비후보자홍보물은 적은 수량이라도 발송하자

중앙선관위에서 발간한 제21대 총선 총람을 보면, 예비후보자 총 1,612명 중 685명(23.0%)만 예비후보자홍보물을 발송했다. 준비시간 부족, 경비 과다, 미보전, 선택과 집중에 의한 전략 등 여러 가지 요인이 있겠지만, 예비후보자의 이름을 알릴 좋은 기회이므로 일부 지역 · 계층이라도 발송하는 게 유리하다.

---

3 인간은 인지적으로 많은 에너지를 소비하면서 어떤 생각을 깊게 하는 것을 싫어하는 것을 말한다.

누구에게, 언제 발송할까?

예비후보자홍보물의 배부 수량이 세대수의 100분의 10에 불과하여 그동안 관리한 파일자료와 구 · 시 · 군의 장으로부터 세대주 명단을 교부받아 배부대상자를 선별하면 된다(§60의3③). 중앙선관위에서는 예비후보자의 선거운동 자유 확대 차원에서 배부 수량을 현행 세대수의 100분의 10에서 세대수로 개정하자는 의견을 제출했다. 파일관리를 아무리 잘해도 주소이전 등으로 부정확할 수 있으므로 무조건 구 · 시 · 군의 장으로부터 세대주 명단을 교부받을 것을 권한다(§60의3③). 다중이 많이 방문하는 미용실, 부동산 사무실, 선거구 내 각종 사회 · 봉사단체의 대표, 영향력 있는 지역인사, 집중 공략대상 아파트 등을 우선 발송하고, 나머지는 시 · 군청에서 받은 세대주 명단으로 각 세대에 우편발송 하면 된다. 독일의 심리학자 헤르만 에빙하우스(H. Ebbinghaus)의 망각곡선[4]이 보여주는 것처럼 인간은 망각의 동물이다. 배부 시기는 우선 당내경선을 겨냥해 우편발송을 하는 게 좋지만, 너무 일찍 발송하면 효과가 반감되기 때문에 타이밍이 중요하다.

---

4 한번 기억한 일이 시간이 지남에 따라 감소하는 정도를 나타낸다. 20분 후에는 단지 58%만을 기억했고, 1시간 후에는 44%를 기억했다. 하루 경과 시 34%만을 기억했고, 이틀 경과 시 28%만을, 한 달 후에는 21%를 기억했다.

4) 어깨띠 및 표지물 이용(§60의3.5)

예비후보자는 규격 범위 내에서 어깨띠와 표지물(어깨띠는 길이 240cm, 너비 20cm 이내; 표지물은 길이 100cm, 너비 100cm 이내)을 착용하고 선거운동을 할 수 있다. 제60조의3 제1항제5호의 표지물을 착용하는 행위는 예비후보자가 자신과 다른 후보자를 구별하게 하는 표시나 특징을 드러내는 물건을 직접 몸에 입고 두르거나 머리에 쓰는 것 또는 그와 유사한 방법으로 신체 일부와 떨어지지 않은 상태로 사용하는 것을 뜻한다(서울고등법원 판결 2014.12.18. 선고 2014노3279).

따라서 표지물(피켓)을 노상의 보행자 보호설치대에 세워두고 그 옆에서 지지를 호소하는 행위는 할 수 없다(대법원 판결 2015.3.31. 선고 2015도159). 그러나 Ⓐ 보조기구 없이는 이동이 불가능한 중증장애인 예비후보자의 경우 사실상 신체 일부 같은 역할을 하는 보조기구(휠체어)에 표지물을 부착하는 것은 착용으로 보아 허용된다(회답, 2010.4.23). 그리고 Ⓑ 표지물 규격 범위에서 입고 다니는 상의(점퍼나 유니폼)에 표지물 대신 선거운동용 글귀를 새길 수도 있고(회답, 2010.2.5), Ⓒ 어깨띠를 그 규격 범위 내에서 마라톤 등 번호와 같이 가슴과 등에 부착되는 형태로 제작 · 사용할 수도 있다(회답, 2006.4.26).

5) 예비후보자공약집(§60의4)

지방자치단체의 장선거의 예비후보자는 "예비후보자공약집"을 도서의 형태로 1종만 발간 · 배부할 수 있으며, 이를 배부하려는 때에는 통상적인 방법으로 판매하여야 한다. 다만, 방문판매의 방법으로 판매할 수 없다. 예비후보자가 우편으로 발송하거나 직접 선거구민을 방문하여 배달하는 것은 통상적인 판매로 볼 수 없다(회답, 2009.3.20).

예비후보자공약집의 필요적 게재사항은 선거공약 및 이에 대한 추진계획으로 각 사업의 목표 · 우선순위 · 이행절차 · 이행기한 · 재원조달방안을 게재하여야 하며, 공약집의 앞면에는 명칭("예비후보자공약집"), 선거명, 예비후보자의 성명, 소속정당명(정당의 당원이 아닌 사람은 "무소속"이라 적음)을, 뒷면에는 작성 근거, 판매가격, 출판사(출판사를 이용하지 아니하고 발간한 경우에는 인쇄사)의 명칭 · 주소 · 전화번호를 적어야 한다. 또한 임의적 게재사항으로 예비후보자 자신의 사진 · 성명 · 학력(정규학력과 이에 준하는 외국의 교육과정을 이수한 학력) · 경력, 그 밖에 홍보에 필요한 사항을 적을 수 있으며, 이 경우 그 게재 면수는 표지를 포함한 전체 면수의 100분의 10을 넘을 수 없으며, 다른 정당이나 후보자가 되려는 자에 관한 사항은 예비후보자공약집에 게재할 수 없다.

6) 거리 인사

거리 인사는 즐거운 마음으로

(예비)후보자의 거리 인사는 유권자 입장에서 보면 대수롭지 않게 보이지만, 인사하는 (예비)후보자는 도로변에서 매연을 마셔가면서 지나가는 유권자 또는 차량을 향하여 지지 · 호소해야 하는 고된 일이다. 새벽에 일찍 일어나 밤늦게까지 강행군해야 하는 극한직업이다. 건강한 체력은 후보자의 중요 자산이다. 작가가 엉덩이의 힘 싸움이라면, 후보자는 허벅지 근육의 힘 싸움이다. 거리 인사는 선거구 내 차량과 유권자가 많이 다니는 장소를 파악하여 출 · 퇴근시간 등 시간대별로 짜야 한다. 그리고 어깨띠와 특색 있는 소품을 준비한다. 소품은 지나가는 유권자의 눈에 잘 띄도록 글자 수를 최소화하고 큰 글자로 제작하는 게 효과적이다. 기호, 이름이 잘 보이지 않는 소품은 무용지물이다.

유권자가 지켜보고 있다

일부 후보자의 거리 인사를 보면 너무 성의 없이 마지못해 손을 흔드는 경우를 볼 수 있다. 그런 거리 인사는 하지 않는 게 좋다. 남의 장점은 잘 보이지 않아도 단점은 금방 눈에 띈다. 도로변에서 인사하는 후보자는 차량 안에 있는 유권자를 볼 수 없으나, 차량 안의 유권자는 후보자의 행동을 순식간에 보고 모든 것을 판단한다. 소리만 들리지 않을 뿐 자동차극장에서 영화를 상영하는 것과 똑같다. 유권자를 눈으로 볼 수 없다고 경솔하게 인사하거나 행동해서는 안 된다.

Tip 거리 인사의 포인트는 비 오는 날

거리 인사에서 운수 좋은 날은 맑은 날이 아니라 비 오는 날이다. 비 오는 날은 누구나 집에서 쉬고 싶고 귀찮다. 비 오는 날 거리 인사하는 후보자를 별로 보지 못했다. 위기가 기회라는 말이 있다. 상대 후보자가 쉬는 날 차별화를 시도할 수 있기 때문에 제격이다. 유권자로부터 동정심을 유발할 수도 있고, 열심히 선거운동 하는 후보자로 각인시킬 수도 있다. 투입한 시간 대비 생산성이 높다.

4. 경선후보자

1) 공천이란

공천이라 함은 정당이 공직선거에 후보자를 추천하는 행위로 정당법 제2조(정의)에 규정을 두고 있다. 정당이 공직선거에 후보자를 내세우는 일은 정당의 핵심적 기능 중 하나로 정당과 다른 조직들을 구분하는 기준이 될 수 있다. 정당의 후보자 공천 방식은 크게 지명제, 당내경선제 및 혼합형을 들 수 있다. "공천은 당선결정 방식, 선거구의 크기 등 선거제도 여하에 따라 정당이 어떤 공천방식을 채택할지를 결정할 때 중요한 의미를 갖는다."(르우벤 하잔 · 기드온 라핫, 2019). 우리나라의 경우 제21차 선거법 개정(2008.8.4) 시 당내경선제도가 선거법으로 편입되어 신설되었다.

당내경선 시 특정 정당의 후보로 선출되기만 하면 당선될 가능성이 높은 선거구의 경우 공천 = 당선이라는 등식이 성립하기 때문에 당내경선 통과가 본선거보다 더 치열하다. 그러다 보니 선거법위반행위 역시 당내경선을 앞두고 가장 많이 발생한다. 특히 읍 · 면 · 동, 지역별 조직을 동원하여 입당시킨 당원 등을 대상으로 기부행위를 하거나, 당내경선투표소 교통편의 제공행위 등이 발생하고 있다.

2) 당내경선이란

당내경선이란 정당이 공직선거에 추천할 후보자를 선출하기 위하여 실시하는 선거로서 법 제57조의4(당내경선사무의 위탁) 제1항의 규정에 따라 경선사무를 관할 선거구위원회에 위탁하여 실시하는 선거를 말한다. 선거법상 당내경선은 ① 투표에 의한 당내경선과 ② 정당의 당헌 · 당규 또는 경선후보자 간의 서면합의에 따라 실시하는 당내경선을 대체하는 여론조사에 의한 당내경선 방식이 있다. 이때 서면합의는 경선후보자 모두가 동의하여 실시하는 여론조사를 말한다. 다만, 면접 또는 후보자 간의 토론회 방법(회답, 2005.12.2), 1인만이 경선후보자로 등재된 후 그 후보자에 대해 찬반을 묻는 형식으로 진행하는 방법(회답, 2010.4.7)은 당내경선에 포함되지 않는다.

Tip 당원과 당원이 아닌 자에게 투표권을 부여하여 실시하는 당내경선 여부

정당이 당원과 당원이 아닌 자에게 경선후보자 중 누가 선거의 후보자가 되어야 하는지에 관한 선택의 의사를 표시하게 하는 당내경선은 법 제57조의3 제1항이 정한 "당원과 당원이 아닌 자에게 투표권을 부여하여 실시하는 당내경선"에 해당하고, 그 투표권을 행사하는 방식은 반드시 투표용지에 기표하는 방법으로 제한되지 않으며, 특별한 사정이 없는 한 여론조사 방식을 통하여 위와 같은 선택의 의사표시를 하도록 하는 방법도 포함됨(대법원 판결 2019.10.31. 선고 2019도8815).

경선후보자란 정당이 당내경선의 후보자로 등재된 자를 말하고, 경선후보자가 되고자 하는 자는 정당이 당헌과 당규에 따라 등록을 마치기 전의 사람을 말한다. 경선후보자로서 당해 정당의 후보자로 선출되지 아니한 자는 당해 선거의 같은 선거구에서는 후보자로 등록될 수 없으며(§57의2②본문), 이에 위반하여 후보자등록을 한 경우 그 후보자등록은 무효가 된다(§52①8). 정당마다 다소 차이는 있지만, 대개 투표와 여론조사 방식을 혼용하고 있다. 당내경선제 도입 초기에는 여론조사 방식의 당내경선 결과의 공정성 시비 등으로 경선 후유증도 있었지만, 그래도 대부분의 정당이 전략공천보다는 당내경선제를 선호하고 있다. 여론조사에 의한 당내경선 방식의 문제점을 보완하기 위해 2017.2.8자 선거법 개정 시 신설된 '휴대전화 가상번호 제공' 제도(§57의8)를 활용하여 여론조사 방식의 당내경선을 치르고 있다.

3) 당내경선운동 방법(§57의3)

당내경선운동 방법 확대

당내경선운동(§57의3)은 경선후보자가 본선거의 후보자로 선출되도록 하기 위한 경선운동을 말한다. 선거법은 경선운동을 사전선거운동 금지규정을 회피하는 수단으로 악용하는 것을 방지하기 위해 경선운동 방법을 아래 네 가지 방법만 허용하고 있다. 공직선거법에서 허용하는 범위를 넘어서 경선운동을 하는 경우 처벌받는다(대법원 판결 2008.9.25. 선고 2008도

6232, 대법원 판결 2007.3.15. 선고 2006도8869). 따라서 경선후보자가 비록 예비후보자라 하더라도 법 제60조의3 제1항제4호 · 제5호의 방법으로 경선운동을 할 수 없다. 그러므로 예비후보자인 경선후보자는 예비후보자의 선거운동 방법인 어깨띠를 착용하고 경선운동을 할 수 없다. 2020.12.29자 선거법 개정으로 비당원 참여 당내경선에서 선거운동을 할 수 있는 사람은 법 제59조제4호에 따라 말 또는 송 · 수화자 간 직접 통화방식의 전화를 이용하여 경선운동을 할 수 있다(중앙선관위 운용기준, 2021.1.12).

경선운동은 선거운동이 아니다

경선운동은 (예비)후보자 등의 선거운동에 대해 규정을 둔 선거법 제7장. 선거운동과 달리 선거법 제6의2장에 규정을 두고 있는바, 이는 제58조(정의등)의 선거운동과는 다른 활동으로 봐야 한다. 대법원 판례 역시 "공직선거에 출마할 정당 추천 후보자를 선출하기 위한 당내경선에서의 당선 또는 낙선을 위한 행위는 선거운동에 해당되지 아니한다. 다만 당내경선에서의 당선 또는 낙선을 위한 행위라는 구실로 실질적으로는 공직선거에서의 당선 또는 낙선을 위한 행위를 하는 것으로 평가할 수 있는 예외적인 경우에 한하여 그 범위 내에서 선거운동으로 볼 수 있다"(대법원 판결 2013.5.9. 선고 2013도2681)라고 판시했다. 경선운동과 선거운동은 서로 양립 불가능한 관계가 아니고 경우에 따라 양자 모두가 성립될 수 있다. 이와 같이 하나의 행위가 선거운동과 경선운동에 모두 해당할 경우 양자는 상상적 경합 관계에 있다 할 것이다(대검찰청, 2018). 그리고 아래의 당내경선운동 방법에 위반되는 경선운동에 소요되는 비용은 선거비용에 해당한다(§57의3③).

[경선사무소(§57의3①1)]

경선후보자는 당내경선사무소 1개를 설치할 수 있고, 경선후보자를 홍보하는 간판 등을 설치 · 게시할 수 있다. 예비후보자가 경선후보자가 되는 경우 공동으로 사용하면 된다. (예비)후보자의 선거사무소와 마찬가지로 경선사무소 간판 등에 네온사인 · 형광 기타 전광에 의한 방법으로 설치할 수 있으나 애드벌룬으로는 설치할 수 없다. 그리고 경선후보자가 당내경선사무소를 1개소 설치하는 외에 지역별로 경선사무소 또는 경선연락소를 설치하는 행위, 경선후보자 현수막 등에 합성사진을 게재하는 행위는 할 수 없다. 그리고 경선사무소를 방문하는 자나 경선사무소의 개소식에 참석한 자에게 통상적인 범위 안에서 다과류의 음식물(3,000원 이하, 주류 제외)을 제공할 수 있으며, 경선후보자와 함께 다니는 자와 경선사무소에 종사하는 자를 합하여 10~15인(시 · 도지사선거 15인, 총선 및 기초장선거 10인, 경선후보자의 가족 제외) 이내에서 통상적인 범위 안의 식사류의 음식물을 제공할 수 있다(규칙 §25의3①).

[경선후보자 명함 배부 및 지지 · 호소(§57의3①1)]

경선후보자 자신의 성명 · 사진 · 전화번호 · 학력 · 경력, 그 밖에 홍보에 필요한 사항을 게재한 길이 9cm, 너비 5cm 이내의 명함을 직접 주거나 지지를 호소하는 행위를 할 수 있다. 다만, 경선후보자가 자신의 명함을 직접 주거나 지지를 호소하는 방법의 경선운동은 당내경선의 선거일 투표개시시각부터 투표마감시각까지는 이를 할 수 없다(규칙 §25의3①). 명함 제작 · 배부 등에 대해서는 4장 2. 4) 명함 배부 및 지지 · 호소(§59.5)에서 설명하여 생략한다.

[경선홍보물(§57의3①2)]

경선홍보물은 후보자가 작성한 1종을 1회에 한하여 정당이 우편 발송한다. 수량은 해당 정당이 정한 경선선거인 수에 그 100분의 3에 상당하는 수를 더한 수 이내의 수량으로 작성하여야 하며, 규격은 길이 27cm, 너비 19cm 이내에서 4면(대통령 및 시 · 도지사선거의 당내경선 8면) 이내로 작성하면 된다. 경선홍보물에는 작성 근거, 인쇄소의 명칭 · 주소 · 전화번호를 표시하여야 하며, 앞면에는 '경선후보자홍보물'이라 표시하여야 한다. 정당이 경선홍보물을 발송하고자 하는 때에는 발송일 전 2일까지 관할 선관위에 신고하여야 한다(규칙 §25의3②).

[합동연설회 또는 합동토론회(§57의3①3)]

정당이 경선후보자를 대상으로 합동연설회 또는 합동토론회를 옥내에서 개최할 수 있다. 합동연설회 또는 합동토론회를 개최하는 경우에는 관할 선관위에 사전신고를 해야 한다. 경선후보자는 합동연설회 또는 합동토론회가 개최되는 시설의 입구나 담장 또는 그 구내(옥외)에 자신의 홍보에 필요한 현판과 현수막(대선 20제곱미터 이내, 총선 등 10제곱미터 이내)을 각 2개 이내에서 설치 · 게시할 수 있다. 다만, 애드벌룬이나 기구류를 이용한 방법으로는 설치 · 게시할 수 없다.

4) 공무원 등의 당내경선운동 금지(§57의6)

법 제60조제1항에 따라 선거운동을 할 수 없는 사람은 당내경선에서 경선운동을 할 수 없다. 다만, 소속 당원만을 대상으로 하는 당내경선에서 당원이 될 수 있는 사람이 경선운동을 하는 경우에는 그러하지 아니하다(①). 최근 헌법재판소는 제7회 전국동시지방선거와 관련하여 경선운동을 할 수 없는 △△△△시 ㅁㅁ공단의 상근직원이 ◇◇구청장 당내경선 후보자 김○○를 위하여 권리당원 4,116명을 모집한 후 SNS를 이용하여 경선운동을 한 행위와 관련하여 위헌 결정을 하여(헌법재판소 2021.4.29. 2019헌가11) 향후 동 조문에 대한 법 개정이 필요하다.

5) 당내경선 관련 유의사항

첫째, 누가 권리당원을 많이 확보하느냐가 당락을 좌우한다. 권리당원 확보는 모든 정당의 어려운 숙제인데, 경선후보자가 되고자 하는 자가 어느 정도 갈증을 해소해준다. 누이 좋고 매부 좋은 격이다. 이들 권리당원은 총선, 지선뿐만 아니라 대선 판세에도 영향을 준다. 팬카페 등을 통한 팬덤 구축은 절대적으로 유리하다. 부모가 시켜서 공부하는 학생이 스스로 좋아서 공부하는 학생을 이길 수는 없다. 최근에 실시한 각 정당의 당내경선 룰(rule)을 보면 선거별 다소 차이가 있지만, 경선선거인 비율을 보면 여론조사 50%, 권리당원 50%를 많이 채택했다. 여론조사 50%는 정당에서 휴대전화 가상번호를 제공받아 여론조사기관에 의뢰하여 실시하는 랜덤방식이기 때문에 변수가 별로 없다. 다분히 운(運)의 영역이다. 하지만 권리당원 50%는 변수가 많다. 정당별로 매달 1~2천 원씩 6개월 이상 당비를 납부한 권리당원에게 투표권을 준다. 그리고 정당별로 다소 차이는 있지만 경선후보자 중 신인, 여성에게는 일정 비율(%)의 가산점을 부여하고, 기존 정치인에게는 일정 비율(%) 감점을 적용한다. 당내 경선 관련 유의사항은 당원 모집과정 에서 당비를 대납해주는 선거법위반행위가 자주 발생하는데, 이는 기부행위로 신분에 영향을 줄 수 있는 선거범죄다.

Tip 권리당원 확보가 중요한 이유

ㅁㅁ시 선거구의 △△당 권리당원이 1만 6천 명이라고 하자. A예비후보자의 권유로 정당에 가입한 당원 8천 명 중 권리당원이 6천 명이라고 가정하자. 이때 경선후보자가 4명이고 투표율이 50%(8천 표)일 경우 평균 2천 표이지만 A예비후보자의 경우 3천 표를 받을 수 있다는 계산이 나온다. 평균 득표율 25%보다 12.5% 더 많은 37.5%의 득표를 얻는다는 계산이 나온다. 여론조사에서 특정 경선후보자에게 몰표가 나오지 않는 한 A예비후보자가 절대적 우위를 가져올 수 있다는 결론이 나온다. 그러므로 권리당원을 확보하지 않은 예비후보자는 당선 가능성이 거의 희박하다고 봐야 한다. 정당마다 선거를 앞두고 (권리)당원 배가운동을 실시하는데, 당내경선을 희망하는 정치인은 한 명이라도 적극적으로 참여시켜 내 편으로 만들어야 한다.

둘째, 당내경선 방법, 공천 룰(rule) 등을 알아야 한다. 각 정당은 당내경선의 공정성과 객관성을 확보하기 위해 당내경선 관련 룰을 마련해두고 있다. 경선입후보예정자는 경선 룰을 미리 확인한 후 어떻게 준비해야 할지를 고심해야 한다. 지난번 지선 시 특정 정당의 경선을 앞두고 일부 당내경선 룰, 즉 경선 방법, 경선인 범위, 비율 등이 바뀐 적이 있으므로 수시 확인해야 한다.

셋째, 중앙 · 시 · 도당과 좋은 인간관계를 맺기다. 이는 정치인이 갖춰야 할 중요한 덕목 중 하나로, 공천권을 쥐고 있는 중앙당과 시 · 도당과 좋은 인간관계를 맺는 것으 중요하다. 정당도 사람들이 움직이는 조직이므로 일반 조직과 별반 다를 게 없다. "주변에 있는 사람들이 당신의 미래를 결정한다"라고 주장하는 휴스뉴 외즈예인(Husnu Ozyegin)의 말이 가슴에 와 닿는다. 신뢰를 바탕으로 한 인간관계는 마르지 않는 샘물로 자신의 무한한 자산이다.

넷째, 나의 좋은 이미지는 최고의 무기다. 단기간 내에 치러지는 당내경선에서 후보자의 좋은 이미지는 제품의 상표처럼 득표에 많은 영향을 미친다. 3장에서 강조한 이미지 메이킹은 당내경선에도 그대로 적용된다.

최근 판례

❶ 당내경선운동 방법 제한을 위반하여 후보자를 지지하는 책임당원 대상 모바일 투표 득표율 제고를 위한 독려 활동[대법원 판결 2020.4.29. 선고 2020도999]
❷ 선거인단 등록 인증번호를 전송받고 전화를 이용하여 ARS 경선투표 참여 독려 등 경선후보자 지지 · 호소 행위[대법원 판결 2019.4 5. 선고 2018도18541]

5. 후보자

1) 선거별·유형별 선거운동 방법

선거법은 후보자의 선거운동 방법으로 제64조(선거벽보)부터 제83조(교통편의의 제공)까지 규정을 두고 있다. 이를 매체별로 구분하면 아래 표와 같이 나눌 수 있다. 이 책에서는 특정 선거에서만 허용되는 신문 · 방송(제69조~제74조), 대담 · 토론회(제81조~제82조) 등을 제외하고, 총선 등의 후보자에게 공통적으로 허용되는 인쇄물 · 시설물 및 대담 · 토론회를 이용한 선거운동 방법 등을 중심으로 알아본다.

선거별 · 유형별 선거운동 방법

구분		총선	지선				관련 조문
			시 · 도 지사	기초장	광역 의원	기초 의원	
인쇄물 이용	선거벽보	○	○	○	○	○	§64
	책자형선거공보	○	○	○	○	○	§65
	선거공약서	×	○	○	×	×	§66
	명함	○	○	○	○	○	§93
시설물 이용	선거사무소 현수막 등	○	○	○	○	○	§61
	거리 현수막	○	○	○	○	○	§67
	어깨띠 등 소품	○	○	○	○	○	§68
	자동차 · 선박에 선전물 부착	○	○	○	○	○	§91
언론 매체 이용	신문광고	×	○	×	×	×	§69
	방송광고	×	○	×	×	×	§70
	후보자의 방송연설	○	○	○	×	×	§71
	방송시설 주관 후보자 연설 방송	○	○	○	○	○	§72
	한국방송공사 경력방송	○	○	○	×	×	§73
	방송시설 주관 경력방송	○	○	○	○	○	§74
대담 · 토론회 이용	공개장소 연설 · 대담	○	○	○	○	○	§79
	단체의 후보자 초청 대담 · 토론회	○	○	○	○	○	§81
	언론기관의 후보자 초청 대담 · 토론회	○	○	○	○	○	§82
	선거방송토론회 주관 대담 · 토론회	○	○	○	×	×	§82의2
인터넷 광고 이용 등	인터넷 광고	○	○	○	○	○	§82의7
	거리 인사, 공개장소 지지 · 호소	○	○	○	○	○	§105, §106

2) 인쇄물 이용 선거운동(§64~§66)

선거벽보, 선거공보 등 선전인쇄물은 대표적인 오프라인 선거운동 방법이다. 아무리 온라인 시대라고 하지만 오프라인 선거운동 방법 역시 나름대로 홍보효과가 있다. 마이크로 시대에 유권자의 마음을 사로잡으려면 선전인쇄물도 심플하고 다소 도발적이며 강한 메시지로 접근해야 한다. 이는 물에 선명한 색소를 넣어야 눈에 띄고, 적절한 비유와 사례가 있어야 작가의 글이 생동감 넘치는 것과 같다. 동일 제품인데 10배 이상 비싸게 팔아도 구매하는 데는 다 이유가 있다. 정보매체의 발달로 유권자의 눈높이가 너무 높아졌다. 선전인쇄물 제작도 새로운 접근이 필요하다.

선거벽보(§64)

[선거벽보는 읽는 게 아니라 보는 것이다]

선거벽보는 후보자의 기호, 이름, 사진, 공약 등을 적어 넣은 후보자 선전물로 최고의 선거유물 중 하나다. 선거벽보에는 후보자만의 사진을 게재해야 하므로 타인의 인물사진은 게재할 수 없다. 선거벽보는 법에서 재질, 규격 등에 제한을 가하고 있기 때문에 누가 기획 · 도안을 잘하느냐의 싸움이다. 결론부터 말하면 글자 수는 줄이고 내용은 빼라. "긴 단어는 읽는 것이지만, 짧은 단어는 보는 것이다."(송숙희, 2018) 유권자는 선거벽보 중 눈에 띄는 사진과 몇 글자만 보고 판단한다. 즉, 유권자는 "뜯어보지 않고 훑어본다."(세드 고딘, 2019) 여러 장짜리 인쇄물을 제공하는 것보다 화이트보드에 몇 글자 적는 게 더 인상적이다. 왜냐하면 보는 것이 전달력이 높기 때문이다. 글도 작가가 설명하는 것보다 경험 등을 그대로 보여주는 게 독자를 감동시킨다.

선거벽보는 소설책이 아닌 만화책이나 벽화에 가깝기 때문에 기호, 이름, 사진, 슬로건만 잘 버무려 유권자의 시선, 마음을 사로잡으면 된다. 그러자면 흥미를 유발하고 공감대를 형성할 수 있는 매력적인 단어로 스토리를 입히는 게 가장 좋다. 유권자의 감정을 자극해야 유권자를 설득할 수 있고, 더 나아가 표와 연결시킬 수 있다. 선거벽보는 모든 후보자의 선거벽보를 한 자리에 첩부 · 게시하기 때문에 타 후보자에 비해 비교우위를 드러낼 좋은 기회다. 주의할 점은 선거벽보에 허위학력, 정규학력 이외의 유사학력(최고위과정, 최고경영자과정 등)을 게재할 경우 허위사실 공표죄(§250)로 처벌받을 수 있으므로 세심한 주의가 요구된다. 허위사실 공표죄는 5장에서 다룬다.

Tip 선거벽보 등 선전인쇄물은 우리 지역 업체와 계약하라

지선에 출마하는 후보자가 지역경제 발전 운운하며 선거벽보 등 선전인쇄물을 타 지역 업체에 맡기는 것은 이율배반적인 언행이다. 종종 상대 후보자의 공격 대상이 되기도 한다. 어차피 구 · 시 · 군지역에는 선전물을 제작할 수 있는 업체가 거의 없기 때문에 지역 업체와 계약해도 지역 업체가 인쇄기술이 뛰어난 수도권, 일부 광역시 소재 인쇄소를 통해 납품받는다. 선전물 인쇄비는 보전대상 선거비용에 해당하고 업체별 인쇄비가 크게 차이 나지 않는다. 인쇄비를 조금 더 주고서라도 우리 지역 업체와 계약하라.

책자형선거공보(§65)

[면수와 내용을 줄이고, 압축하라]

책자형선거공보는 후보자의 이름과 사진, 소속 정당과 경력, 소속 정당의 정책 등을 게재한 후보자선전물이다. 선거공보의 면수, 규격 제한은 있으나 병풍 형태로도 작성할 수 있다. 선거벽보와 달리 후보자 이외의 사람과 함께 찍은 사진도 허용된다. 유권자의 후보자 정보에 대한 알권리를 보장하기 위해 선거공보 둘째 면에는 후보자정보공개자료와 그 소명자료만 게재해야 한다. 다른 내용을 게재할 경우 선관위에서 접수하지 않는다. 그리고 점자형 선거공보에 게재하는 후보자정보공개자료 내용은 책자형 선거공보에 게재하는 내용과 똑같이 작성해야 한다(§65⑧, ⑫). 후보자정보공개자료를 사실과 다르게 게재하면 허위사실 공표죄에 해당할 수 있음에 유의하자.

선거공보의 면수, 규격 등에 대한 제한이 있기 때문에 사진 · 슬로건 · 리드문 등을 짜임새 있게 배치하느냐가 키포인트다. 대부분 후보자가 법상 허용된 면수(선거별 8~16면)를 모두 채우고, 한 줄이라도 더 넣으려고 욕심을 부리는데, 이는 과욕에 불과하다. 선거공보 면수를 줄이고 또 줄이고 압축해야 유권자가 읽을 가능성이 크다. 그리고 색상은 유권자의 시선을 잡을 수 있는 밝은 색상으로, 문구는 보자마자 쉽게 공감할 수 있고 이미지화가 가능한 문구나 단어가 좋다.

Tip 압축과 시각화는 책자형 선거공보의 성패를 좌우한다

선거공보의 성패는 시각화와 단어 활용 능력에 달려있다. 인포그래픽(inforgraphics)[5]처럼 내용을 압축한 그림이 인상을 더 깊게 심어줄 수 있다. 이는 심리학의 이중 부호화 이론(二重 符號化理論)[6]과 맥을 같이한다. 백 마디의 말이나 글보다 시각적 이미지가 유권자의 마음속에 터를 잡게 해준다. 특히 Z세대의 경우 시각정보에 민감하다. 전 세계 비즈니스 리더들로부터 주목을 끈 댄 로암은 한 장의 그림으로 복잡한 비즈니스 문제

---

5 인포메이션(information)과 그래픽(graphic)의 합성어로 정보, 데이터, 지식을 도표나 그림으로 간결하게 표현하여 정보를 알기 쉽게 시각화하는 도구로 사용된다.

6 어떤 항목을 시각정보와 언어정보를 같이 연결하여 표상하면 기억 능력이 더 좋아진다는 이론

를 해결하는 시각적 사고법을 강조한다. 그는《생각을 말하는 사람 생각을 그리는 사람》에서 간단한 그림의 중요성을 강조하고, 시각정보가 없는 것은 아무런 쓸모가 없다고 주장한다. 이는 시각화가 중요한 메시지를 쉽게 전달할 수 있기 때문이다. 선거공보에 글자로 빼곡히 도배하지 말고 삽화를 넣어보자. 후보자가 말하고 싶은 메시지만 전달하면 된다. 확신컨대 유권자에게 신선감을 줄 수 있을 것이다.

최근 판례

❶ 선거공보의 둘째 면에 게재하는 재산상황란에 보증채무 누락[대법원 판결 2018.7.26. 선고 2015도1379]

❷ 허위의 재산총액이 기재된 책자형선거공보를 제작 · 배부하여 허위사실 공표[대법원 판결 2019.11.28. 선고 2019도13416]

❸ 선거공보의 후보자정보공개자료 소명서란에 허위사실 기재[대법원 판결 2020.6.5. 선고 2020도4962]

선거공약서(§66)

선거공약서는 지방자치단체의 장선거(시 · 도지사선거 16면 이내, 기초장선거 12면 이내)의 후보자가 유권자에게 선거공약 및 이에 대한 추진계획을 제시하기 위하여 각 사업의 목표, 우선순위, 이행절차, 이행기간, 재원조달방법 등을 구체적으로 작성한 인쇄물이다. 수량은 해당 선거구 안에 있는 세대수의 100분의 10에 해당하는 수 이내로 하고, 배부 주체는 후보자와 그 가족, 선거사무장, 선거연락소장, 선거사무원, 회계책임자 및 후보자와 함께 다니는 활동보조인이다. 그러므로 그 외의 사람은 배부할 수 없으며, 우편발송(점자형 선거공약서는 제외) · 호별방문이나 살포(특정 장소에 비치하는 방법 포함) 방법으로 선거공약서를 배부할 수 없다(§66⑤).

Tip 선거공약서는 적은 부수라도 제작 · 배부하자

선거공약서를 제작하지 않는 후보자가 있는데, 소량이라도 제작 · 배부하자. 면수는 1/3 정도 줄이고, 접이식으로 제작 · 배부하는 것도 좋은 대안이다. 선거사무원들이 시장 등에서 단순히 인사만 하고 지지를 부탁하는 것보다 선거공약서를 건네주면서 인사하고 지지를 부탁하는 게 홍보효과가 크다. 선거공약서를 받은 유권자가 집에 가서 읽어볼 수도 있다. 우연히 받은 선거공약서 때문에 유권자의 마음이 흔들릴지 누가 알겠는가. 기표소에 들어가면 왠지 긴장되고 단순해지는 게 유권자의 심리다. 더군다나 보전대상 선거비용에 해당하므로 적은 부수라도 제작하여 시장, 상가 등에서 배부할 것을 권한다.

명함 배부(§93) ⇒ 4장 2. 4) 명함 배부 및 지지 · 호소(§59.5) 참조

3) 시설물 이용 선거운동(§61, §67~§68, §91)

선거사무소 외벽면 현수막 등(§61)

선거사무소 외벽면에 부착하는 현수막 등은 규격 제한이 없고 발광소재를 사용할 수 있다. 현수막 등 제작 시 유권자의 눈에 잘 띄는 밝은 색으로 하고 글자 수는 최소화하자. 기호, 이름, 사진, 슬로건 정도면 충분하다. 4월, 6월 선거 시에는 황사 · 우천 등으로 현수막이 바로 변색되므로 한 번 정도 교체해주는 게 좋다. 주요 위반사례로는 현수막 등에 합성사진을 게재하는 행위를 들 수 있다.

거리 게시용 현수막(§67)

거리 현수막은 유권자의 왕래가 잦은 네거리의 도로변 등에 게시할 경우 효과적인 선거운동 방법이다. 게시 매수가 읍 · 면 · 동 수의 2배 이내이며 천으로 제작해야 하지만, 게시 장소와 수량은 선택과 집중이 필요하다. 선거구 내 유권자의 왕래가 잦은 장소를 중심으로 집중 게시하고, 기타 읍 · 면 · 동지역의 경우 기본적인 수량만 첩부하는 것도 하나의 전략이다. 그리고 도시지역과 농촌지역, 지역 공약사항 등을 고려하여 홍보 문구를 다르게 작성 · 게시하는 것이 홍보 효과가 크다.

거리 현수막은 이동 게시가 가능하므로 사전투표 개시일 및 일반투표일 전에는 (사전)투표소에 오는 유권자가 볼 수 있도록 선거인 수가 많은 투표소 주변에 이동 게시하되, 먼지로 현수막이 더러울 경우 새로 제작하여 게시하는 게 좋다. 거리에서 며칠 본 것보다 투표 당일 투표소 입구에서 몇 분 본 게 더 인상이 많이 남는다. 현수막을 천이 아닌 비닐이나 다른 재질, 애드벌룬 · 네온사인 · 형광 그 밖에 전광으로 표시하는 방법으로 게시하거나, 도로 위에 설치된 육교나 도로를 가로지르는 방법으로 현수막을 게시하는 행위를 할 수 없다. 그리고 거리 현수막이 개인 사업장의 상호를 가려 영업을 방해한다는 항의 사례, 현수막이 떨어져 통행에 지장을 주는 사례가 있음에 유의해야 한다.

어깨띠 및 점퍼 등 소품(§68)

어깨띠, 모양과 색상이 동일한 모자나 옷, 표찰 · 수기 · 마스코트 · 소품, 그 밖에 표시물의 사용 주체는 후보자와 그 배우자(배우자 대신 후보자가 그의 직계존비속 중에서 신고한 1인을 포함), 선거사무장, 선거연락소장, 선거사무원, 후보자와 함께 다니는 활동보조인 및 회계책임자만 가능하므로 자원봉사자 등 그 외의 자는 누구든지 사용할 수 없다. 소품은 단박에 유권자의 마음을 사로잡는 디자인으로 제작해야 한다. 그렇지 않으면 소품으로서 생명력이 없다. '소품'이란 옷에 붙이거나 사람이 입거나 한 손에 지닐 수 있는 정도의 크기를 의미한다. 또한 여기서 '표시물'이란 후보자의 성명이나 외모가 기재 · 묘사되거나 특징 등이 화체되어 있지 아니하더라도 선거운동에 있어 특정 후보자의 인지도를 상승시키거나 이미지를 고양하기 위해 사용되는 제반 시설물과 용구를 총칭한다. 대법원은 대선에서 특정 후보자를 위해 배부한 희망돼지라는 이름의 돼지저금통은 표시물을 포함하는 개념의 선전물에 해당한다고 판단했다(대법원 판결 2004.10.28. 선고 2004도4355).

본 조 제2항은 모양과 색상이 동일한 모자나 옷의 사용을 금지하고 있어 모양이나 색상이 다른 모자나 옷의 착용은 가능하다. 즉 곰돌이 · 토끼 복장 · 우주복 등 모양이나 색상이 다른 특이 복장을 하고 선거운동을 하는 것은 허용된다. 다만, 그 특이 복장 자체가 선전물(광고물 · 표시물) · 상징물에 해당하는 경우 그 자체로 본 조에 위반된다. 그리고 무인비행장치(드론, drone)에 자신의 기호 · 성명 · 선전문구 등이 게재된 표시물 또는 선전물을 부착하여 이를 날리는 행위는 위반된다. 어깨띠 등 소품에 표시할 수 있는 내용은 후보자의 사진 · 성명 · 기호 및 소속 정당명, 그 밖의 홍보에 필요한 사항으로 특별한 제한은 없으나, 후보자에 관한 허위사실 등 다른 법 조문에서 제한하는 내용은 금지된다. 최근에는 어깨띠, 소품 등 제작 시 LED 전광표지판, LED 네온보드 등 다양한 재질로 만들어 선거운동에 활용하고 있다. 유권자의 시선을 끌 수 있는 간결한 문구와 눈에 잘 띄는 밝은 색상이 좋다. 소품은 티셔츠 · 점퍼 등 각각 3만 원 이내의 선거운동용 윗옷을 동시에 입고 선거운동을 할 수 있다(규칙§33).

선거벽보 등 부착 자동차 · 선박(§91)

법정 수량의 자동차와 선박에 선거관리위원회로부터 교부받은 표지를 부착하고 선거벽보, 선거공보 및 선거공약서를 부착하여 사용할 수 있으며, 그 자동차와 선박의 운영에 소요되는 비용은 선거비용이 아니다. 시 · 도지사선거는 선거사무소와 선거연락소마다 각 5대 · 5척, 총선과 기초장선거는 후보자마다 각 5대 · 5척, 광역의원선거는 후보자마다 각 2대 · 2척, 기초의원선거는 후보자마다 각 1대 · 1척을 사용할 수 있다. 첩부할 수 있는 수량은 자동차 1대마다 각 5매 이내, 선박 1척마다 각 10매 이내다. 자동차의 종류는 불문하며 마차나 자전거도 가능하다. 다만, 선거벽보 등의 디자인이나 크기를 변형하여 첩부하거나, 선거공약을 연상하게 하는 그림을 래핑하는 등 다른 선전시설물을 부착 · 설치하거나 조명시설을 설치하는 것은 본 조는 물론 법 제90조, 법 제93조 등에도 위반된다.

4) 대담 및 토론회 이용 선거운동(§79, §82의2)

공개장소 연설 · 대담(§79)

[유세차량은 달리는 후보자의 얼굴]

거리유세는 유권자에게 정당 또는 후보자에 대한 지지를 호소하고 소통하는 대표적인 면대면(face-to-face) 선거운동 방법이다. 후보자 · 선거사무장 · 선거연락소장 · 선거사무원과 이들이 선거운동을 할 수 있는 사람 중에서 지정한 사람은 누구든지 도로변 · 광장 · 공터 등 다수인이 왕래하는 공개장소를 방문하여 정당이나 후보자에 대한 지지를 호소하는 연설을 하거나 대담을 할 수 있다. 유세차량은 달리는 후보자의 얼굴로 후보자를 알리는 첨병 역할을 하고 있다. 일반적으로 유세팀은 팀장, 선거사무원, 자원봉사자 합하여 6인 이내의 1팀과 율동팀 5명 정도로 편성하여 운영한다.

과거 거리유세가 연설 · 대담을 주최하는 후보자 측에서 소속 당원 등 조직을 총동원하여 세 과시 장소로 활용되었으나, 최근에는 본래의 목적이 많이 퇴색되었다. 그래도 후보자가 가장 공을 많이 들이는 선거운동 방법으로 선거비용과 인력이 많이 투입된다. 유세차량 제작비, 확성장치, 유류비 등 대부분 보전대상 비용이다. 따라서 유세차량 제작 시 선관위에서 제공하는《선거비용 보전안내서》를 참고하여 보전비용 지급기준에 맞게 제작하면 된다. 유세차량의 규격은 선거별 2.5톤 또는 1톤 트럭차량을 많이 사용하는데, 사업용 화물자동차가 아닌 자가용 화물자동차를 유세차량 등으로 유상 제공 · 임대할 경우에는「화물자동차 운수사업법」에 위반될 수 있어 유의해야 한다.

Tip 유세차량 이용 선거운동 시 유의사항

유세차량은 주차, 도로 교통방해 문제, 확성기 소음으로 인한 유권자의 불만, 좋은 자리 선점을 위한 상대 후보자 측과의 언쟁 등 운영에 어려움이 많다. 따라서 철저한 사전답사를 통해 민원을 최소화하려는 노력이 필요하다. 좋은 장소를 확보하는 과정에서 현장 주변 사람들과 언쟁하거나, 상대 후보자 측과 동선이 겹치면서 실랑이를 벌이거나 싸움으로 번지는 경우도 있다. 자칫 큰 싸움으로 번질 수 있으므로 슬기롭게 넘겨야 한다. 사무원, 자원봉사자 등에 대한 충분한 사전교육은 필수다.

[선택과 집중]

유세차량 홍보는 누가 한정된 시간을 제대로 활용하고, 좋은 장소를 확보하느냐가 관건이다. 총선과 자치단체장선거의 경우 선거구 내 모든 지역을 순회하기가 현실적으로 어렵다. 그러므로 일정별 운영계획을 세워서 운영하되, 선택과 집중이 필요하다. 선거구 내 목 좋은 장소가 정해져 있기 때문에 장소 확보가 치열하다. 기본 도로를 중심으로 유동인구가 많은 지역, 집중공략 대상지역, 각종 행사장, 장날 등에 횟수를 늘려 운영하되, 나머지 지역의 경우 좀 느슨하게 운영하면 된다. 2장 4. 1) 협업 설명 시 강조한 바와 같이 지선의 경우 지방의원선거 후보자 단독으로 거리 유세를 하는 것보다 지방자치단체장선거 후보자와 공동 개최하는 게 홍보효과가 크다.

[스마트한 차량 디자인, 양질의 녹화기 구비]

유세차량 용도가 대담 · 토론 본래의 기능보다는 홍보차량으로 변질되고 있다. 유세차량 임차 등과 관련하여 ① 유세차량의 외부 디자인 및 조명시설 설치, ② 영상홍보물을 송출하는 녹화기 확보, ③ 로고송 제작, ④ 자동차부착 및 휴대용확성장치 등에 대해 집중적으로 체크해야 한다.

후보자가 거리유세장에서 직접 연설하는 경우는 거의 없고 율동팀이 로고송 리듬에 맞춰 율동하는 장소로 변했다. 닭장차 같은 유세차량은 한물갔다. 차량 래핑 등 차량 외부 광고 전문가의 자문을 받아 디자인을 차별화하고, 오후 10시까지는 야간연설이 가능하므로 야간에 눈에 확 띄게 조명시설을 설치하는 게 좋다.

녹화기는 규칙에서 정한 선거별 규격 범위(10m²~3m²) 내에서 하되, 성능이 뛰어난 녹화기(주변 장치 포함)를 임차하는 게 좋다. 그리고 영상홍보물은 유권자가 거리를 지나가거나 차량으로 이동할 때 보기 때문에 짧은 시간 내에 임팩트를 줄 수 있는 내용의 영상물을 제작해야 한다. 로고송은 후보자를 쉽게 알릴 수 있는 중독성 강한 기존 곡을 개사하여 제작 · 사용하면 된다. 저작재산권료, 저작인격권료 모두 보전대상비용이다. 자동차 부착 확성장치는 확성나발 수 1개를 넘을 수 없다. 차량용 확성장치는 앰프, 스피커, 마이크 등을 포함하며, 앰프의 정격출력을 기준으로 보전받는다.

선거방송토론회 주관 대담 · 토론회(§82의2)

[토론회 90분이 선거판세에 방아쇠가 될 수 있다]

선거방송토론회 주관 대담 · 토론회는 각 선거방송토론위원회[7]가 선거운동기간 중 선거별 일정한 요건을 갖춘 후보자(§82의2①~⑤)를 대상으로 의무적으로 개최한다. 본 조에 따른 대담 · 토론회의 진행 절차 등은 「선

7 선거방송토론위원회는 공직선거법 제82조의2에 의한 대담 · 토론회와 제82조의3에 의한 정책토론회 등을 공정하게 주관 · 진행하기 위하여 제8조의7에 따라 각급선거관리위원회의 소속 기관으로 설치 · 운영되고 있다.

거방송토론위원회의 구성 및 운영에 관한 규칙」에서 규정하고 있다. TV 토론회가 허용되는 총선과 지방자치단체장선거의 경우 방송국 사정, 후보자 수, 토론 주제 수 등에 따라 다소 차이는 있지만, 기본적으로 ① 시작 발언, ② 사회자 공통질문, ③ 후보자 공약발표 후 개별질문, ④ 후보자 주도권 토론, ⑤ 마무리 발언 순으로 진행한다. 제21대 총선 TV토론회 소요 시간을 보면 후보자 3인 기준 평균 90분 정도 소요되었다. 토론회 90분이 선거판세에 방아쇠가 될 수 있으므로 토론전략을 제대로 짜야 한다.

[토론회는 누구나 어렵다]

일부 후보자를 제외하는 토론회에 많은 부담을 느낀다. 이는 지극히 당연한 현상으로 경험자 역시 부담되기는 마찬가지다. 토론회에 젬병인 후보자는 트레이너 등 제3자의 도움과 많은 시간 노력해도 잠자다가 일어나 토론회에 참석해도 잘하는 고수 후보자를 능가할 수는 없다. 토론회에 강점인 후보자는 최대한 이를 극대화하여 자신의 가치를 알리면 되겠지만, 토론회에 취약한 후보자는 전문가의 도움을 받아 약점을 보완하면 어느 정도 수준에 오를 수 있다.

제21대 총선 TV토론회 개최시기를 보면 사전투표 유권자의 알권리를 최대한 보장하기 위해 토론회 개최주간(선거기간 개시일부터 사전투표일 전일까지)에 개최했다. 많은 후보자가 토론회에 부담을 느끼는 이유는 다른 선거운동 방법과 달리 상대 후보자와 함께 토론하는 과정에서 비교우위가 드러나고, 후보자 간 장단점이 고스란히 TV 화면을 통해 전파를 타기 때문이다. 그리고 토론회에서의 실수는 선거판에 많은 영향을 주지만, 그 실수를 만회할 시간이 거의 없다는 것이다. 경제에서 시간이 돈이라면, 선거에서 시간은 표다.

[부동표를 잡아라]

오늘날 선거운동 방법이 온라인에서 오프라인으로, 면대면(face to face)에서 비대면으로 옮겨가고 있다. 이 중에서 토론회의 파급력이 상대적으로 크다. 그래서 가끔 토론회가 정치스타를 탄생시키기도 하고, 때로는 부동표를 움직여 판세를 역전시키기도 한다. 오프라인 선거운동 방법을 통해 인지도를 올려놓고 토론회에서 다 까먹는 후보자도 있다.

중앙선거방송토론위원회가 주최한 제21대 비례대표국선 후보자 TV 토론회 시청률을 보면 아래 표와 같이 3% 미만이다. 시 · 도 및 구 · 시 · 군선거방송토론위원회가 주최하는 시 · 도지사 및 총선, 기초장선거토론회의 경우 역시 5% 전후로 높지 않을 것으로 생각된다. 토론회가 끝나고 술자리에 참석하면 누가 승자인지, 누가 루저인지 바로 판가름이 난다. 토론회를 더 잘했다고 평가하는 후보자 측에서는 사전투표를 앞두고 자원을 총동원하여 공격적 포지셔닝을 취한다.

반면 토론회를 망친 후보자 측에서는 방어 전략을 취하거나 맞불 작전을 펼친다. 그러다 보면 토론회 결과가 잠시 선거판에 이슈로 부상하기도 한다. 그리고 고정 지지층은 스포츠, 연예인 팬클럽 회원처럼 지지의

제21대 비례대표국선 후보자토론회의 시청률

(단위: %)

구분	AGB(전국 기준)			
	KBS1	MBC	SBS	계(동시간)
초청 1차	2.1	0.5	-	2.6
초청 2차	2.1	0.6	-	2.7
초청 외	0.9	0.3	-	1.2

*출처: 제21대 총선 선거방송토론 백서(중앙선관위, 2020)

사를 바꾸지 않기 때문에 토론회가 표심에 영향을 주지 않지만, 부동층에는 많은 영향을 준다. 그래서 정치인마다 팬덤을 형성하기 위해 팬카페를 만드는 것이다. 결국 토론회는 부동표를 얼마나 많이 가져오느냐의 싸움이다.

[토론회에서 좋은 점수 받기]

토론회 90분은 후보자 입장에서는 피 말리는 시간이다. 토론회는 후보자가 방송을 통해 유권자에게는 자신이 준비된 후보자임을 알리는 자리인 동시에 토론과정을 통해 자신의 비전, 정책공약 등을 부각시키고 검증을 받는 자리다. 토론회를 성공적으로 통과하기 위해 몇 가지 유의할 사항을 보면 아래와 같다.

첫째, great에 연연하지 말고 good으로 만족하자. 토론회에서 한 방, 한 건을 보여주겠다는 과욕이 오히려 어처구니없는 실수로 이어지는 경우가 있다. 토론회는 메시지를 전달하는 게임이므로 평균 점수만 받고, 본전만 하겠다는 마음 자세로 임해야 피해를 줄일 수 있다. 프랑스의 볼테르(Voltaire)는 "최선은 선의 적이다. 완벽은 좋은 것의 적"이라고 말했다. 이는 완벽성이 오히려 독이 되어 일을 그르치게 한다는 말이다. 과욕은 금물이다. great에 연연하지 말고 good으로 만족하자. 이게 소위 허버트 사이먼(Herbert A. Simon)의 만족이론이다. 아무리 유능한 후보자라도 장점과 단점이 있게 마련이고, 많이 아는 것도 병이라는 말도 있다. 내가 잘 아는 전문분야 중 1~2개의 핵심 메시지를 집중적으로 준비한 후 토론에 임하는 게 좋다. 그래야 해당 분야의 전문가로 비칠 수 있다.

둘째, 충분한 준비와 실전연습이 답이다. 토론회의 성적표는 타고난 측면도 있지만, 누가, 어떻게, 얼마나 많이 준비했느냐에 달렸다. 같은 말을 해도 누가 하느냐에 따라 의사전달과 품격이 달라진다. 유권자에게 메시지를 제대로 전달하지 못하거나, 표현하지 못하는 것은 대부분 준비 부족 때문이다. 준비가 부족하면 불안감이 엄습하여 명확하게 의사를 전달하지 못하고 주절주절 늘어놓기 십상이다. 당연히 판단력도 떨어지고, 뇌에서 여과하지 않은 단어가 불쑥 입 밖으로 나온다. 《손자병법》 〈군형(軍形)〉 편을 보면 "이기는 군대는 이겨놓고 싸움에 나서고, 지는 군대는 싸움부터 하고 승리를 찾는다"라고 했다. 치밀한 준비와 사전전략에서 승패가 갈리고, 전쟁은 이를 확인하는 절차에 불과하다는 말이다.

토론회 시나리오를 작성한 후 핵심 메시지를 숙독하고 예상 가능한 질문과 답변 내용을 연습하는 등 철저한 준비만이 실수를 줄인다. 또한 상황 대처능력도 길러주고, 자신감이라는 선물도 준다. 덤으로 상대 후보자의 급소를 찔러 주도권을 잡을 수 있게 만들어주기도 한다. 건배사도 갑자기 하려면 부담스럽지만 미리 생각만 하고 있어도 덜 당황한다. 소위 프라이밍 효과(priming effect)[8]다. 토론회에 왕도는 없다. 달변가도 자만하고 준비를 게을리 할 경우 낭패 보기 십상이다. 연습이 완벽을 만들어준다. 프레젠테이션의 표본 또는 달인으로 명성이 높았던 전 애플 CEO 스티브 잡스도 실전에 앞서 손동작, 시선 처리 등에 대해 수십 번 연습했다고 한다. 일류일수록 빈틈없는 준비에 목숨을 건다. "크레파스를 아무리 세게 눌러 진하게 그려도 한 번만 칠하면 약간의 여백이 남기 마련이다. 하지만 여러 번 덧칠하면 완성도를 높일 수 있다."(김효주, 2019)

8 머릿속에 떠오른 특정 개념이 이어 제시되는 자극물의 지각과 해석에 미치는 영향을 말한다.

Tip　선거방송토론회 시 차별화 전략

「선거방송토론위원회 주관 후보자토론회 관리규정」 제9조(참고자료의 사용)제1항에 의하면 "후보자는 휴대전화, 노트북, 태블릿PC 등 전자기기는 사용할 수 없지만, 토론회에 A3 용지규격 이내의 서류 · 도표 · 그림 · 그 밖의 참고자료를 사용할 수 있다". TV는 청각효과보다는 시각효과가 훨씬 크고 유권자를 한 곳에 집중시킬 수 있으므로 참고용 도표 · 그림을 준비하여 활용하자. 도표 · 그림은 선거공약사항에 대해 구체적으로 설명하거나, 상대 후보자의 허위공약 등에 대해 반박하는 자료로 활용하면 시청자로부터 준비된 후보자로 비칠 수 있다. 제품 판매사원이 고객과 상담할 때 카탈로그, 샘플 등을 보여주며 말하는 게 훨씬 효과가 큰 것과 같은 이치다.

셋째, 토론과정에서 '언어 다이어트'가 요구된다. 토론회는 정상적인 의사소통의 장소가 아니라 쌍방향의 격한 말싸움 장소다. 토론회는 말이 무기이기 때문에 말실수는 무기를 잘못 사용한 것이므로 게임에서 진 것이다. 토론과정에서 어느 정도의 인신공격 등에 대해서는 용인되겠지만, 격론을 벌이다가 실수로 상대 후보를 비방하거나 허위사실을 공표하는 경우도 발생한다. 말은 나를 키워주는 소중한 도구인 동시에 내 몸을 베는 칼과 같은 존재다. 말은 한번 입 밖으로 나오면 내뱉은 말이 내 상전으로 군림한다고 한다. "자동차 사고와 달리 언어 사고는 명예와 능력을 회복시켜줄 정비소가 없으며, 인간의 입에는 실행취소와 삭제 버튼이 없다."(빌 맥고완, 2017) 잘 모르는 분야에 대해서는 말의 속도를 늦추고 침묵하는 게 차라리 낫다. "좋은 말은 말이 짧다"라는 게 다수의 의견이다. 언어 다이어트가 요구된다. 축구경기도 시작 후 5분이 중요하듯 토론회도 시작 후 5분이 중요하다. 이는 앞에서 설명한 초두효과 때문이다.

넷째, 좋은 이미지 연출이다. 연예인과 마찬가지로 정치인 역시 "이미지가 좋다"라는 말을 듣는 것은 큰 이점이다. 토론회를 보면 일부 후보자는 표정이 마네킹처럼 여유가 없고 자신감 없는 말투로 토론에 임하는 경우가 있다. 메라비언 법칙을 통해 입증되었다시피 표정은 성형수술보다 중요하다고 한다. 토론회에 대한 유권자의 평가는 의외로 간단하다. 법에서는 정책평가를 외치지만 선거공약이 신공항건설 등 파급력이 큰 이슈라면 몰라도 도긴개긴이어서 유권자의 관심이 적다. 반면, 후보자의 이미지, 예의, 태도 등이 중요한 평가 요소다. 귀보다는 눈이 즐거워야 유권자의 마음을 움직인다. TV 시청이라는 단어를 보면 '시'가 '청'보다 앞에 있다. 후보자의 언변이 좀 어눌해 보여도 예의가 바르고 이미지가 좋은 후보자를 선호한다. 아직도 한국인의 정서는 잘났다고 으시대고, 상대 후보자를 무시하며 네거티브 선거운동 하는 후보자를 좋아하지 않는다. 특히 농어촌지역은 더욱 그렇다.

5) 인터넷 광고 등(§82의7, §105①, §106②)

인터넷 광고

후보자는 선거운동기간 중 인터넷언론사[9] 홈페이지에 선거운동을 위한 인터넷 광고를 할 수 있다. 그러므로 후보자 외의 자는 누구든지 선거운동을 위해 인터넷 광고를 할 수 없다. 인터넷 광고에는 광고 근거, 광고주명과 선거광고라고 표시해야 한다. 광고의 형식에는 제한이 없으므

9 「인터넷선거보도심의위원회의 구성 및 운영에 관한 규칙」 제2조 참조

로 배너광고, 검색광고 등 어떠한 방식으로도 가능하다. 인터넷언론사가 후보자에게 인터넷 홈페이지 관리자 계정을 부여하여 그 범위 안에서 후보자 스스로 광고를 제작하여 게시하는 것도 가능하다. 주요 위반사례는 인터넷언론사가 아닌 트위터 · 페이스북(Facebook)에 스폰서 광고를 하는 행위 등을 들 수 있다.

거리 인사에 의한 선거운동(§105①) 등

선거운동을 할 수 있는 사람은 누구든지 선거운동기간 중 5명(후보자와 함께 있는 경우 후보자 포함 10명) 이내의 사람이 무리를 지어 거리를 행진하거나 다수의 선거구민에게 인사하면서 보디페인팅, 페이스페인팅, 손가락 활용 등을 통해 선거운동을 할 수 있으며, 공개장소 연설 · 대담에서 해당 정당 또는 후보자에 대한 지지를 나타내기 위하여 연호행위를 할 수 있다(§105①). 주요 위반사례를 보면 ① 수십 명이 도로 양측으로 줄을 지어 따라오게 한 후 수십 차례에 걸쳐 후보자의 이름을 선창하고 선거사무원들에게 후창하게 한 행위, ② 선거사무원 등 총 20여 명이 특정 후보 이름이 게재되어 있는 점퍼를 착용하거나 피켓을 들고 선거사무소 앞부터 특정 건물까지 수백 미터 거리를 무리를 지어 행진한 행위 등을 들 수 있다.

선거운동을 할 수 있는 사람은 누구든지 선거운동기간 중 관혼상제 의식이 거행되는 장소와 도로 · 시장 · 점포 · 다방 · 대합실 기타 다수인이 왕래하는 공개된 장소에서 선거법에서 제한 또는 금지하지 아니하는 방법으로 지지 · 호소할 수 있다(§106②). 관공서 등의 사무실이 제2항에 따라 방문이 허용되는 기타 다수인이 왕래하는 공개된 장소라고 보기 위해서는 그 사무실이 내부 공간의 용도와 구조 및 접근성 등에 비추어 일반적 · 통상적으로 민원인을 위하여 개방된 장소나 공간이라고 인정될 수 있는 경우여야 한다(대법원 판결 2015.9.10. 선고 2015도8605). 또한 사생활의 안정을 침해할 우려가 없어 선거법 제102조(야간연설 등의 제한)의 적용을 받지 않는다.

SNS 플랫폼

[선거판을 바꾸는 SNS]

전기통신기술의 발달과 기기의 보급 등으로 인한 SNS의 폭발적인 성장은 우리의 일상생활부터 사회 · 경제 · 문화 등 모든 것을 바꿔놓았다. 클릭이 돈이 되는 세상이다. 구글, 페이스북, 유튜브 등 SNS는 클릭 사업을 하는 회사들이다. 소통 방법도 과거에는 온라인과 오프라인 방법으로 구분 · 단절되었으나, 최근에는 결합 · 융합하는 추세다. 대다수의 앱이 온라인과 오프라인이 동기화(synchronization)되면서 사용자가 양쪽을 오가며 소통하고, PC와 핸드폰도 동기화로 사용이 가능한 시대다.

선거판도 SNS가 선거운동 방법에서부터 정치자금 모금 방법까지 많은 영향을 미치고 있다. 과거 홈페이지와 블로그 중심에서 SNS 플랫폼으로 확장했다. 이들 매체는 각각 신속 · 정확한 쌍방향 정보공유 및 유연한 네트워크 구축 등의 장점을 내세워 사용범위를 확장해나가고 있다. SNS가 관계망을 확장해주고 많은 정보를 제공해주는 장점이 있는 반면, 프라이버시 침해 문제 등을 초래하고 있으며, 선거판에서도 사이버선거범죄가 기하급수적으로 늘어나는 부작용도 나타나고 있다.

중앙선관위에서 실시한 제19대~제21대 총선 유권자의식조사 및 제7회 지선 유권자의식조사 시 후보자 선택에 필요한 정보를 주로 어디에서

후보자 선택에 필요한 정보 획득 경로

구분	포털 · 홈페이지 등 인터넷	TV	SNS	주변 사람들	신문	라디오	기타	모름/무응답
제21대 총선	43.4	30.9	9.3	6.5	3.9	1.2	2.7	2.1
제20대 총선	30.5	34.6	7.5	8.7	8.5	1.3	7.3	1.5
제19대 총선	23.3	42	-	11.2	20.2	(TV 포함)	1.2	2.1
제7회 총선	38.3	29.5	8.5	9.9	6.7	1.7	2.9	

*출처: 제21, 20, 19대 총선, 제7회 지선 유권자의식조사(중앙선관위)

취득했는지에 대한 응답을 보면, 포털, 홈페이지 등 인터넷과 TV가 상대적으로 높게 나타났다. 최근 조사 결과를 비교해보면 TV는 줄어들고 인터넷과 SNS가 증가함을 알 수 있다.

[SNS를 모르면 선거를 모르는 것이다]

SNS를 모르면 선거를 모르는 것이다. 선거를 모르는데 어떻게 선거판, 선거전략을 논할 수 있겠는가? 앞에서 환경변화에 대응하는 게 중요하다고 설명했다. 네트워크가 가치를 창출하는 시대다. SNS는 다수의 사람에게 시간제한을 받지 않고, 신속 · 정확하게, 저렴하게 홍보할 수 있는 특징이 있다. SNS는 분명히 새로운 선거환경이고, 거스를 수 없는 시대의 흐름이다. 당연히 내가 이 흐름에 적응하고 변화해야 살아남을 수 있고, 최후의 승자가 될 수 있다. 이는 좋고 나쁨을 떠나 많은 사람, 유권자가 이용하기 때문에 나도 그룹에 동승하기 위해서다.

처음 문자메시지가 등장한 후 선거운동 방법에 엄청난 반향을 불러왔지만, 지금은 당시와 비교하면 가히 혁명적이라고 할 수 있다. 많은 사람이 'SNS 선거'의 시발점으로 2008년 버락 오바마 전 대통령의 선거운동을 꼽는다. 당시 '페이스북 선거'라는 별명이 붙을 정도로 SNS가 선거판을 확 바꿔놓았다. 미국 대선을 통해 검증된 SNS는 향후 공직선거에서 더 큰 위력을 발휘할 것이 분명해 보인다. SNS 선거운동 방법이 대선, 총선 및 지방자치단체장선거의 전유물처럼 여기는데, 앞으로는 광역 · 기초의원선거에서도 위력을 발휘할 것이다. 아직 준비되지 않았다면 지금부터 도전해야 한다. 아직 늦지 않았다. 밀레니얼 세대와 교감하고 그들로부터 표를 받기 원한다면 그들이 세운 SNS 플랫폼 세계에 들어가 그들의 눈높이에 맞춰야 한다.

[SNS 소통팀(가칭)을 통한 선거운동 홍보]

SNS를 이용한 적극적인 홍보를 위해 별도의 SNS 소통팀(가칭)을 만들어 운영하는 것이 필요하다. SNS 소통팀은 SNS에 조예가 깊은 자원봉사자 중 팀장 1명을 주축으로 각계각층의 사람들을 모집하여 팀을 구성한다. SNS 소통팀은 ① SNS 플랫폼에 게시된 다른 후보자의 활동 상황, 최근 이슈가 되고 있는 사안 및 가짜뉴스 등을 모니터링하고, ② 가짜뉴스, 후보자 비방 및 허위사실 공표행위에 대해서는 팩트를 체크하여 신속히 대응해야 한다(§8의6). 이 경우 선거법 제82조의6(인터넷언론사 게시판 · 대화방 등의 실명확인)에 규정된 불공정 인터넷선거보도 피해구제 절차를 밟을 수 있다. 그리고 ③ 카드뉴스, 선거공약, 보도자료 등 홍보자료를 만들어 게시 · 전파하고, ④ 후보자의 거리 인사, 간담회, 기자회견 등 후보자의 활동 상황 관련 홍보영상을 제작 · 게시하는 것이다.

Tip 홍보영상 제작 및 활용 시 유의사항

첫째, 규격은 1분짜리 동영상을 제작 · 활용하는 것이다. TV광고 20초도 단박에 임팩트를 주지 못하면 시청자로부터 외면당한다. 짧으면서 강력한 임팩트를 줄 수 있어야 경쟁력이 있다.

둘째, 대상은 후보자의 주요 활동이다. 주요 활동은 행사 개최(출판기념회, 개소식 등), 기자회견(출마 선언, 공약 발표 등), 행사장 방문, 선거운동(거리 인사, 유세 현장), 플래시몹(flash mob) 등을 들 수 있다.

셋째, 시기는 홍보물 제작 후 즉시 게시해야 한다. 홍보는 시간과의 싸움이다.

넷째, 매체 및 타깃은 연령대에 맞는 SNS 플랫폼을 활용하는 것이다. 젊은 층은 인스타그램, 유튜브, 페이스북, 블로그 등을, 장년층은 밴드, 카카오톡, 카카오채널, 문자메시지 등을 활용하는 게 유리하다.

넷째, 내용은 후보자의 장점을 부각시키고 단점을 보완할 수 있어야 한다. 더욱이 유권자에게 흥미와 감동을 줄 수 있는 내용이면 더 좋다. 네거티브 홍보영상물 제작 · 게시는 금물이며, 후보자 비방 및 허위사실 공표죄로 처벌받을 수 있음에 유의해야 한다.

메타버스

제20대 대선을 앞두고 최근 선거판에서 자주 등장하는 용어가 있는데, 바로 메타버스(Metaverse)다. 가상, 초월을 뜻하는 영어단어 '메타(Meta)'와 우주를 뜻하는 '유니버스(Universe)'의 합성어로 현실 세계 같은 사회 · 경제 · 문화 활동이 이뤄지는 3차원 가상세계를 일컫는 말이다. MZ세대(1980년대 초~2000년대 초 출생)의 놀이터가 된 메타버스는 5G 상용화와 함께 가상현실(VR) · 증강현실(AR) · 혼합현실(MR) 등을 구현할 수 있는 기술이 발전했고, 코로나19 팬데믹에 따른 비대면 추세가 가속화되면서 점차 주목받고 있다.

선거판 역시 선거혁명을 가져온 문자메시지 선거, SNS 선거에서 메타버스 선거로 확장을 시도하고 있다. 그 확장성은 제20대 대선이 가늠자가 될 것이다. 기업에서 메타버스를 활용한 소통 프로그램을 운영하거나 강사를 양성하는 등 다양한 시도가 이어지고 있다. 선거를 앞두고 정치권 역시 정당 · 후보자를 홍보하고 청년층의 표심을 잡기 위해 메타버스를 활용하는 홍보전략에 공을 들이고 있다. 메타버스는 문자, 음성으로도 대화를 나눌 수 있는 등 소통이 편리할 뿐만 아니라 장소 제한도 받지 않는 등 확장성이 어마어마하기 때문이다.

돌다리도 두들겨보고 건너라

5장.

선거법위반행위 제한·금지 및 선거범죄 조사

중대선거범죄는 절대 금지!

강태공은 "해와 달이 아무리 밝더라도 엎어놓은 항아리의 밑은 비추지 못하고, 칼날이 아무리 날카롭다 해도 죄 없는 사람은 베지 못하며, 뜻밖의 재앙도 조심하는 집 문안에 들어오지 못한다"라고 했다. 하지만 사람은 실수하는 동물이다. 실수를 최소화하기 위해서는 시기별로 어떤 행위를 하지 말아야 하는지를 알고, 사건 · 사고를 미리 방지하는 게 최선의 방책이다.

선거법위반행위 제한 · 금지규정은 선거운동 영역에서 명령금지의무를 부과한 규정으로, 그에 대한 처벌규정은 선거법 제16장(벌칙)에 두고 있다. 선거범죄는 선거질서벌인 과태료(§261)를 제외한 선거법상 선거범죄(§230~§260)를 말한다. 선거범죄 관련 조문 수는 31개, 선거법위반행위 제한 · 규정 관련 조문 수는 35개(§84~§118)에 불과하지만, 선거법 전체에서 차지하는 비중은 방대하다. 선거판에서는 선거전략을 잘 짜서 득표로 연결하는 것도 중요하지만, 상대의 공격에 제대로 대응하고 선거법을 잘 지켜 불이익을 받지 않는 것이 더 중요하다. 즉, 하는 것 못지않게 하지 않는 것도 중요하다. 축구경기에서 1골 넣고 2골 실점하면 게임에서 지는 것이다. 이기기 위해서는 실점을 막으면서 득점해야 한다.

선거운동 과정에서 후보자 본인 또는 제3자의 위반행위가 발생할 수 있는데, 절대 중대선거범죄를 저질러서는 안 된다. 그리고 위반행위 발생 후 어떻게 대처하느냐에 따라 결과가 달라질 수 있으므로 합리적인 대처가 중요하다.

1. 선거법위반행위 제한·금지 및 선거범죄

1) 선거는 안전운전이 더 중요하다

앞에서 선거법이 어렵다는 말을 많이 했지만, 후보자 입장에서 너무 걱정할 필요는 없다. 우리가 도로교통법을 마스터하고 운전하는 것은 아니다. 운전학원에서 몇 주 동안 기본교육과 실습을 받고 시험을 통과할 경우 바로 운전하지만 전혀 문제가 없다. 교통사고율도 운전 경력자가 초보자보다 오히려 높다고 한다. 좀 안다고 생각할 때가 가장 위험하다. 그리고 운전이라는 게 나 혼자만 잘한다고 사고가 일어나지 않는 것도 아니다. 상대방의 부주의로 발생하는 사고도 많다. 그래서 필요하고 중요한 게 방어운전, 안전운전이다. 운전할 때 속도표지판, 이정표 등을 준수하고 운전하는 것처럼 선거법 규정을 꼼꼼히 챙기고 준수하자.

선거법도 마찬가지다. 정치신인은 선관위에 물어보고 활동하기 때문에 위반사례가 적지만, 출마경험자는 얄팍한 선거지식만 믿고 경솔하게 행동하다가 위반행위를 저지른다. 그리고 후보자의 참모 등 주변 사람들의 실수로 후보자가 치명상을 입을 수 있음을 명심하자. 정치인은 물론 관계자들도 중앙선관위에서 제작 · 배부하는《예시집》은 필독서다.

2) 시기별 주요 제한·금지 사항

선거법 규정을 보면 선거운동 제한 · 금지기간을 둔 경우와 그렇지 않은 경우가 있다. 그 기간이 설정된 행위는 원래 사회적으로 용인되는 적법한 행위이나, 당해 선거나 후보자가 특정된 시점 또는 근접한 시점에 이르러 선거의 공정성을 저해할 우려가 크다고 보아 제한하는 것이다. 그 행위의 유형과 특성 · 선거에 미칠 영향 등을 고려하여 위법성의 정도가 크거나 선거에 광범위한 영향을 미치는 행위일수록 금지기간을 길게 정해 둔 것이다.

제한 · 금지기간이 정해지지 않거나 후보자 외에 후보자가 되고자 하는 자라는 문구가 포함되어 있는 행위는 대체로 선거법상 주요 범죄에 해당하는 것으로서 선거의 공정성을 침해할 소지가 많기 때문에 아무런 금지기간을 정하지 않은 것이다. 선거법에서 시기별 주요 제한 · 금지 규정은 크게 세 가지로 나눌 수 있다. 첫째, 상시 제한 · 금지 행위, 둘째, 특정시기 제한 · 금지 행위, 셋째, 선거일 후 제한 · 금지 행위로 나눌 수 있다. 자세한 내용은《예시집》을 참고하기 바란다.

3) 중대선거범죄와 경미한 선거범죄

선거범죄의 유형을 크게 나누면 중대선거범죄와 경미한 선거범죄로 나눌 수 있다. 선관위는 공정한 선거질서를 훼손하는 중대선거범죄를 정한 후 위반자에 대해서는 엄중 조치하고 있다. 중대선거범죄는 선거의 성격, 사회 분위기 등을 반영하여 정하는 것이기 때문에 선거별로 대상 선거범죄의 유형이 가변적이다. 기부 · 매수행위, 공무원의 선거관여행위, 비방 · 허위사실 공표행위는 계속 중대선거범죄 유형에 포함되고 있다. 그리고 과거의 법원 판례를 보면 중대선거범죄라고 해서 엄하게 처벌하고 경미한 선거범죄라고 해서 약하게 처벌하는 것도 아니다. 즉 선거법위반행위 시기, 대상, 범위 등을 종합적으로 고려하여 판단하고 있음을 알 수 있다.

그리고 제21대 총선 시 선관위에서 발표한 중대선거범죄는 아래 표와 같으며, 경미한 선거범죄는 중대선거범죄 외의 다른 선거범죄로, 단체(사조직)의 선거운동금지(§87), 유사 기관의 설치금지(§89), 시설물 설치 등의 금지(§90), 탈법방법에 의한 문서 · 도화의 배부 · 게시 등 금지(§93), 신문 · 잡지 등의 통상방법 외의 배부 등 금지(§95), 허위논평 · 보도 금지(§96), 방송 · 신문의 불법이용을 위한 행위 등의 제한(§97), 각종 집회 등의 제한(§103), 행렬 등의 금지(§105), 호별방문의 제한(§106), 서명 · 날인운동의 금지(§107) 등을 들 수 있다.

이 책에서는 지면관계상 선거범죄 중 후보자의 신분에 영향을 줄 수 있는 5대 중대선거범죄를 중심으로 설명한다. 자주 발생하는 최근 위반사례를 중심으로 작성했기 때문에 독자들은 어떤 행위를 주의해야 하는지 감을 잡을 수 있다. 기타 자세한 위반사례와 위반내용은《예시집》을 참고하기 바란다. 제21대 총선 관련 5대 중대선거범죄 조치 현황을 보면 매수 · 기부행위 조치 건수가 388건 중 166건으로 43.0%를 차지하고 있으며, 고발 건수는 151건 중 84건으로 56.0%를 차지한다. 이는 아직도 매수 · 기부행위가 근절되지 않고 있음을 통계가 말해주고 있다.

제21대 총선 중대선거범죄 조치 현황

(2020.10.25 기준, 단위: 건)

구분		계	고발	수사 의뢰	경고 등
전체 조치 건수		934	258	44	632
중대선거범죄	계	388	151	24	213
	1. 매수 · 기부행위	166	84	14	68
	2. 후보자 추천 관련 금품수수행위	1	0	0	1
	3. 비방 · 허위사실 공표행위	125	39	6	80
	4. 공무원 등 선거관여행위	16	3	3	10
	5. 불법선거여론조사	80	25	1	54

*출처: 제21대 총선 총람 일부 수정(중앙선관위)

2.
중대선거범죄 유형

1) 기부행위(§112~§116) 및 매수행위(§230~§236)

기부행위(§112~§116)

기부행위라 함은 당해 선거구 안에 있는 자나 기관 · 단체 · 시설 및 선거구민의 모임이나 행사 또는 당해 선거구의 밖에 있더라도 그 선거구민과 연고가 있는 자나 기관 · 단체 · 시설에 대하여 금전 · 물품 기타 재산상 이익의 제공, 이익제공의 의사표시 또는 그 제공을 약속하는 행위를 말한다(§112).

Tip 기부행위 약속 후 취소한 경우는?

[Q] 기부행위를 약속한 후 취소해도 기부행위위반죄에 해당하나요?

[A] 기부를 하거나 받는 행위뿐만 아니라 약속하는 행위도 기부행위에 해당합니다. 또한 기부를 약속한 후 취소해도 그 약속과 동시에 기부행위가 성립하기 때문에 그 약속을 취소하는 경우도 기부행위에 해당합니다.

그리고 선거법은 기부행위의 주체를 제113조부터 제116조까지 규정을 두고 아래 표와 같이 제한하면서 위반할 경우 제257조에서 형사처벌(§257)을 가함은 물론, 신분에 따라 일정한 형 이상을 선고받을 경우 당선을 무효(§264, §265)로 하고, 공무담임 등을 제한(§266)하는 등 제재를 가하고 있다. 다만, 선거법 제112조제2항에서는 1. 통상적인 정당활동, 2. 의례적 행위, 3. 구호적 · 자선적 행위, 4. 직무상행위에 대해 기부행위로 보지 아니하는 행위를 열거하여 규정하고 있다. 5. 법령의 규정에 근거하여 금품 등을 찬조 · 출연 또는 제공하는 행위, 6. 이에 준하는 행위로서 중앙선거관리위원회규칙으로 정하는 행위는 기부행위로 보지 아니한다.

국회의원 등이 관할구역 안의 지역을 방문하는 때에 함께 다니는 자[1]에게 통상적인 범위에서 식사류의 음식물[2]을 제공할 수 있으며(§112②2.사, §112③), 판례는 후보자 등이 한 기부행위가 지극히 정상적인 생활 형태의 하나로서 역사적으로 생성된 사회질서의 범위 안에 있는 것이라고 볼 수 있는 경우에는 일종의 의례적 행위나 직무상의 행위로서 사회상규에 위배되지 아니하여 위법성이 조각되는 것으로 판단했다.

1 1. 국회의원 등이 관할구역 안의 지역을 방문하는 때에 함께 다니는 자의 범위(규칙§50②)
가. 후보자 · 예비후보자: 시 · 도지사선거 15인, 총선 및 기초장선거 10인, 지역구지방의원 선거 5인
나. 국회의원: 10인(단, 후보자 · 예비후보자일 경우 가.에 의함)

2 중앙선거관리위원회규칙으로 정하는 금액 범위 안(1인당 1만 원 이하)에서 일상적인 예를 갖추는 데 필요한 정도로 현장에서 소비될 것으로 제공하는 것을 말하며, 기념품 또는 선물로 제공하는 것은 제외한다(법 §112③, 규칙§50⑥).

기부행위의 주체별 제한 내용

주체	제한기간	주관적 요건	제한 내용
후보자 등의 기부행위 제한(§113)	상시	선거에 관한 여부 불문	일체의 기부행위 금지(주례행위 포함)
정당 및 후보자의 가족 등의 기부행위 제한(§114)	선거기간 전	당해 선거에 관하여	후보자 또는 그 소속 정당을 위하여 기부행위 금지
	선거기간 중	당해 선거에 관한 여부 불문	후보자 또는 그 소속 정당을 위하여 기부행위 금지
제3자의 기부행위 제한(§115)	상시	선거에 관하여	후보자 또는 그 소속 정당을 위하여 기부행위 금지
기부의 권유 · 요구 등의 금지(§116)	상시	선거에 관하여	법 제113조부터 제115조까지 규정된 기부행위가 제한되는 자로부터 기부를 받거나 기부를 권유 또는 요구하는 행위 금지

최근 판례

❶ 노래봉사단 후원회장으로서 회비 · 후원금 제공[대법원 판결 2020.2.27. 선고 2019도18265]
❷ 체크카드를 교부받아 사용[대법원 판결 2019.10.31. 선고 2019도12747]
❸ 군의회 의원에게 기부를 요구한 행위[대법원 판결 2019.4.11. 선고 2019도2766]
❹ 농촌사랑상품권 기부행위[대법원 판결 2019.3.28. 선고 2019도1208]
❺ 청와대 기념품 제공 기부행위 및 매수행위[대법원 판결 2019.1.14. 선고 2019도19329]
❻ 아침식사비 선납[대법원 판결 2020.1.14. 선고 2019도17510]
❼ 입후보예정자를 위하여 해외여행에 찬조한 행위[대법원 판결 2019.1.4. 선고 2018도18561]
❽ 당내경선 관련 이익제공의사표시[서울고등법원 판결 2019.5.24. 선고 2019노260]

매수행위(§230~§236)

매수 및 이해유도죄는 선거인·선거관계자 등에 대한 매수행위를 처벌하여 선거의 공정을 기하기 위한 규정으로, 선거에 관한 일종의 뇌물죄라고 할 수 있다. 매수 및 이해유도죄의 유형을 보면 ① 매수 및 이해유도죄(§230), ② 재산상 이익목적의 매수 및 이해유도죄(§231), ③ 후보자에 대한 매수 및 이해유도죄(§232), ④ 당선인에 대한 매수 및 이해유도죄(§233), ⑤ 당선무효유도죄(§234), ⑥ 신문방송 등의 불법이용을 위한 매수죄(§235)를 들 수 있다.

매수 및 이해유도죄와 기부행위금지위반죄는 그 행위 유형이 유사하나, 매수 및 이해유도죄의 경우 범죄 주체가 후보자 및 그 가족 등인 경우 가중처벌하고(②), 매수금품 등을 받는 행위도 기부를 받는 행위에 비하여 중하게 처벌되는 점에서 차이가 있다(①, §257②). 특히 매수 및 이해유도죄는 '투표를 하게 하거나 하지 아니하게 하거나 당선되거나 되게 하거나 되지 못하게 할 목적' 또는 '선거운동에 이용할 목적'을 주관적 구성요건으로 규정하고 있는 점에서 구별된다.

최근 판례

❶ 바지주머니에 1만 원 지폐 제공[대구지방법원 김천지원 판결 2018.12.18. 선고 2018고합85]

❷ 사전투표를 하게 할 목적으로 차마 제공[수원지방법원 판결 2019.1.31. 선고 2018고합591]

❸ 경선운동 지원명목으로 금전 대여 요구[대법원 판결 2014.12.5. 선고 2014도14295]

2) 후보자 추천 관련 금품수수 금지(§47의2, §230⑥)

누구든지 정당이 특정인을 후보자로 추천하는 일과 관련하여 금품이나 그 밖의 재산상의 이익 또는 공사의 직을 제공하거나 그 제공의 의사를 표시하거나 그 제공을 약속하는 행위를 하거나, 그 제공을 받거나 그 제공의 의사표시를 승낙할 수 없다(§230①⑥). 누구든지 정당이 특정인을 공직선거 후보자로 추천하는 일과 관련하여 금품 등을 수수하는 행위를 한 경우 그 금품이 정치자금인지, 제공의 상대방이 선거구민에 해당하는지 여부를 불문하고 처벌할 수 있도록 규정하고 있다. 동 규정으로 인해 정당의 공직선거 후보자 추천과 관련된 모든 형태의 금품수수행위를 근절시킴은 물론 정당공천의 공정성과 정당운영의 투명성, 도덕성을 제고하고 후보자 후원단계부터 금권의 영향력을 원천적으로 봉쇄하기 위해서였다. 또한 누구든지 후보자(후보자가 되려는 사람을 포함)와 그 배우자, 후보자와 그 배우자의 직계존비속과 형제자매가 선거일 전 150일부터 선거일 후 60일까지 정당 또는 국회의원(국회의원지역구 또는 자치구·시·군의 당원협의회 대표자 포함, 이하 "국회의원 등"이라 함), 국회의원 등의 배우자, 국회의원 등 또는 그 배우자의 직계존비속과 형제자매에게 채무의 변제, 대여 등 명목 여하를 불문하고 금품이나 그 밖의 재산상의 이익을 제공한 때에는 정당이 특정인을 후보자로 추천하는 일과 관련하여 제공한 것으로 본다(§47의2).

최근 판례

❶ 공천과 관련하여 정당 지역위원회 위원장에게 금전 제공[대법원 판결(파기환송) 2021.4.29. 선고 2019도9494]

❷ 전(前) 영부인을 사칭하는 자에게 속아 정당의 공직후보자 추천 관련 도움을 받고자 금품

제공[대법원 판결 2020.2.27. 선고 2019도18764]
❸ 공천절차가 진행되는 과정에서 해당 지역구 국회의원의 배우자에게 ○○시장 후보자 선정을 위한 경선을 실시해줄 것을 요구하며 고액 교부[대법원 판결 2015.2.26. 선고 2014도17374]

3) 허위사실 공표 및 후보자 비방 등(§250, §251, §256⑤)

허위사실 공표죄(§250)

제250조 허위사실 공표죄는 허위사실[3]을 공표하여 후보자(경선후보자)에 대한 선거인(경선선거인)의 공정한 판단에 영향을 미치거나 장애를 줄 수 있는 행위를 처벌함으로써 공정한 선거를 보장하기 위한 규정이다. 공직선거법상 허위사실 공표죄는 첫째, 당선 목적으로 후보자에게 유리하도록 허위사실을 공표하는 경우(①), 둘째, 낙선 목적으로 후보자에게 불리하도록 허위사실을 공표하는 경우(②), 셋째, 당내경선과 관련하여 당선·낙선 목적으로 경선후보자 등에 대해 허위사실을 공표하는 경우(③)로 나뉜다. 허위사실 공표행위 사례를 보면 대부분 사실적시(§250 적용)와 의견표현(§250 미적용)의 경계에서 외줄타기를 하는 데 조심해야 한다.

특히 본 조 제2항의 낙선 목적 허위사실 공표죄는 상대 후보자에 대

3 "허위사실"이란 진실에 부합하지 않는 사항으로서 선거인으로 하여금 후보자에 대한 정확한 판단을 그르치게 할 수 있을 정도로 구체성 있는 사실을 의미한다(1998.9.22. 대법원 판결 98도1992).

한 중상모략, 인신공격 등으로 선거의 공정을 심하게 해치는 것은 물론 나아가 사회 혼란까지 야기할 위험성이 있는 등 죄질이 매우 나쁘다는 점을 고려하여 본 조 제1항보다 무겁게 처벌(7년 이하의 징역 또는 500만 원 이상 3,000만 원 이하의 벌금)하도록 규정하고 있다. 벌금에 500만 원 이상이라는 하한규정이 있어 정상을 참작하여도 위반행위 발생 시 대부분 신분을 상실한다고 봐야 한다.

허위사실 공표죄는 (1) 행위 주체를 기준으로 크게 나누면 상대 후보자 또는 제3자인 경우와 후보자 본인인 경우로 구분할 수 있다. (2) 주요 매체는 상대 후보자 또는 제3자인 경우 TV토론회, 유세차량을 이용한 연설, SNS 등 계기를 이용하여 허위사실을 공표하는 행위가 많은 반면, 후보자 본인인 경우 선전인쇄물 등에 유사학력("○○대학교 경영대학원 최고경영자과정 총학생회장", "○○대학원 총동문회 이사", "○○대학교 경영대학원 원우회 부회장" 등), 경력 등을 게재하는 행위가 대부분을 차지하고 있다. (3) 대응전략은 상대 후보자 또는 제3자인 경우는 3장 마. 선거이슈 대응전략과 동일하지만, 후보자 본인인 경우는 선거법만 잘 지키면 된다.

최근 판례

❶ 업무추진비 사용과 관련한 허위사실 유포[대법원 판결 2020.2.27. 선고 2019도17690]

❷ 당선되지 못하게 할 목적으로 딸이 상대 후보자 측에게 폭행당했다고 허위사실 공표[대법원 판결 2020.4.10. 선고 2020도3378]

❸ ㅁㅁ대학교 부설 사회교육원에서 운영 중인 학위 과정 중 경영학을 전공하여 경영학사(경영전공)로 게재하여야 함에도 불구하고, 구의회 의원수첩 등에 경영학사(경영학과) 졸업으로 게재하여 허위사실 공표[대법원 판결 2019.9.9. 선고 2019도8950]

❹ 당선되지 못하게 할 목적으로 5회에 걸쳐 김○○이 조△△에게 돈을 받았다는 소문이 있다는 식으로, 소문을 빙자하여 김○○와 조△△에 관한 허위사실 공표[대법원 판결 2019.1.31. 선고 2018도19290]

후보자 비방죄(§251)

후보자 비방죄는 당선되게 하거나 되지 못하게 할 목적으로 연설 · 방송 · 신문 · 통신 · 잡지 · 벽보 · 선전문서 기타의 방법으로 공연히 사실을 적시하여 후보자(후보자가 되고자 하는 자 포함), 그의 배우자 또는 직계존 · 비속이나 형제자매를 비방한 행위를 처벌하는 규정이다(§251). 후보자 등에 대하여 명예를 훼손하는 위법행위를 규제함으로써 후보자 등의 명예를 보호함과 아울러 선거의 공정성을 확보하기 위한 규정이다(헌법재판소 2010.11.25. 2010헌바53 결정). 다만, 사실의 적시행위가 진실한 사실로서 공공의 이익에 관한 때에는 위법성이 조각되어 처벌되지 않는다(§251 단서). "판례는 적시된 사실이 객관적으로 볼 때 공공의 이익에 관한 것으로서 행위자도 공공의 이익을 위하여 그 사실을 적시한 것이어야 될 뿐만 아니라 그 적시된 사실이 진실한 것이거나 적어도 행위자가 그 사실을 진실한 것으로 믿었고, 또 그렇게 믿을 만한 상당한 이유가 있어야 하는 것이라고 판시하고 있다."(대검찰청, 2018)

후보자 비방죄의 구성요건 중 공연히란 불특정 또는 다수인이 알 수 있는 상태에 도달하게 함을 의미한다. 비록 개별적으로 한 사람에 대하여 사실을 유포하더라도 이로부터 불특정 또는 다수인에게 전파될 가능성이 있다면 공연성의 요건을 충족한다(대법원 판결 1996.7.12. 선고 96도1007). 사실의 적시란 사람의 사회적 평가를 저하시키기에 충분한 사실을 지적하는 것을 말한다. 반드시 惡事 · 추행은 아니더라도 그 결과에 있어서 사회적 가치평가를 저하시킬 수 있는 사실을 지적하면 충분하다(대검찰청, 2018). 비방이란 정당한 이유 없이 상대방을 헐뜯어 그 사회적 가치평가를 저하시키는 것을 의미한다.

특정지역인 모욕죄 등(§256⑤)

누구든지 선거운동을 위하여 정당, 후보자, 후보자의 배우자 또는 직계존비속이나 형제자매와 관련하여 특정 지역 · 지역인 또는 성별을 공연히 비하 · 모욕하여서는 아니 된다. "비하 · 모욕의 대상은 '특정 지역 · 지역인 또는 성별'로 한정하였다. 따라서 위 적용대상 이외의 사항에 대한 비하 · 모욕 행위는 일반 형법이나 정보통신망 이용촉진 및 정보보호 등에 관한 법률의 적용 여부가 검토되어야 할 것이다."(대검찰청, 2018) 모욕은 사실을 적시하지 아니하고 사람의 사회적 평가를 저하시킬 만한 추상적 판단이나 경멸적 감정을 표현하는 것을 말하며(대법원 판결 1984.2.28. 선고 2008도3124), 비하는 특정지역 · 지역인 또는 성별의 언급 대상에 대해 낮추어 업신여기는 표현을 사용하는 것을 말한다. "공직선거법상 허위사실공표죄(§250)나 후보자비방죄(§251) 모두 구체적 사실의 적시가 있어야 성립하는 반면, 본 죄는 구체적 사실의 적시가 없더라도 성립 가능하고, '공연성'을 요건으로 한다는 점에서 형법상 모욕죄와 유사하나, 친고죄가 아니므로 고소를 요건으로 하지는 않는다는 점에서 모욕죄와는 차이가 있다고 할 것이다"(대검찰청, 2018).

4) 공무원 등의 선거관여 등 금지(§85~§86)

선거법 제85조(공무원 등의 선거관여 등 금지)제1항은 공무원 등 법령에 따라 정치적 중립을 지켜야 하는 자는 직무와 관련하여 또는 지위를 이용하여 선거에 부당한 영향력을 행사하는 등 선거에 영향을 미치는 행위를 금지하고 있다. 즉, 공무원 관계나 특수한 신분관계에 있는 사람이 그 지위를 이용하여 선거에 부당하게 영향을 미치는 것을 금지하는 규정이다. 2020.12.29자 선거법 개정으로 말로 하는 선거운동을 허용(§59.4)하고 있으나, 지위를 이용하여 말로 선거운동을 하는 경우 제85조에 위반된다(중앙선관위 운용기준, 2021.1.12). "본 조항은 제85조제2항의 공무원의 지위를 이용한 선거운동의 금지와 제86조(공무원 등의 선거에 영향을 미치는 행위금지)의 공무원 등의 선거에 영향을 미치는 행위금지를 포괄하는 일종의 총칙적 규정이다. 특히 제86조에 대한 포괄적 · 일반적 규정이므로 제86조를 적용할 수 없는 공무원 등의 선거에 영향을 미치는 행위는 본 조항에 의하여 규제할 수 있다."(오윤식, 2016)

선거법 제86조는 공무원 등이 선거에 영향을 미치는 행위를 하는 것을 금지하고, 지방자치단체의 장의 행위를 제한하는 규정을 두고 있다. 공무원 등 공적지위에 있는 자의 선거개입 여지를 불식하고 선거에 영향을 미칠 가능성이 큰 지방자치단체의 장의 특정 행위를 제한하여 선거에 공정을 기하고자 하는 규정이다. 그리고 당내경선에 공무원 등 본선거의 선거운동을 할 수 없는 사람이 관여하는 것을 근본적으로 방지하여 당내경선의 공정성을 보장하기 위해 당내경선운동을 금지하고 있다.

Tip 공무원 및 국외선거범죄의 공소시효는?

(1) 공직선거법에 규정한 죄의 공소시효는 당해 선거일 후 6개월(선거일 후에 행하여진 범죄는 그 행위가 있은 날부터 6개월)을 경과함으로써 완성된다. 다만 범인이 도피한 때나 범인이 공범 또는 범죄의 증명에 필요한 참고인을 도피시킨 때에는 그 기간을 3년으로 한다(§268①). 그리고 (2) 공무원은 직무와 관련하여 또는 지위를 이용하여 범한 선

> 거범죄의 공소시효는 해당 선거일 후 10년이다(§268③). 또한 (3) 국외선거범죄의 공소시효는 해당 선거일 후 5년이다(§218의26①).

최근 판례

❶ 공무원이 지위를 이용하여 특정 정당 소속 대통령후보자의 유세일정을 단체의 회장 등에게 전송하여 선거운동[대법원 판결 2018.12.27. 선고 2018도14492]
❷ 교육 공무원의 지위를 이용한 선거운동[대법원 판결 2019.12.13. 선고 2019도15058]
❸ 잡지를 비치하는 방법으로 지방자치단체장의 업적 홍보[대법원 판결 2019.8.14. 선고 2019도7679]

5) 선거여론조사 공표 등 금지(§108, §256①, ③)

선거여론조사란?

여론이란 국민에게 공통적으로 중요한 문제에 관하여 표명하는 의견의 집합체를 말한다. 이와 같은 여론을 정확히 파악하여 표출시키는 것을 목적으로 하는 여론조사는 선거와 밀접한 관계가 있다. 선거여론조사는 정당 · 후보자의 지지율(인지도), 판세분석, 컷오프(공천배제), 당내경선, 후보단일화, 선거전략 수립 등 많은 용도로 활용되고 있다. 그 이유는 유권자의 다양한 의견, 즉 여론을 간접적으로나마 대변해줄 수 있는 유일한 도구이며, 여론조사 결과 자료가 주는 객관성과 신뢰성 때문이다.

후보자 등이 여론조사를 통해 선거권자의 지지 의사를 가늠하고 선거운동 방안을 수립하는 것을 가능하게 하지만, 여론조사 결과의 공표는 선거인으로 하여금 예단을 가지게 함으로써 선거인의 자유로운 의사결정을 방해하게 되어 선거의 공정을 해칠 위험도 수반한다(검찰청, 2018). 선거여론조사는 일반적인 표본조사에 비해 훨씬 엄격한 기준의 표본 대표성과 측정의 정확성이 확보되어야 신뢰성과 객관성을 확보된다. 과거 지선을 앞두고 떳다방 여론조사업체가 등록 후 여론조사를 실시했는데, 이들 업체의 경우 비용은 적게 들지만 여론조사의 신뢰성 등을 담보하기는 어렵다.

Tip 나의 지지율을 춤추게 하라

시도하면 경험이지만, 지속하면 경력이 된다는 말이 있다. 며칠 운동했다고 근육이 생기는 게 아니라 지속적으로 단련하고 내공이 쌓여야 근육이 조금씩 생긴다. 후보자의 지지율도 계단 오르기처럼 한 계단씩 서서히 오른다. 느린 것 같아도 꾸준함이 가장 빠른 방법이다. 벼를 빨리 자라게 하려고 벼를 뽑아 올리면 그 벼는 썩는다(송인알묘宋人揠苗). 속성 다이어트하려다 몸무게가 더 늘어나고, 시간만 낭비하는 꼴 난다. 인내는 내가 힘들 때 방패 역할을 해주는 기술이며, 전략이다.

지지율은 모든 정치인의 주요 관심사다. 지지율에 영향을 미치는 변수는 크게 두 가지로 나눠볼 수 있다. (1) 외부요인으로는 소속 정당의 지지율을 들 수 있고, (2) 내부요인으로는 나에 대한 주변의 평가다. 정당지지율은 운(運)의 영역이므로 내가 통제할 수 없다. 2022년 6월 제8회 지선 후보자의 경우 같은 정당 소속 대선 후보자가 당선될 경우 원님 덕분에 나팔 불기를 할 수도 있다. 하지만 나에 대한 주변의 평가는 나의 몫이다. 정치신인 등은 여론주도층, 인플루언서 등에 대한 집중적인 면담, 지속적인 각종 행사장 방문 등을 통해 인지도를 높이고 인맥 쌓기에 주력해야 한다. 시 · 군지역은 이들 키맨(Key man) 또는 키맨과 연결된 사람의 영향력이 큰 편이다. 이들을 내 편으로 만들면 이들이 얼리어답터(early adopter)[4] 나팔수가 되어주고, 더 나아가 홍보대사 역할을 해준다. 지지율을 높이는 것도 전략이 숨어있다.

---

4 새로운 제품이나 기술을 남보다 먼저 써보는 개인 혹은 업체를 말한다. 이들은 새로운 물건을 열

선거여론조사 공표 금지

선거법은 제108조에서 누구든지 선거일 전 6일부터 선거일의 투표마감시각까지 선거에 관하여[5] 여론조사 결과를 공표하는 것을 금지하고 있으며(①), 선거일 전 60일(선거일 전 60일 후에 실시사유가 확정된 보궐선거 등은 실시사유가 확정된 때)부터 선거일까지 정당 · 후보자의 명의 또는 투표용지 유사모형에 의한 여론조사 금지하고 있다(②). 여론조사를 실시하려면 여론조사개시일 전 2일까지 선거여심위에 신고하여야 하고(③), 선거에 관한 여론조사 실시 시 지켜야 할 준수사항(⑤) 등에 대해 상세하게 규정하고 있으며, 규칙 제48조의4(여론조사의 신고 등) 및 규칙 제48조의5(선거여론조사를 위한 휴대전화 가상번호의 제공 요청)에서 여론조사의 신고, 이의신청, 자료제출 요구 절차, 그 밖에 필요한 사항에 대해 규정을 두고 있다.

Tip 선거여론조사로 보지 않는 경우(§8의8⑧)

1. 정당이 그 대표자 등 당직자를 선출하기 위하여 실시하는 여론조사
2. 후보자(입후보예정자 포함)의 성명이나 정당(창당준비위원회 포함)의 명칭을 나타내지 아니하고 정책 · 공약 개발을 위하여 실시하는 여론조사
3. 국회의원 및 지방의회의원이 의정활동과 관련하여 실시하는 여론조사. 다만, 제60조의2제1항에 따른 해당 선거의 예비후보자등록신청개시일부터 선거일까지 실시하는 여론조사는 제외한다.
4. 정치, 선거 등 분야에서 순수한 학술 · 연구 목적으로 실시하는 여론조사
5. 단체 등이 의사결정을 위하여 그 구성원만을 대상으로 실시하는 여론조사

정적으로 강력히 추천한다.

5 "선거에 관하여"라 함은 해당 선거를 위한 선거운동이 되지 않더라도 해당 선거를 동기로 하거나 빌미로 하는 등 해당 선거와 관련이 있는 경우를 말함(대법원 판결 2003.9.26. 선고 2003도2230).

선거여론조사 개요

후보자가 여론조사기관에 여론조사를 의뢰하면 여론조사기관 · 단체가 선거여론조사심의위원회[6]에 등록하는 것부터 여론조사 실시 신고(후보자와 여론조사실시기관 모두 신고 가능), 여론조사 실시, 휴대전화 가상번호 사용, 여론조사 실시 결과 홈페이지 등록 등 일련의 과정을 알아서 처리해준다. 후보자는 여론조사실시 전에 여론조사 관련 준수사항과 질문 내용 등을 한번 체크해보면 된다. 2020년 중앙여심위에서 발간한 제21대 총선《선거여론조사백서》를 보면 선거여론조사기관으로 등록한 83개 사 중 공표보도용 선거여론조사를 실시한 기관은 53개 사(63.9%)로 제20대 총선 87개 사 대비 1/3가량 감소했다. 조사방법을 보면 ARS면접방법(66.1%)이 전화면접(48.4%)보다 높게 나타났다.

2017.2.8자 도입 이후 제21대 총선에서 처음 적용된 휴대전화 가상번호 제도는 제21대 국회의원선거 관련 중앙여론조사심의위원회 홈페이지에 등록된 여론조사 결과 총 1,589건 중 1천 건(62.9%)에서 휴대전화 가상번호가 사용되었으며, 대부분(891건) 유선전화 RDD와 혼합하여 사용되었다. 휴대전화와 유선전화의 비율 조정에 따라 정당별 여론조사 결과에 차이를 보이는 것으로 알려져 있다. 그리고 시기별 사용 현황을 보면 당내경선과 후보자등록시점 전후에 사용되었다. 특히 2020년 4월에는 사용 비율이 92.7%에 달했다.

---

6 공직선거법은 선거여론조사심의위원회를 중앙선거관리위원회 및 시 · 도선거관리위원회 산하에 설치하도록 하고, 중앙심의위원회로 하여금「선거여론조사기준」을 공표하여 선거여론조사의 객관성 · 신뢰성을 확보할 수 있도록 하였다(§8조의8).

선거여론조사 절차 개요

여론조사 기관·단체		여론조사를 실시하려는 자 (상시)		여론조사기관 (상시)		여론조사기관		여론조사를 실시한 여론조사기관
↓		↓		↓		↓		↓
① 선거여론조사 기관 등록	⇒	② 선거여론조사 실시신고	⇒	③ 휴대전화 가상번호 사용	⇒	④ 선거여론조사 실시	⇒	⑤ 선거여론조사 결과 홈페이지 등록

제21대 총선 관련 위반행위 조치 현황

제21대 총선《선거여론조사백서》를 보면 여론조사와 관련한 공직선거법위반행위에 대해 조치한 건이 총 117건이었다. 조치유형별 건수를 보면 고발 24건, 수사 의뢰 1건, 과태료 6건, 경고 48건, 준수촉구 38건으로 나타났고, 이 중에서 경고 및 준수촉구가 86건으로 73.5%를 차지했다.

최근 판례

❶ ☆☆전자 ○○유치에 대한 입후보예정자의 주장 내용, 그에 대한 시민 의견을 묻는 여론조사 실시[대법원 판결 2020.1.16. 선고 2019도16043]

❷ 착신전환을 통한 여론조사 중복 응답 지시 등 금지 위반[대구고등법원 판결 2019.1.31. 선고 2018노597]

❸ 실시하지 않은 허위의 여론조사 결과 공표[대법원 판결 2018.12.13. 선고 2016도13739]

제21대 총선 여론조사 관련 위반행위 유형별 조치 건수

구분	계	고발	수사 의뢰	과태료	경고	준수 촉구
전체	117	24	1	6	48	38
여론조사 결과 왜곡 · 조작	13	6	-	-	6	1
표본의 대표성 미확보 등 제한 · 금지행위 위반	14	3	-		6	5
선거여론조사 기준 미준수	26	-	-	2	9	15
함께 공표 보도해야 할 사항 누락	8	-	-		3	5
공표 보도 등록사항 위반	16	-	-	2	6	5
거짓 중복 응답 지시 · 권유 · 유도	19	11	-	-	8	8
후보자 등 실시 조사 결과 공표 보도	12	2	1	-	6	3
기타	9	2	-	2	4	1

* 출처: 선거여론조사백서(중앙여심위, 2020)

3.
사이버 선거범죄

1) 사이버 선거범죄란

사이버 선거범죄란 인터넷 같은 정보통신망으로 연결된 컴퓨터시스템이나 이들을 매개로 형성되는 사이버공간(cyber space)에서 발생하는 선거범죄를 말한다. 정보통신의 발달로 선거운동 방법이 종이에서 영상 · 이미지로, 오프라인 공간에서 사이버공간으로 확장시켰다. 사이버상의 선거운동 방법이 일반화되면서 나타나는 부작용이 사이버 선거범죄다. 사이버 선거범죄의 원인 및 특성으로는 비대면성, 익명성, 여론조작 가능성, 시간적 · 공간적 무제한성, 빠른 전파성 등을 들 수 있다. 유권자의 경우 그동안 많은 학습효과를 통해 금품 · 음식물 제공 행위 등 전통적인 선거범죄에 대해서는 많이 알고 있지만, 사이버 선거범죄에 대한 기본지식이 없고 죄의식 또한 없는 편이다. 심지어 공무원들도 사이버 선거범죄에 대해 잘 몰라서 처벌받는 사례가 종종 발생한다.

위와 같은 특성 때문에 누구나 생산 · 공유가 가능하지만, 또한 누구나 사이버 선거범죄의 주체가 될 수 있다. 유통경로는 우리가 매일 자주 접하는 카페, 밴드, SNS 플랫폼 등을 통해 전파된다. 이와 같은 선거범죄의 큰 문제는 사이버상에서 생성된 이슈가 그 진위와 무관하게 여론으로 확산되고, 유권자의 판단을 흐리게 하여 선거 결과에 영향을 미칠 수 있다는 것이다.

2) 사이버 선거범죄의 유형별 조치 현황

제21대 총선 시 사이버 선거범죄 조치 및 삭제요청 건은 총 5만 3,904건으로, 제20대 총선 대비 약 3배 증가했다. 고발, 수사 의뢰 등 조치 건수는 188건으로 제20대 총선에 비해 감소했으나, 삭제요청 건수는 5만 3,716건으로 약 3배 증가했다.

최근 판례

❶ 밴드에 특정단체 지지 여부와 관련한 허위사실 공표 행위[서울고등법원 판결 2019.4.24. 선고 2018노3627]
❷ 페이스북에 우회적인 표현으로 허위사실 공표[제주지방법원 판결 2019.2.14. 선고 2018고합154]
❸ 무소속 후보자 간의 단일화 협상 사실이 없음에도 단일후보로 명기한 문자메시지 발송[대구지방법원 포항지원 판결 2018.12.20. 선고 2018고합95]

제21대 총선 사이버 선거범죄 조치 현황

(단위: 건)

구분	합계	조치 종류					삭제 요청
		소계	고발	수사 의뢰	이첩	경고	
계	53,904	188	67	10	9	102	53,716
허위사실 공표	3,632	44	13	2	9	20	3,588
후보자 등 비방	265	4	2	0	0	2	261
지역 · 지역인 · 성별 비하 · 모욕	11,827	3	0	1	0	2	11,824
선거운동금지자의 선거운동	58	49	10	0	0	39	9
선거의 자유 방해	5,051	6	5	0	0	1	5,045
여론조사 공표 방법 등 위반	33,007	24	11	1	0	12	32,983
기타	64	58	26	6	0	26	6
제20대 총선	17,430	329	69	22	57	181	17,101

*출처: 제21대 총선 총람(중앙선관위)

4.
선거법 등 위반행위 조사

1) 선관위의 선거범죄 조사권(§272의2, §272의3, 정자법 §52)

선거범죄 조사권(§272의2)

선거범죄는 선거가 임박한 특정 시기에 동시다발적 · 조직적 · 계속적으로 발생하고, 과거에 발생했던 사례와 동일하거나 유사한 사례가 반복적으로 발생하는 특성이 있다. 이에 선거의 공정성을 확보하기 위해 선거법은 선거범죄조사권을 선관위에 부여하고 있다. 즉 ① 선관위의 장소출입권, 질문 · 조사권, 자료제출요구권, ② 임의동행 · 출석요구권, ③ 증거물품의 수거권, ④ 현장조치권의 법적근거 및 그 행사방법 등을 규정하고, 조사과정에서 피조사자의 진술거부권과 변호인조력권을 보장하고 있다. 또한 「선거관리위원회법」 제14조의2(선거법위반행위에 대한 중지 · 경고 등)에서는 선관위의 경고 등 행정조치권과 관할 수사기관에 수사 의뢰 또는 고발 조치할 수 있는 권한을 부여하고 있다.

통신관련 선거범죄 조사권(§272의3)

2004.3.12자 선거법 개정 시 선거범죄조사권 외에 각급 선관위에 통신 관련 선거범죄조사권을 부여하고 있다. 통신 관련 선거범죄조사권(§272의3)은 정보통신망과 전화를 이용한 선거운동이 날로 확대되고 이와 관련된 선거범죄가 빈발하고 있어 통신자료를 확보할 필요성이 커지고 있다. 이에 선거법은 혐의 입증에 필요한 자료를 소유하고 있는 정보통신서비스 제공자에게 정보통신서비스 이용자의 식별에 필요한 자료의 열람이나 제출을 요구할 수 있는 권한을 선관위에 부여하고 있다. 또한 이용자의 개인정보자기결정권을 보호하기 위해 2020.3.25. 법 개정 시 각급 선거관리위원회 직원이 통신 관련 선거범죄 조사를 위해 정보통신서비스 제공자에게 자료를 요청한 경우 일정한 기간 내에 이용자에 대한 통지의무(§272의3⑤) 규정을 두고 있다(선거법해설서, 2020).

금융거래자료 제출 요구권(정자법 §52②)

정치자금의 수입과 지출에 관한 조사를 위하여 불가피한 경우 다른 법률의 규정에도 불구하고 정치자금법을 위반하여 정치자금을 주거나 받은 혐의가 있다고 인정되는 상당한 이유가 있는 자의 금융거래 자료[1. 계좌개설 내역, 2. 통장원부 사본, 3. 계좌이체의 경우 거래상대방의 인적 사항, 4. 수표에 의한 거래의 경우 당해 수표의 최초 발행기관 및 발행의뢰인의 인적 사항]를 금융기관의 장에게 요구할 수 있는 금융거래자료 제출 요구권을 선관위에 부여하고 있다(정자법 §52②).

Tip 선관위의 선거범죄 조사권

- 장소 출입, 질문 · 조사 및 자료제출요구권(선거법 §272①)
- 임의동행 및 출석요구권(법 §272④)
- 증거물품의 수거권(법 §272②)
- 현장조치권(법 §272⑤)
- 통신자료 등 열람 · 제출권(법 §272의3)
  ☞ 금융거래자료 제출 요구권(정치자금법 §52)

2) 선거법위반행위 관련 자세 및 대응전략

모든 게 내 탓

우리는 아침에 일어나서부터 잠자리에 들 때까지 무수한 선택을 해야 한다. 어떤 경우에는 본의 아니게 울며 겨자 먹기로 선택하는 경우도 있다. 물론 최종 결정에 대한 책임은 본인이 져야 한다. 그런데 어떤 결정을 내리느냐에 따라 결과물은 판이하다. 혹자는 실수할 수 있어도 같은 실수를 되풀이하지 말라고 역설한다. 하지만 어디 그게 말대로 쉬운 일인가? 그러면 주식투자해서 손실을 보는 사람은 거의 없을 것이다.

선거법위반행위를 한 후보자 역시 똑같은 논리가 적용된다. 후보자의 결정 여하에 따라 금배지를 달 수도 있고, 교도소에 수감될 수도 있다. 한 끗 차이에 불과하다. 한 끗 차이로 졸작이 걸작이 되고, 실패담이 성공담이 되기도 한다. 이는 물과 얼음의 상태가 0℃에서 갈리는 것과 같다. 선관위, 검찰, 법원은 많은 건 중에서 한 건을 처리하는 것에 불과하지만,

해당 후보자는 인생이 걸려있다. 선거법위반행위를 하지 않고 선거를 마무리하는 게 최선이지만, 사람인지라 본의 아니게 헛발을 디딜 수 있다. 누구도 장담할 수 없다. 선관위의 안내, 교육 등을 통해 위반행위를 할 경우 처벌을 받는다는 사실을 알고 있음에도 일부 정치인은 회색코뿔소(Gray Rhino)[7]처럼 행동한다. 소 잃고 외양간을 고치는 우를 범해서는 안 된다. 바둑에서 고수는 멋진 묘수(妙手)보다는 평범해 보이는 정수(正手)를 둔다는 고견을 되새겨보자.

고의든 실수든 선거법위반행위를 한 후 피조사자로 선관위, 검찰, 경찰에서 조사를 받을 경우가 있다. 선관위의 경우 선거법위반행위를 자체 인지하여 조치하는 경우도 많지만, 선관위에 대한 유권자의 신뢰가 높고, 포상금 지급과 과태료 부과라는 쌍검(?)이 있어 상대 정당 · 후보자 또는 유권자의 신고 · 제보가 많다. 때로는 후보자캠프의 내부정보가 SNS를 통해 유출되는 경우도 있고, 포상금(최고 5억 원)을 받을 목적으로 제보하는 경우 등 다양하다.

Tip 포상금, 과태료는 무기 또는 지뢰

포상금은 과태료와 더불어 선관위의 주요 무기이지만, 후보자에게는 헛발을 디디면 터지는 무서운 지뢰다. 선거법위반행위가 발생하면 누구에게 물어보기도 어렵고 속 시원하게 말해주는 곳도 없다. 변호사를 찾아가면 수임료가 억 소리가 난다. 피조사자로 선관위 등에서 조사받을 경우 해당 후보자는 선거 리듬이 깨지고 플랜 자체가 흔들린다.

---

7 개연성이 높고 파급력이 크지만, 사람들이 간과하는 위험을 뜻하는 용어다. 즉 위험요인들이 빠르게 나타나지만, 일부러 위험 신호를 무시하고 있다가 큰 위험에 빠진다는 의미를 갖고 있다.

세상에 완전범죄는 없다

세상에 완전범죄는 없다고 한다. 범인이 아무리 치밀한 계획을 짜고 증거인멸을 시도하더라도 자신이 남긴 흔적 때문에 덜미를 잡히기 마련이다. 손바닥으로 태양을 가릴 수 없고, 쌓인 눈 위를 걸으면 발자국이 남는다. 무엇보다 우리의 분신 같은 핸드폰이 문제다. 하루도 아니 한 시간도 핸드폰을 떠나 살 수 없다. 나 역시 중독자다. 반면에 책을 읽다가 좋은 글을 읽으면 카카오톡을 수첩처럼 활용하거나 앱을 통해 더 나은 의사결정을 하는 데 도움을 받을 때도 많다.

하지만 내가 어려움에 처할 때는 핸드폰이 고자질(?)한다. 핸드폰은 우리에게 너무 편리한 도구지만, 나의 목을 조이는 무기가 될 수 있다. 그뿐인가? SNS 플랫폼 역시 로그 기록이 남아있어 디지털포렌식으로 들여다볼 수 있다. CCTV 역시 보이지 않는 곳에서 우리를 온종일 감시한다. 선관위나 검 · 경찰 조사 · 수사를 앞두고 가장 먼저 확보하는 게 CCTV 자료다. 선거법위반행위는 행하지 않는 게 상책이다. 주변에서 선거법위반행위로 현직 공무원이 퇴직하거나, 해당 기관에서 징계를 받은 분들을 여러 번 목격했다. 물론 그중에는 내가 직간접적으로 조사한 분도 있다. 한순간의 부주의로 너무 많은 것을 잃는 것을 볼 때마다 조사공무원을 떠나 인간적으로 너무 안타까웠다.

남을 속여도 자신은 속이지 못한다

과거에 피조사자를 조사하면서 느꼈던 점은 사람은 본래 선하다는 결론을 내렸다. 결론부터 이야기하면 사람은 남을 속여도 정작 본인은 속이지 못한다. 조사공무원은 조사하기에 앞서 기본 자료를 확보하고 조사에 임한다. 당연히 조사공무원이 칼자루를 쥐고 있다. 조사를 시작하면 피조사자는 조사공무원에게 절대 아니라고 허위진술을 해도 정작 본인은 표정, 말투, 몸짓 등을 통해 자신이 허위진술을 하고 있다는 신호를 조사공무원에게 보낸다. 거짓말을 하면 제 발이 저린 법이다. 물론 조사공무원이 내공이 있어야 간파할 수 있기는 하다.

가래로 막기 힘든 것을 호미로 막자

사건은 순식간에 자기도 모르게 일어난다. 심지어 사건이 발생한 것조차 모르는 경우도 있고, 혹은 바로 지나갈 거라는 막연한 기대감 때문에 외면하기도 한다. 발생하기는 쉬워도 해결하기는 어렵다. 왜냐하면 일을 저지를 때는 이성적으로 판단하고 결정하지만, 일이 발생하고 나면 판단력이 흐려져서 감성적으로 처리한다. 즉, 해결책을 강구하기보다는 임시방편적인 방법과 타협하거나 회피한다. 그러다 보니 꼬인 실타래처럼 풀기 어렵게 만든다. 이게 그 유명한 머피의 법칙(Murphys Law)[8]이다. 이럴 때일수록 허둥대지 말고 단순화시켜 생각하자. 아인슈타인(Albert Einstein)은 "신은 언제나 가장 간단한 방법을 택한다"라고 했다. 원인을 알면 단순화할 수 있고, 해결책도 쉽게 찾아낼 수 있다. 조사과정에서 피조사자의 대응 유형을 보면 크게 두 가지로 나뉜다. 닭 잡아먹고 오리발 내미는 오리발형, 사실을 인정하고 선처를 구하는 곰형이 있다. 간혹 닭 잡아먹고 닭 잡아먹었다고 스스로 닭발을 내밀고 장렬히 전사하는 자폭형도 있기는

8 일이 풀리지 않고 갈수록 꼬여 되는 일이 하나도 없는 상황을 나타내는 경험법칙을 말한다.

하다.

나는 어떤 포지션을 취해야 할까? 후자를 추천한다. 예를 들어 제3자의 음식물 제공 건이 발생하여 선관위에서 조사를 시작한다고 가정하자. 선관위에서는 기초자료를 확보한 후 조사를 시작하기 때문에 고지를 선점한다. 그리고 적이 적을 가장 잘 안다. 상대 후보자가 선관위의 지원군 역할을 해준다. 또한 조사에 들어가면 이른바 게임이론인 죄수의 딜레마(prisoners dilemma)[9] 때문에 피조사자들은 심적 갈등이 일어난다. 참석자 모두가 벌을 면하기 위해서는 모든 피조사자가 입을 맞춰 허위진술을 해야 하는데, 개인적인 입장에서는 선관위에 협조하여 과태료를 면제받는 게 유리하기 때문에 배신자가 나오게 되어 있다. 결국 선거법위반행위의 실체가 밝혀지고 음식물 제공자는 고발당하고, 참석자는 과태료부과 처분을 받는다.

법에도 인정이 있고 눈물이 있다고 한다. 판사, 검사 역시 인간인지라 크게 다르지 않을 것이라 생각한다. 정상참작이라는 네 글자에 귀를 기울여보자. 운이 좋아서 적발되지 않았으면 몰라도 적발되고 심판대에 서면 선처를 구하는 게 옳다. 정치생명이 끊길지 모른다는 불안감에 당장 숨기고 빠져나가려 한다. 그러다가 오히려 늪에 빠지는 것을 제7회 지선 때도 목격했다. 음주음전 사고가 발생하면 대부분 사람이 본능적으로 뺑소니를 한다고 한다. 하지만 발각되고 나서까지 부인할 것인가? 호미로 막을 것을 가래로도 막지 못하는 사태는 막아야 한다.

9 두 사람의 협력적 선택이 둘 모두에게 최적의 선택임에도 자신의 이익만을 고려한 선택으로 인해 자신뿐만 아니라 상대방에게도 나쁜 결과를 야기하는 현상을 말한다.

지갑 관리가 당락을 좌우한다

6장.

선거비용 및 정치자금 알아보기

선거자금은 양날의 검

레바논 철학자 칼릴 지브란은 “돈은 현악기와 같다. 그것을 적절히 사용할 줄 모르는 사람은 불협화음을 듣게 된다”라고 말했다. 선거판에서 사용되는 돈, 즉 선거자금은 선거조직 등을 움직이는 중요한 도구다.

돈이라는 유령은 사람과 조직을 움직이는 묘한 힘이 있다. 돈은 선거운동 전 과정에 거미줄처럼 연결되어 있는데, 우리 신체의 혈관 기계의 윤활유에 비유할 수 있다. 혈관은 피가 정상적으로 흐르게 하면 되고, 윤활유 역시 기계가 잘 작동되게 하면 된다. 그게 전부다. 돈은 양날의 검과 같아서 잘못 사용하면 혈관을 터지게 하고, 기계를 망가뜨리기도 한다.

우리나라의 선거비용 관련 제도를 크게 세 가지로 나누면, 첫째, 정치활동(선거)에 사용할 경비를 확보하게 해주는 정치자금모금제도, 둘째, 선거비용제한제도, 셋째, 선거비용보전제도로 나눌 수 있다. 정치자금모금제도는 정치자금법에서, 선거비용제한제도와 선거비용보전제도는 선거법에서 각각 규정을 두고 있다. 이 책에서는 정치자금 중 당원이 납부하는 당비, 선관위에서 담당하는 기탁금, 보조금 등은 제외하고, 정치자금모금과 관련된 후원회, 후원금 모금 · 기부 등을 중심으로 살펴본다.

정치자금을 효율적으로 집행하기 위해서는 정치자금과 선거비용의 개념을 이해해야 한다. 그리고 회계책임자를 선임한 후 후원회 등을 통한 정치자금 모금을 통해 수입원을 확보하고, 선거비용제한액 범위 내에서 합법적으로 지출한 후 회계보고를 하면 된다. 그래야 국가로부터 많은 금액을 보전받을 수 있다.

1.
선거비용 및 정치자금이란

1) 정치자금이란(정치자금법 §3)

정치자금이라 함은 당비, 후원금, 기탁금, 보조금과 정당의 당헌 · 당규 등에서 정한 부대수입 그 밖에 정치활동을 위하여 정당(중앙당창준위 포함), 공직선거에 의하여 당선된 자, 공직선거의 후보자 또는 후보자가 되고자 하는 자, 후원회 · 정당의 간부 또는 유급사무직원, 그 밖에 정치활동을 하는 자에게 제공되는 금전이나 유가증권 그 밖의 물건과 그자의 정치활동에 소요되는 비용을 말한다.

정치자금은 크게 선거비용과 선거비용외 정치자금으로 나눌 수 있다. 선거법 제119조(선거비용 등의 정의)와 제120조(선거비용으로 인정되지 아니하는 비용)에서 각각 선거비용과 선거비용외 정치자금에 대한 정의 규정을 두고 있다. 양자를 구분하는 주요 판단기준은 '선거운동을 위하여' 지출했는지 여부다. 그러므로 정치자금 중 선거운동을 위해 지출한 비용은 선거비용이고, 선거비용이 아닌 비용은 선거비용외 정치자금에 해당하는 셈이다.

선거비용과 선거비용외 정치자금이 무엇인지를 정확히 알아야 선거비용제한액을 초과하지 않는 범위 내에서 선거비용을 내실 있게 지출할 수 있고, 지출한 선거비용을 최대한 많이 보전받을 수 있다. 정치자금과 선거비용제한액 및 보전대상 선거비용과의 관계를 보면 아래 표와 같다.

정치자금과 선거비용제한액 등과의 관계

구분			선거비용제한액 포함 여부		보전대상 선거비용 해당 여부	
			예비후보자	후보자	예비후보자	후보자
정치자금 [①+②]	① 선거비용 [ⓐ+ⓑ]	ⓐ 합법비용	○	○	×	○
		ⓑ 불법비용	○	○	×	×
	② 선거비용외 정치자금		×	×	×	×

2) 선거비용(선거법 §119)

선거비용이라 함은 당해 선거에서 선거운동을 위하여 소요되는 금전·물품 및 채무 그 밖에 모든 재산상의 가치가 있는 것으로서 당해 후보자(입후보예정자 포함)가 부담하는 비용과 다음 각 호의 어느 하나에 해당되는 비용을 말한다.

1호. 후보자가 이 법에 위반되는 선거운동을 위하여 지출한 비용과 기부행위제한규정을 위반하여 지출한 비용

2호. 정당, 정당선거사무소의 소장, 후보자의 배우자 및 직계존비속,

선거사무장 · 선거연락소장 · 회계책임자가 해당 후보자의 선거운동(위법선거운동을 포함)을 위하여 지출한 비용과 기부행위제한규정을 위반하여 지출한 비용

3호. 선거사무장 · 선거연락소장 · 회계책임자로 선임된 사람이 선임 · 신고되기 전까지 해당 후보자의 선거운동을 위하여 지출한 비용과 기부행위제한규정을 위반하여 지출한 비용

4호. 제2호 및 제3호에 규정되지 아니한 사람이라도 누구든지 후보자, 제2호 또는 제3호에 규정된 자와 통모하여 해당 후보자의 선거운동을 위하여 지출한 비용과 기부행위제한규정을 위반하여 지출한 비용

3) 선거비용외 정치자금(선거법 §120)

선거비용외 정치자금은 정치자금 중 선거비용이 아닌 비용으로 아래와 같다(§120). 수입과 지출이 있는 때마다 선거비용 과목과 별도로 구분하여 선거비용외 정치자금 과목으로 회계장부에 기재하여야 한다. 그리고 선거비용외 정치자금은 비록 선거비용보전대상 후보자 또는 정당일지라도 선거일 후 보전하지 않는다. 그러나 회계책임자는 선거비용과 함께 선거일 후 30일까지 회계보고를 하여야 한다.

1호. 선거권자의 추천을 받는 데 소요된 비용 등 선거운동을 위한 준비행위에 소요되는 비용

2호. 정당의 후보자선출대회비용 기타 선거와 관련한 정당활동에 소요되는 정당비용

3호. 선거에 관하여 국가 · 지방자치단체 또는 선거관리위원회에 납부하거나 지급하는 기탁금과 모든 납부금 및 수수료

4호. 선거사무소와 선거연락소의 전화료 · 전기료 및 수도료 기타의 유지비로서 선거기간 전부터 정당 또는 후보자가 지출하여 온 경비

5호. 선거사무소와 선거연락소의 설치 및 유지비용

6호. 정당, 후보자, 선거사무장, 선거연락소장, 선거사무원, 회계책임자, 연설원 및 대담 · 토론자가 승용하는 자동차(제91조 제4항의 규정에 의한 자동차와 선박을 포함함)의 운영비용

7호. 제삼자가 정당 · 후보자 · 선거사무장 · 선거연락소장 또는 회계책임자와 통모함이 없이 특정 후보자의 선거운동을 위하여 지출한 전신료 등의 비용

8호. 제112조제2항에 따라 기부행위로 보지 아니하는 행위에 소요되는 비용. 다만, 같은 항 제1호마목(정당의 사무소를 방문하는 사람에게 제공하는 경우는 제외함) 및 제2호사목(후보자 · 예비후보자가 아닌 국회의원이 제공하는 경우는 제외함)의 행위에 소요되는 비용은 선거비용으로 본다.

9호. 선거일 후에 지출원인이 발생한 잔무정리비용

10호. 후보자(후보자가 되려는 사람을 포함함)가 선거에 관한 여론조사의 실시를 위하여 지출한 비용. 다만, 제60조의2 제1항에 따른 예비후보자등록신청개시일부터 선거일까지의 기간 동안 4회를 초과하여 실시하는 선거에 관한 여론조사비용은 선거비용으로 본다.

2. 선거비용제한액제도

1) 선거비용제한액이란

선거비용제한액이란 선관위가 선거별 정당 · 후보자가 지출할 수 있는 선거비용 최고 한도액을 각각 산정 · 공고한 후(선거법 §121, §122) 그 한도 내에서 지출토록 하는 제도다. 요약해 설명하면, 선거비용제한액은 정치자금 중 선거비용의 지출 부분만 제한하는 것이다. 후보자들이 회계처리를 하면서 가장 간과하는 부분이 사전준비 또는 계획 없이 정치자금을 지출하는 것이다. 예비후보자 때 너무 많이 지출하여 막판 필요한 경비를 지출하지 못해 발만 동동 구르는 사태가 발생할 수 있다. 이런 과정에서 선거비용 초과지출죄(§263)를 피할 목적으로 인쇄업체 등과 이중계약서를 작성하거나, 일부 선거비용 지출 항목을 누락 · 축소시키는 등 부정지출 사례가 종종 발생한다.

> Tip [Q&A] 선거비용제한액 초과 여부는?
>
> [Q] 총선 후보자의 선거비용제한액이 1억 5천만 원일 경우, A 후보자가 선거비용으로 1억 5천만 원, 선거비용외 정치자금 4천만 원으로, 총 1억 9천만 원을 지출하였을 경우 선거비용제한액 초과지출 여부는?
>
> [A] 선거비용외 정치자금은 선거비용제한액에 포함되지 않으므로 선거비용제한액 1억 5천만 원을 초과하여 지출한 것이 아닙니다.

2) 선거비용제한액 현황

중앙선관위에서 발행한 제21대 총선 및 제7회 지선 총람 중 각 선거의 평균 선거비용제한액을 보면, 제21대 총선이 18,200만원이었고, 제7회 지선 중 시 · 도지사선거는 1,611,802천원, 기초장선거는 159,323천원, 지역구광역의원선거는 49,401천원, 지역구기초의원선거는 42,019천원, 그리고 시 · 도교육감선거는 1,471,786천원이었다.

3) 선거비용 지출 상황

중앙선관위에서 발생한 제21대 총선 및 제7회 지선 총람 중 후보자 1인당 평균지출액과 선거비용제한액 대비 지출률을 보면, 제21대 총선이 9,976만원(54.8%)이었고, 제7회 지선 중 시 · 도지사선거는 764,685천원,

'제21대 총선' 후보자 1인당 평균지출액 및 제한액 대비 지출률

(단위: 개, 명, 만 원, %)

수입지출보고서 제출 상황				선거비용지출 상황(후보자 평균)		
선거구	보고서 접수 상황			선거비용제한액	지출신고액	지출률(%)
	제출대상후보자	제출후보자	미제출후보자			
253	1,118	1,118	0	18,200	9,976	54.8

* 출처: 제21대 국회의원선거 총람(중앙선관위)

'제7회 지선' 후보자 1인당 평균지출액 및 제한액 대비 지출률

(단위: 개, 명, 천 원, %)

구분	시 · 도지사	기초장	광역의원		기초의원		교육감	교육의원
			지역구	비례대표	지역구	비례대표		
후보자 수	71	757	1,889	134	5,336	607	61	6
선거비용제한액(평균)	1,611,802	159,323	49,401	223,201	42,019	52,556	1,471,786	56,833
선거비용지출액(평균)	764,685	119,457	40,015	67,745	31,532	19,207	1,111,456	21,784
평균 지출률(%)	47.4	75.0	81.0	30.4	75.0	36.5	75.5	38.3

* 출처: 제7회 전국동시지방선거 총람(중앙선관위)

기초장선거는 119,457천원, 지역구광역의원선거는 40,015천원, 지역구기초의원선거는 31,532천원, 그리고 시 · 도교육감선거가 1,471,786천원이었다.

4) 정치자금 수입·지출계획 수립

짜임새 있는 정치자금 수입 · 지출을 위해 정치자금 수입 · 지출계획을 수립하는 게 중요하다. 거창한 계획서를 수립하라는 게 아니다. 가장 쉬운 방법은 정치자금사무관리규칙 제40조의 정치자금 수입 · 지출부에 계정(자산, 기부금 등), 과목(선거비용, 선거비용외)별로 예상지출 내역을 엑셀 서식 등에 적는 것이다. 그래야 예산을 시기에 맞게 합법적인 방법으로 적정하게 지출할 수 있다. 정확하지는 않더라도 선거비용제한액 대비 예상 지출금액을 가늠할 수 있고, 지출 방향을 한눈에 볼 수 있다. 이 예상 지출내역서가 지출에 대한 로드맵 역할을 해준다. 지출예상액을 너무 빡빡하게 잡는 것보다 여유 있게 잡는 게 좋다.

3. 정치자금 기본원칙 및 수입·지출 등 업무처리 흐름도

1) 정치자금의 기본원칙(정자법 §2)

정치자금의 기본원칙

정치자금에 관한 기본원칙으로서 아래의 다섯 가지를 규정하고 있는 바, 이 원칙은 정치자금법 제1조의 목적규정과 함께 정치자금의 해석 · 운용의 일반적인 기준 또는 지침 역할을 하고 있다.

> **Tip 정치자금의 기본원칙**
>
> 첫째, 정치자금의 포괄적 규제 원칙(정자법 §2①)
> 둘째, 정치자금의 공개 원칙(§2②)
> 셋째, 정치자금의 사적 경비 및 부정한 용도로의 사용금지 원칙(§2③)
> 넷째, 정치자금의 실명확인 방법에 의한 기부 · 지출 원칙(§2④)
> 다섯째, 정치자금의 실명제 원칙(§2⑤)

정치자금 업무처리 개요

선거를 치르는 데 가장 필요한 것은 조직과 선거자금을 들 수 있다. 조직은 3장에서 설명했다. 정치자금 업무처리 개요를 보면, 첫째, 정당 · (예비)후보자 등 선임권자는 정치자금의 수입과 지출을 담당하는 회계책임자 1인을 선거운동을 할 수 있는 자 중에서 선임하여 선관위에 신고하면 본격적으로 업무가 개시된다. 누구든지 2인 이상의 회계책임자를 겸임할 수 없다. 다만, 공직선거 (예비)후보자, 선거사무장, 선거연락소장은 회계책임자를 겸임할 수 있다(§34). 회계책임자를 선임 후 예금계좌를 개설해야 하는데 (예비)후보자, 후원회명 또는 회계책임자 명의로 개설하면 된다. 개설방법은 정치자금 수입용과 지출용으로 각각 개설하거나, 1개의 예금계좌를 개설하여 수입과 지출 겸용으로 사용 가능하다. 수입용 예금계좌는 2개 이상 개설하여 사용할 수 있으나, 지출용 예금계좌는 반드시 1개만 사용하여야 한다. 그리고 (예비)후보자가 회계책임자 선임신고를 하기 전에 사용하여온 정치자금 수입 · 지출용 예금계좌가 있는 때에는 그 예금계좌를 신고하여 계속 사용할 수 있다.

둘째, 정당 · (예비)후보자가 합법적인 방법으로 준비한 정치자금(수입)으로 선거비용제한액 범위 내에서 지출원칙을 준수하여 지출해야 한다. 셋째, 영수증 등 증빙자료를 구비 · 정리한 후, 회계책임자가 관할 선관위에 회계보고를 하면 기본 업무는 종료된다. 넷째, 회계보고를 마친 후 지체없이 선임권자에게 회계장부 등 정치자금 수입 · 지출과 관련된 모든 서류를 인계하여야 한다. 이후 선임권자는 회계보고를 마친 날부터 3년간 보존하여야 한다. 다만, 회계책임자는 선임권자의 동의를 얻어 관할 선관위에 회계장부의 보존을 위탁할 수 있다.

Tip 회계책임자의 정치자금 업무처리 절차

① 회계책임자 선임신고 및 예금계좌 개설 · 신고
└→② 정치자금 수입 · 지출
└→③ 정치자금 회계보고
└→④ 회계장부 등의 인계 · 보존

2) 정치자금 수입원칙 및 수입원

정치자금을 모금 · 조달하기 위해서는 지켜야 할 수입원칙이 있다. 즉, 첫째, 정자법에 규정된 방법에 따라 정치자금을 조달해야 하며, 타인 명의나 가명으로 정치자금을 기부받을 수 없다. 둘째, 신고된 예금계좌를 통해 회계책임자만이 수입 처리하여야 하며, 셋째, 수입내역의 회계장부 계정별 · 과목별로 구분 기재하여야 한다.

(예비)후보자의 정치자금 수입원은 ① (예비)후보자 본인의 자산, ② 제3자로부터 빌린 차입금, ③ 후원회지정권자(정자법 §6)가 후원회를 설립하여 제3자로부터 받은 후원금, ④ 정당이 소속 정당의 (예비)후보자에게 지원되는 지원금과 선거운동용 물품장비 등 지원금, 선거사무소에서 선거연락소에 지원한 후보자 자산, 소속 정당의 지원금 등, 후원회기부금 지원금, ⑤ 후보자가 개인과 기간, 이율 등에 대해 약정한 후 개인으로부터 돈을 빌려 정치자금에 활용한 다음 일정 기간이 지나고 나서 원금과 이자를 돌려주는 펀드모금으로 나눌 수 있다.

정치자금의 수입원 및 전달 흐름도

구분		제공자	경유기관	흐름	받는 자
(예비)후보자 자산		(예비)후보자	–	자산 ⇒	(예비)후보자
차입금		제3자	–	차입금 ⇔ 약정금	(예비)후보자
후원금		후원인	후원회	후원금 ⇒	지정권자
지원금	소속 정당	소속 정당	–	지원금 ⇔ 잔액	(예비)후보자
	선거사무소	선거사무소	–	지원금 ⇔ 잔액	(예비)후보자
펀드모금		개인	–	차입금 ⇔ 원금+이자	(예비)후보자

Tip 차입금과 펀드모금

선거가 끝나고 가장 문제 되는 게 차입금이다. 선거 막판 박빙의 승부가 펼쳐지다 보면 이성을 잃고 돈을 차입하여 불법행위를 하는 경우가 있다. 선거비용초과지출죄를 회피할 목적으로 또는 회계처리 규정을 잘 몰라서 차입금을 수입 · 지출 처리하지 않고, 회계보고 시 축소 · 누락하는 사례가 있다. 돈을 차입할 경우 채권자와 서류를 작성(차용증)하여 근거를 명확히 남기고, 합법적인 방법으로 수입 · 지출처리 해야 한다. 즉, 후보자 자산계정에 수입 처리하고, 수입 · 지출 장부의 내역란에 후보자 자산으로 기재한 후 수입을 제공한 자 란에 후보자의 성명을 기재하면 된다. 회계보고의 차용증 사본을 제출하면 된다.

펀드모금의 경우 대선, 시 · 도지사 및 시 · 도교육감선거 후보자는 몰라도 총선 후보자나 기초단체장과 지방의원선거 후보자는 모금에 성공하기도 어렵고, 위험부담도 있어 추천하지 않는다. 2021.1.5자 정치자금법 개정 시 지방의원선거 (예비)후보자까지 정치자금을 모금할 수 있게 되어 선거자금 확보에 숨통이 트였다.

3) 정치자금 지출원칙 및 유의사항

정치자금 지출 절차는 기본적으로 ① 계약체결 등 지출원인행위 → ② 지출 및 영수증 구비 → ③ 회계장부 기재 및 영수증 등 정리 · 보관 순으로 진행된다. (예비)후보자, 후원회, 후원회를 둔 국회의원 등의 회계책임자가 지켜야 할 원칙 및 유의사항을 살펴보면 첫째, 사적경비[1] 및 부정한 용도[2]로 지출해서는 안 된다. 둘째, 선거비용제한액 및 현금지출한도액[3]을 준수해야 한다. 셋째, 회계책임자만 지출할 수 있다. 일부 후보자는 선관위에 신고한 회계책임자가 아닌 제3자가 실질적으로 선거자금을 집행하는 경우가 있는데, 이는 회계원칙에 위반되는 행위다. 선거연락소의 경비도 선거연락소 회계책임자가 지출해야지 선거사무소 회계책임자가 지출해서는 안 된다. 회계능력이 어려울 경우 아래 표에 해당하는 방법으로 처리해야 한다. 넷째, 지출용 예금계좌를 통해 실명이 확인되는 방법으로 하여야 한다. 선관위에 신고된 지출용 예금계좌(1개만 가능)를 통해 수표, 체크카드, 예금계좌 입금 등 실명이 확인되는 방법으로 지출해야 한다. 따라서 현금영수증은 실명이 확인되는 방법이 아니다. 다섯째, 정당한 채권자에게 지출해야 한다. 여섯째, 선거비용과 선거비용외 정치자금으로 구분하여 지출처리 하여야 한다. 일곱째, 영수증 그 밖의 증빙서류를 구비하여야 한다.

---

1 가계의 지원 · 보조, 개인적인 채무의 변제 또는 대여, 향우회 · 동창회 · 종친회, 산악회 등 동호인회, 계모임 등 개인 간의 사적모임 회비 그 밖의 지원경비, 개인적인 여가 또는 취미활동에 소요되는 비용을 말한다.

2 정치자금의 지출목적이 위법한 것뿐만 아니라 사회상규나 신의성실의 원칙에 위배되는 부당한 경우를 말한다.

3 현금으로 연간 지출할 수 있는 정치자금은 연간 지출총액의 100분의 20(선거비용은 선거비용제한액의 100분의 10)을 초과할 수 없다(§2④).

Tip 회계책임자가 아닌 사람이 지출할 수 있는 경우

첫째, 선거운동을 할 수 있는 회계사무보조자가 회계책임자로부터 지출의 대강내역[4]을 알 수 있는 정도의 지출 목적과 금액의 범위를 정하여 서면으로 위임받은 범위 내에서 지출하는 경우(§36①)

둘째, 회계책임자의 관리통제 아래 신고된 정치자금 지출을 위한 예금계좌를 결제계좌로 하는 체크카드 그 밖에 이에 준하는 것으로 지출하는 경우(§36①)

셋째, (예비)후보자가 선거운동에 필요한 경비를 회계책임자로부터 교부받아 지출하는 경우(§39⑤)

최근 판례

❶ 회계책임자가 아닌 기초의원선거 후보자가 신고된 예금계좌를 통하지 아니하고 선거비용 지출[대법원 판결 2015.8.27. 선고 2015도8815]

❷ 연설대담 차량 경비를 부풀려 회계장부에 기재하고, 허위 증빙서류를 첨부하여 회계보고[부산고등법원 판결 2015.4.1. 선고 2015노61]

❸ 회계책임자를 겸임한 구청장후보자가 선거비용과 정치자금을 미신고 계좌로 지출[부산지방법원 동부지원 판결 2014.12.3. 선고 2014고단1881]

4) 정치자금 회계보고(정자법 §40)

공직선거 후보자 · 예비후보자 및 그 후원회 회계책임자는 정자법 제40조(회계보고)에서 정하는 기한까지 회계보고서류를 구비하여 관할 선거관리위원회에 정치자금의 수입과 지출에 관한 회계보고를 하여야 한다.

4 지출 목적과 금액이 주요 항목별로 나타나야 함을 의미하며, 모든 회계처리에 대한 포괄적 위임은 금지된다.

허위로 회계보고 하는 사례가 자주 발생하는데, 제40조의 생명은 투명성이므로 정확하게 보고해야 한다. 회계보고를 하지 아니하거나 허위로 제출하는 등 위반행위 시 제46조(각종제한규정위반죄), 제49조(선거비용관련 위반행위에 관한 벌칙)에 의거 처벌을 받는다.

최근 판례

❶ 회계책임자가 회계장부에 허위기재하고, 선거관리위원회에 허위 회계보고[대전지방법원 판결 2014.1.28. 선고 2013고합253-1(분리)]

4. 선거비용보전제도

1) 선거비용보전제도란

선거법 제122조의2(선거비용의 보전 등)의 선거비용보전제도는 선거 종료 후 보전받을 자격을 갖춘 후보자가 선거비용 보전요건을 구비하여 선관위에 보전 청구한 경우, 선관위가 확인 후 정당하게 지출한 선거비용에 대해 국가가 보전해주는 제도다. 즉, 헌법 제116조제2항의 선거공영제를 실현하기 위한 규정이다. 오늘날 금권선거 등 부정선거 억제를 통한 선거의 공정성 확보를 위해 선거공영제를 확대 시행하고 있지만, 그에 따른 도덕적 해이(moral hazard)가 곳곳에서 나타나자, 일부에서는 무임승차 문제(free rider problem)에 대한 논란이 제기되기도 한다. 일부 후보자의 경우 선거공영제의 본래 취지에 맞지 않게 이를 악용하는 사례가 발생하고 있다. 즉 불법 리베이트 수수하거나 견적서 · 세금계산서를 허위기재 하는 방식 등으로 과다하게 보전청구하는 사례, 허위로 회계보고 하는 사례 등을 들 수 있다. 그러므로 정당 · 후보자는 회계책임자가 회계의 원칙에 따라 적법하게 회계처리 하는지 감독하고 내부통제를 강화해야 한다. 왜냐하면 보전비용은 국민 세금이기 때문이다. 예를 들어 후보자 혼자 또는 가족과 함께 선거운동을 하면서 식사한 비용도 선거비용에 해당하며, 보전 대상이다. 이런 사실을 아는 유권자는 많지 않다. 선거법은 국가가 부담하는 비용으로 선거비용보전제도와 부담비용제도, 두 가지에 대해 규정을 두고 있는데, 이 책에서는 선거비용보전 제도에 대해서만 설명한다.

제7회 지선 평균 보전액

(단위: 명, 천 원)

선거별	보전청구 후보자 수			보전액			평균 보전액
	계	100%	50%	계	100%	50%	
시 · 도지사	36	33	3	41,245,373	40,611,841	633,532	1,145,704
기초장	543	499	44	57,015453	54,928,112	2,087,341	105,000
지역구광역의원	1,681	1,539	142	54,893,601	52,996,632	1,896,969	32,655
지역구기초의원	3,941	3,157	784	96,659,780	86,550,281	10,109,499	24,526
교육감	52	46	6	54,901,806	53,334,415	1,567,391	1,055,803
교육의원	3	3	-	85,276	85,276	-	28,425

* 출처: 제7회 지선 총람 일부 수정(중앙선관위, 2018)

Tip 어떻게 지출하고 많은 금액을 보전받나?

첫째, 선관위에서 제공하는《보전안내서》를 숙지해야 한다. 선거벽보 등 선전인쇄물, 시설물, 유세차량 등 항목별 보전기준이 마련되어 있으므로 이를 숙지해야 한다. 무엇보다 보전비용기준금액 범위 내에서 각종 홍보물 제작계획을 수립하는 것이 중요하다.

둘째, 정치자금 중 선거비용과 선거비용외 정치자금을 구분할 줄 알아야 한다. 선거비용외 정치자금은 아무리 많이 정당하게 지출해도 보전받을 수 없다.

셋째, 증빙자료를 정확하게 구비해야 한다. 선관위는 정당 · 후보자로부터 보전청구서를 접수한 후, 서면심사 후 업체 등을 방문하여 보전청구서상의 지출금액과 실제 지출금액이 일치하는지 여부 등 전반에 걸쳐 확인 · 조사 후 보전비용을 지급한다. 증빙자료를 정확히 구비해야 불이익을 받지 않는다.

넷째, 회계처리의 생명은 타이밍이다. 회계는 수입과 지출행위가 있으면 즉시 건마다 증빙자료를 구비한 후 프로그램 처리하여 마무리해야 한다. 그래야 현재의 지출상황 전체를 한눈에 알아볼 수 있고, 향후 선거비용을 짜임새 있게 집행할 수 있다.

2) 선거비용 보전 자격 및 보전 요건(선거법 §122의2)

선거비용 보전을 받을 자격 요건을 갖춘 아래의 후보자가 선거비용 지출 영수증 등 증빙서류를 첨부하여 선거일 후 10일까지 서면으로 선관위에 청구해야 한다. 선관위는 그 청구내역이 아래의 보전 요건을 구비하였는지 서면심사 및 현지 확인 · 조사 후, 선거일 후 60일 이내에 지출한

총선 등의 선거비용 보전 자격(§122의2①)

선거비용 보전 자격 요건	보전금액
1. 후보자가 당선되거나 사망한 경우	지출한 선거비용의 전액
2. 후보자의 득표수가 유효투표 총수의 100분의 15 이상인 경우	지출한 선거비용의 전액
3. 후보자의 득표수가 유효투표 총수의 100분의 10 이상 100분의 15 미만인 경우	지출한 선거비용의 100분의 50에 해당하는 금액
4. 후보자의 득표수가 유효투표 총수의 100분의 10 미만인 경우	없음

선거비용의 전액 또는 100분의 50에 해당하는 금액을 보전한다(법 §122의 2①, 규칙 §51의3). 참고로 제7회 지선 시 보전 요건을 갖춘 후보자에게 선관위에서 지급한 평균 보전액을 보면 시 · 도 · 지사선거는 1,145,704천원, 기초장선거는 105,000천원, 광역의원선거는 32,655천원, 기초의원선거는 24,526천원, 시 · 도교육감선거는 1,055,803천원이었다.

Tip 후보자의 선거비용 보전 요건

첫째, 선거운동기간 중 합법적인 선거운동 비용만 보전한다. 그러므로 예비후보자의 선거비용이나 선거비용외 정치자금, 공직선거법에 위반되는 선거운동을 위하여 또는 기부행위제한규정을 위반하여 지출된 비용 등은 보전받을 수 없다(§122의2①).

둘째, 회계보고서에 보고된 진실한 비용만 보전한다. 관할 선관위에 보고되지 아니한 비용 및 허위로 보고된 비용, 정당한 사유 없이 적법한 영수증[5] 등이 첨부되지 아니한 비용은 보전받을 수 없다.

셋째, 선거비용제한액 한도 내에서 지출한 선거비용만 보전한다. 합법적으로 지출한 경우에도 선관위가 공고한 선거비용제한액을 초과하여 보전받을 수 없다.

넷째, 통상적인 거래가격 또는 임차가격[6] 범위 내에서 비용 보전한다. 통상적인 거래가격 또는 임차가격과 비교하여 정당한 사유 없이 현저하게 비싸다고 인정되는 경우 그 초과 가액은 보전받을 수 없다.

다섯째, 실제로 지출한 선거운동 비용만 보전한다. 정당 및 후보자 소유의 차량 등을 사용하거나 후보자의 가족, 소속 정당 또는 제3자의 장비 등을 무상으로 제공 또는 대여받는 등 정당 및 후보자가 실제 지출하지 아니한 경우에는 보전받을 수 없다.

여섯째, 선거운동에 사용하지 아니한 차량 등의 비용은 보전하지 아니한다. 대금을 지급했다고 하더라도 실제로 선거운동에 사용하지 않은 차량 · 장비 · 물품 등의 구입 · 제작 · 임차비용은 보전받을 수 없다.

5 규칙 §51의2(선거비용 보전 및 부담비용 산정의 기준)① 참조

6 규칙 §51의2(선거비용 보전 및 부담비용 산정의 기준)② 참조

3) 선거비용 보전제한 및 반환(선거법 §135의2)

선거법 제135조의2(선거비용 보전의 제한)는 정당 · 후보자가 선거비용 보전대상인 경우에도 후보자 · 예비후보자 · 선거사무장 · 회계책임자 등과 같이 선거운동에서 중요한 역할을 담당하는 자의 위법행위가 있거나 선거비용제한액을 초과하여 지출한 경우에는 그 보전을 제한 · 유예하거나 보전된 비용을 반환하도록 규정하고 있다. 첫째, 보전제한은 전액제한(①), 위법비용의 2배 제한(②), 위법비용의 5배 제한(③) 등으로 차등제한을 하고 있으며, 둘째, 보전유예는 위법행위에 소요된 비용의 2배에 해당하는 금액의 보전을 유예한다(④). 셋째, 반환은 후보자 또는 정당에 선거비용을 보전한 후에 보전하지 아니할 사유가 발생한 경우 반환해야 한다(⑤). 자세한 내용은 생략한다.

5.
정치자금 모금·기부 등

1) 후원회란(정자법 §3)

후원회의 의의 및 지정권자

후원회라 함은 정자법에 의하여 후원회지정권자에게 정치자금의 기부를 목적으로 설립 · 운영되는 단체로서 관할 선관위에 등록된 단체를 말한다. 후원회제도는 정차지금을 필요로 하는 주체가 직접 정치자금을 받을 경우 제공자와 제공받은 자 간에 각종 비리가 발생할 우려가 있기 때문에 후원회라는 별도의 기구를 통하여 정치자금을 조달하도록 하기 위하여 도입된 제도다.

후원회가 후원금을 모금하여 이를 당해 지정권자에게 기부할 수 있는 권한을 갖기 위해서는 후원회 활동에 필요한 법정요건을 갖추고 후원회 지정권자로부터 지정을 받은 후 관할 선관위에 등록신청을 해야 한다(정자법 §7). 그러므로 후원회의 설립과정에 있는 단체 등은 정치자금법상의 후원회가 아니기 때문에 정치자금법이나 공선법 등의 보호를 받을 수 없다. 후원회 설립과정은 아래와 같다.

후원회 설립과정

(후원단체)		(후원단체)		(지정권장)		(후원단체 대표자)		(관할 선관위)
후원단체 결성 창립총회 개최	⇒	후원회지정권자 에게 지정요청	⇒	지정서 교부	⇒	후원회 등록신청 [14일 이내]	⇒	등록증교부 [7일이내]

후원회는 아래의 후원회지정권자가 둘 수 있는데, 당해 후원회의 회원 또는 회원이 아닌 자로부터 후원금을 모금하여 당해 후원회지정권자에게 기부하는 역할을 한다. 그러므로 회원 또는 회원이 아닌 자가 후원회를 통하지 않고 지정권자에게 후원금을 기부하면 정자법 제2조(기본원칙)에 위반된다. 단, (예비)후보자 등이 친족(민법 §777)으로부터 기부를 받는 경우는 무방하다.

Tip 후원회 지정권자(정자법 제6조)

- 국회의원(국회의원선거 당선인 포함)
- 총선 후보자 및 예비후보자(다만, 후원회를 둔 국회의원은 불가)
- 지방의원선거의 후보자 및 예비후보자
- 지방자치단체장의 후보자 및 예비후보자

후원회 회원(정자법 §8)

후원회 회원은 자유의사로 하나 또는 둘 이상의 후원회 회원이 될 수 있으나, 정자법 제31조(기부의 제한)제1항의 규정에 의하여 기부를 할 수 없는 자와 정당법 제22조(발기인 및 당원의 자격)의 규정에 의하여 당원이 될 수 없는 자는 후원회의 회원이 될 수 없다(정자법 §8). 후원회는 지역에서 영향력이 있거나 정치인 등이 주로 맡는 후원회장, 회계를 담당하는 회계책임자, 회원으로 구성된다. 후원회의 회원 수에는 제한이 없으므로 많을수록 좋다. 그리고 후원회의 회원은 연간 1만 원 또는 그에 상당하는 가액 이상의 후원금을 기부하여야 한다(정자법 §11⑤).

> **Tip 후원회의 회원관리**
>
> 후원회는 회원명부를 비치하여야 하지만, 더 중요한 것은 지속적으로 지정권자에게 후원할 수 있도록 후원인을 사후관리 하는 것이다. 후원회 회계책임자는 회계보고 시 수입내역에 고액기부자(1회 30만 원 초과 또는 연간 300만 원을 초과하여 수입을 제공한 자)를 별도 보고하지만(정자법 §40), 무엇보다 후원금을 지속적으로 받기 위해 소액후원인과 별도로 관리하고 있다.

2) 후원인의 연간 기부한도액(정자법 §11)

정자법은 후원인(회원과 회원이 아닌 자를 말함)이 후원회에 연간 기부할 수 있는 한도액에 대해 총액제한과 개별제한으로 이중제한 하고 있다. 총액제한으로 후원인이 후원회에 기부할 수 있는 금품은 공직선거의 유무에 관계없이 연간 2천만 원을 초과할 수 없고(§11①), 개별제한으로는 후원인이 하나의 후원회, 즉 국회의원후원회, 국회의원후보자 및 예비후보자후원회, 지역구지방의회의원선거의 후보자 및 예비후보자후원회 및 지방자치단체의 장선거의 후보자 및 예비후보자후원회에 연간 500만 원까지 기부할 수 있다. 단, 후원회지정권자가 동일인인 경우 합하여 500만 원을 기부할 수 있다(②).

후원회는 연간 모금 · 기부한도액에 관한 특례규정을 두고 있다. 총선 시 지역구에 후보자로 등록한 국회의원후원회, 지선 시 해당 선거구에 후보자를 추천한 정당의 지역구국회의원후원회의 경우 '공직선거가 있는 연도'에는 연간 모금 · 기부한도액의 2배를 모금 · 기부할 수 있으나(§13), 후원인은 이와 같은 특례규정이 없다. 따라서 후원인이 후원회에 기부할 수 있는 금액은 평년과 공직선거가 있는 연도의 구분 없이 동일하다(회답, 1992.8.10).

그리고 후원회에 후원금을 기부하는 때에는 성명 · 생년월일 · 주소 · 직업 및 전화번호를 후원회에 알려야 하나, 1회 10만 원 이하, 연간 120만 원 이하의 후원금은 익명으로 기부할 수 있다(③). 단, 후원회의 예금계좌에 입금된 후원금은 금융기관을 통해 입금 의뢰인의 인적사항을 확인할 수 있으므로 익명기부로 처리할 수 없다(회답, 2006.9.29). 그리고 연간 120만 원 이하의 후원금은 하나의 후원회를 기준으로 하는 게 아니라 수개의 후원회에 연간 120만 원까지 익명으로 기부할 수 있다(③). 후원회의 회계책임자가 익명기부한도액을 초과하여 후원금을 기부받은 경우 그 초과분은 국고에 귀속시켜야 한다(④).

Tip 소액 후원인 중심 후원금 모금

후원금 모금한도는 총선의 경우 3억 원, 지선 기초장선거의 경우 평균 8천만 원 정도(선거비용제한액의 50%) 가능하다. 과거 후원금 모금 현황을 보면 선거 · 후보자별, 현직 국회의원과 단체장 등에 따라 편차가 심하다. 후원회등록 후 바로 모금한도액을 채우는 후원회가 있는 반면, 선거종료 시까지도 채우지 못하는 후원회도 있다. 정자법 제11조의 기본 취지가 소액다수의 후원금 기부를 유도하기 위한 것이므로 후원금 모금 시 소수의 후원인으로부터 고액 후원금(500만 원)을 모금하는 것보다는 다수의 후원인으로부터 소액 후원금(10만 원 이내)을 모금하는 게 바람직하다. 왜냐하면 후원금 모금 이면에 숨어있는 표 때문이다. 후원회등록 후 바로 모금한도를 초과할 경우, 선(先) 소액 후원인 → 후(後) 고액 후원인 순으로 접수하는 방법도 고려해봄직하다.

3) 후원회의 모금·기부한도, 모금방법 등(정자법 §12~§15)

후원회의 연간 모금한도액은 국회의원 · 국회의원후보자 및 예비후원회는 각각 1억 5천만 원(후원회지정권자가 동일인인 국회의원후보자 및 예비후보자후원회는 합하여 1억 5천만 원), 지역구지방의회의원선거의 후보자 및 예비후보자후원회 및 지방자치단체 장선거의 후보자 및 예비후보자후원회는 선거비용제한액의 100분의 50에 해당하는 금액(후원회지정권자가 동일인인 경우 합하여 선거비용제한액의 100분의 50에 해당하는 금액)을 모금할 수 있으며(§12①), 후원회의 연간 기부한도액도 연간모금한도액과 같은 금액이다(§12②). 연간 모금한도액을 둔 이유는 특정 후원회에 후원금이 편중되는 것을 차단하기 위해서다.

정치자금모금 · 기부는 후원회를 통해 정치자금법에서 정한 모금방법으로(정자법 §14, §15), 모금한도 내에서 정치자금을 모금하여 후원회지정권자에게 기부하는 것이다. 후원금 모금 방법은 후원회는 우편 · 통신(전화, 인터넷전자결제시스템 등을 말함)에 의한 모금, 정치자금영수증과의 교환에 의한 모금 또는 신용카드 · 예금계좌 등에 의한 모금 그 밖에 이 법과 정당법 및 공직선거법에 위반되지 아니하는 방법으로 후원금을 모금할 수 있다. 다만, 집회에 의한 방법으로는 후원금을 모금할 수 없다. 2021.1.5자 정치자금법 개정 시 기초장선거의 예비후보자와 지방의원선거의 후보자 및 예비후보자도 후원금을 모금할 수 있도록 허용하여 예비후보자도 선거운동에 필요한 선거자금을 모금할 수 있게 되었다.

> **Tip 후원회의 정치자금 모금 주요 타깃은?**
>
> 중앙선관위에서 제21대 총선 관련 유권자여론조사 시 "국회의원 후보자 후원회에 정치후원금을 기부할 의향이 있느냐?"라는 질문에 "있다"가 21.2%, "없다"가 76.7%로 나타났으며, 40~50대의 기부 의향이 29%로 상대적으로 높았으며, 18~29세는 기부 의향이 9.3%로 낮게 나타났다. 따라서 후원금 모금 시 경제력이 있는 40대 이후의 유권자를 대상으로 모금활동을 전개하는 게 유리하다.

4) 지정권자에 대한 후원금의 기부(정자법 §10)

후원회는 정자법 제7조(후원회의 등록신청 등)의 규정에 의하여 등록을 한 후 후원인(회원과 회원이 아닌 자를 말함)으로부터 후원금을 모금하여 이를 당해 후원회 지정권자(정자법 §6)에게 기부한다. 이 경우 후원회가 모금한 후원금 외의 차입금 등 금품은 기부할 수 없다. 후원회가 후원금을 모금한 때에는 모금에 직접 소요된 경비를 공제하고 지체없이 이를 후원회 지정권자에게 기부하여야 한다.

후원회 회계책임자는 지정권자에 대한 기부 시 후원회의 후원금 지

후원회 지정권자에 대한 후원금의 기부

후원회				후원회 지정권자
후원금 수입계좌		후원금 지출계좌		지정권자 수입계좌
신고된 수입용 계좌	⇒ 이체	신고된 지출용 단일계좌	⇒ 이체	신고된 수입용 계좌

*출처: 정치자금회계실무(중앙선관위, 2020)

출계좌에서 지정권자의 수입계좌로 이체하는 방식으로 기부하여야 한다. 후원금 모금에 소요되는 비용이 많아질 경우 지정권자에게 기부할 금액이 줄어들기 때문에 소요비용을 최소화해야 한다.

6.
정치자금법상 제한·금지

1) 정치자금범죄 유형별 조치 현황

각종 공직선거를 치르며 국민의 의식수준이 높아져 선거법위반행위가 많이 줄어드는 추세다. 반면 정자법은 정당, 후원회의 회계책임자 등 관계자 외에는 정치자금범죄에 대한 기본 지식이 거의 없다. 정자법 역시 선거법 못지않게 위반 시 처벌이 엄격하다. 중앙선관위에서 발행한 제21대 총선 총람을 보면 정치자금범죄 조치 건수는 총 259건이며, 이 중에서 고발 7건, 경고 등 252건이었다. 위반사례 유형은 아래 표와 같으며, 발생 빈도는 ① 예금계좌외 수입지출, ② 정치자금 사적사용, ③ 실명기부 및 지출방법 위반, ④ 회계보고 축소, 확대, 누락 등 허위보고, ⑤ 회계책임자 외 수입지출, ⑥ 법정외 정치자금 수수 등의 순으로 나타났다.

정치자금범죄 유형별 조치 현황

(단위: 건)

구분	계	고발	수사 의뢰	경고 등
계	259	7	0	252
법정외 정치자금 수수	13	1	0	12
후원인의 납입한도 초과	2	0	0	2
기부 제한자 기부	6	0	0	6
당비 또는 정치자금영수증 미발급	4	0	0	4
회계보고서 미제출	1	1	0	0
회계보고 축소, 확대, 누락 등 허위보고	19	1	0	18
정치자금 사적사용	55	1	0	54
예금계좌 미사용	4	0	0	4
회계책임자외 수입지출	14	0	0	14
예금계좌외 수입지출	89	0	0	89
실명기부, 지출방법 위반	27	0	0	27
영수증 등 미구비, 허위기재 등	6	0	0	6
기타	19	3	0	16

* 출처: 제21대 국회의원선거 총람(중앙선관위)

2) 유튜브 등 소셜미디어와 정치자금(정자법 §2, §45)

정자법 제45조제1항은 누구든지 정자법에 정하지 아니한 방법으로 정치자금을 기부하거나 기부받은 자(정당 · 후원회 · 법인 그 밖에 단체에 있어서는 그 구성원으로서 당해 위반행위를 한 자를 말함)를 처벌하고 있다. 정치자금법에 의하여 수수가 금지되는 정치자금은 정치활동을 하는 사람에게 제공되는 금품 등 일체를 의미하며, "정치활동을 위하여 제공되는 금품으로서 정치활동을 위하여 소요되는 경비로 지출될 것임이 객관적으로 명확히 예상되는 금전 등의 수수행위에 한하여 처벌"하는 것이다(대법원 판결 2014.10.30. 선고 2012도12394). 최근에는 유튜브 등 SNS를 통한 수익활동, 즉 광고와 시청자의 직접기부(후원)가 문제 되고 있다. 적용대상은 정치활동을 하는 사람이 정치활동을 위하여 개설 · 운영하는 경우와 정치활동을 하는 사람이 실질적으로 운영하는 것으로 평가될 수 있는 수익활동이다. 후원회를 둘 수 있는 국회의원 · 후보자, 정치인 등이 온라인 후원금을 받거나 인터넷 광고료를 받는 행위를 금지하고 있으나 규제하는 데 어려움이 많다. 차라리 이를 허용한 후 사후 통제장치를 두는 등 제도개선이 필요하다.

Tip 정치자금법 제45조, 제49조를 위반하면 절대 안 돼요

정자법 제45조(정치자금부정수수죄) 및 제49조(선거비용관련 위반행위에 관한 벌칙)에 규정된 죄를 범하여 100만 원 이상 선고를 받은 경우 선거권, 피선거권 및 공무담임권이 제한된다(선거법 §18 · §19 · §266). 그리고 정자법 제45조제1항을 위반한 경우 선거사무장, 선거사무소의 회계책임자, 사실상의 회계책임자 및 후보자의 직계존 · 비속 및 배우자가 300만 원 이상의 벌금형을 선고 받을 경우 그 후보자의 당선이 무효로 된다(선거법 §265).

부록

1. 2022.3.9(수) 실시 제20대 대통령선거 주요 사무일정
2. 2022.6.1(수) 실시 제8회 전국동시지방선거 주요 사무일정
3. 선거매뉴얼 작성 예시
4. 체크리스트 작성 예시

❶ 2022.3.9(수) 실시 제20대 대통령선거 주요 사무일정

시행일정	요일	실시사항	기준일	관계법조
'21. 6. 15.까지	화	인구수 등의 통보	인구의 기준일(예비후보자등록 신청개시일이 속하는 달의 전전달 말일)후 15일까지	법§4, §60의2① 규§2①②
7. 2.까지	금	선거비용제한액 공고 · 통지 예비후보자홍보물 발송수량 공고	예비후보자등록개시일전 10일까지	규§51①②, 규§26의2③
7. 12.부터	월	예비후보자 등록 신청	선거일전 240일부터	법§60의2①
'21. 9. 10.부터 22. 4. 8.까지	금 금	재외선거관리위원회 설치 · 운영	선거일전 180일부터 선거일후 30일까지	법§218①, 규§136의2
'21. 10. 10.부터 '22. 1. 8.까지	일 토	국외부재자 신고	선거일전 150일부터 60일까지	법§218의4 규§136의4
12. 9.까지	목	각급선관위 위원, 예비군 중대장급 이상의 간부, 주민자치위원, 통 · 리 · 반의 장이 선거사무관계자 등이 되고자 하는 때 그 직의 사직	선거일전 90일까지	법§60②
12. 9.까지	목	입후보제한을 받는 자의 사직	선거일전 90일까지	법§53①
'21. 12. 9.부터 '22. 3. 9.까지	목 수	의정활동 보고 금지	선거일전 90일부터 선거일까지	법§111
'22. 1. 8.까지	토	재외선거인 (변경)등록 신청	선거일전 60일까지	법§218의5 규§136의4
1. 8.부터 3. 9.까지	토 수	지방자치단체장의 선거에 영향을 미치는 행위 금지	선거일전 60일부터 선거일까지	법§86②
1. 19.부터 1. 28.까지	수 금	재외선거인명부 등 작성	선거일전 49일부터 40일까지	법§218의8, 9 규§136의8, 9
2. 7.	월	재외선거인명부 등 확정	선거일전 30일에	법§218의13①
2. 9.부터 2. 13.까지	수 일	선거인명부 작성	선거일전 28일부터 5일이내	법§37, 규§10
		거소 · 선상투표신고 및 거소 · 선상투표신고인명부 작성		법§38, 규§11
		군인 등 선거공보 발송신청		법§65⑤
2. 13.부터 2. 14.까지	일 월	후보자등록 신청 (매일 오전 9시 ~ 오후 6시)	선거일전 24일부터 2일간	법§49, 규§20

시행일정	요일	실시사항	기준일	관계법조
2. 15.	화	선거기간개시일	후보자등록마감일의 다음날	법§33③
2. 15.부터 3. 8.까지	화 화	선거방송토론위원회 주관 대담 · 토론회 개최	선거운동기간중	법§82조의2
2. 17.까지	목	선거벽보 제출	후보자등록마감일 후 3일까지	법§64②, 규§29④
2. 20.까지	일	선거벽보 첩부	제출마감일 후 3일까지	법§64②, 규§29②⑤
		책자형 선거공보 제출	후보자등록마감일 후 6일까지	법§65⑥, 규§30⑤
2. 23.부터 2. 28.까지	수 월	재외투표소 투표 (매일 오전 8시 ~ 오후 5시)	선거일전 14일부터 9일까지 기간중 6일 이내	법§218의17①⑦ 규§136의15
2. 23.까지	수	책자형 선거공보 발송	제출마감일 후 3일까지	법§65⑥
2. 24.까지	목	전단형 선거공보 제출	후보자등록마감일 후 10일까지	법§65⑥, 규§30⑤
2. 25.	금	선거인명부 확정	선거일전 12일에	법§44①
2. 27.까지	일	투표소의 명칭과 소재지 공고	선거일전 10일까지	법§147⑧
		거소투표용지 발송 (책자형 선거공보, 안내문 동봉)	선거일전 10일까지	법§65⑥, §154①⑤ 규§77
		투표안내문(전단형 선거공보 동봉) 발송	선거인명부확정일 후 2일까지	법§65⑥, §153① 규§76
3. 1.부터 3. 4.까지	화 금	선상투표	선거일전 8일부터 5일까지 중 선장이 정한 일시	법§158의3
3. 4.부터 3. 5.까지	금 토	사전투표(매일 오전 6시 ~ 오후 6시)	선거일전 5일부터 2일간	법§155②, §158
3. 9.	수	투표(오전 6시 ~ 오후 6시)	선거일	법 10장
		개표(투표종료후 즉시)		법 11장
3. 29.까지	화	선거비용 보전청구	선거일후 20일까지(기간의 말일이 토요일 또는 공휴일인 때에는 그 익일)	법§122의2①, 민법§161, 규§51의3①
5. 18.이내	수	선거비용 보전	선거일후 70일이내	법§122의2①, 규§51의3②

2 2022.6.1(수) 실시 제8회 전국동시지방선거 주요 사무일정

시행일정	요일	실시사항	기준일	관계법조
'22. 1. 15.까지	토	인구수 등의 통보	인구의 기준일(예비후보자등록 신청개시일이 속하는 달의 전전달 말일)후 15일까지	법§4, §60의2① 규§2①②, §118①
1. 22.까지	토	선거비용제한액 공고 · 통지 예비후보자홍보물 발송수량 공고	예비후보자등록개시일전 10일까지	규§51①② 규§26의2③
2. 1.부터	화	예비후보자등록 신청 [시 · 도지사 및 교육감선거]	선거일 전 120일부터	법§60의2①
2. 18.부터	금	예비후보자등록 신청 [시 · 도의원, 구 · 시의원 및 장의 선거]	선거기간개시일 전 90일부터	법§60의2①
3. 3.까지	목	각급선관위 위원, 예비군 중대장급 이상의 간부, 주민자치위원, 통 · 리 · 반의 장이 선거사무관계자 등이 되고자 하는 때 그 직의 사직	선거일전 90일까지	법§60②
		입후보제한을 받는 자의 사직	선거일전 90일까지[비례대표지방의원선거에 입후보하는 경우 선거일전 30일: 5.2(월)]	법§53①②
3. 3.부터 6. 1.까지	목 수	의정활동 보고 금지	선거일전 90일부터 선거일까지	법§111
3. 20.부터	일	예비후보자등록 신청 [군의원 및 장의 선거]	선거기간개시일 전 60일부터	법§60의2①
4. 2.부터 6. 1.까지	토 수	지방자치단체장의 선거에 영향을 미치는 행위 금지	선거일전 60일부터 선거일까지	법§86②
5. 10.부터 5. 14.까지	화 토	선거인명부 작성	선거일전 22일부터 5일이내	법§37, 규§10
		거소투표신고 및 거소투표신고인명부 작성		법§38, 규§11
		군인 등 선거공보 발송신청		법§65⑤
5. 12.부터 5. 13.까지	목 금	후보자등록 신청 (매일 오전 9시 ~ 오후 6시)	선거일전 20일부터 2일간	법§49 규§20
5. 18.까지	수	선거벽보 제출	후보자등록마감일 후 5일까지	법§64② 규§29④

시행일정	요일	실시사항	기준일	관계법조
5. 19.	목	선거기간개시일	후보자등록마감일 후 6일	법§33③
5. 19.부터 5. 31.까지	목 화	선거방송토론위원회 주관 대담 · 토론회 개최	선거운동기간중	법§82의2
5. 20.까지	금	선거공보 제출	후보자등록마감일 후 7일까지	법§65⑥ 규§30⑤
		선거벽보 첩부	제출마감일 후 2일까지	법§64② 규칙§29②⑤
5. 20.	금	선거인명부 확정	선거일전 12일에	법§44①
5. 22.까지	일	투표소의 명칭과 소재지 공고	선거일전 10일까지	법§147⑧
		거소투표용지 발송 (선거공보, 안내문 동봉)	선거일전 10일까지	법§65⑥, 154①⑤, 규§77
		투표안내문(선거공보 동봉) 발송	선거인명부확정일 후 2일까지	법§65⑥, 153①, 규§76
5. 27.부터 5. 28.까지	금 토	사전투표(매일 오전 6시 ~ 오후 6시)	선거일전 5일부터 2일간	법§155②, §158
6. 1.	수	투표(오전 6시 ~ 오후 6시)	선거일	법 제10장
		개표(투표종료후 즉시)		법 제11장
6. 13.까지	월	선거비용 보전청구	선거일후 10일까지 (기간의 말일이 토요일 또는 공휴 일인 때에는 그 익일)	법§122의2①, 민법§ 161, 규§51의3①
7. 31.이내	일	선거비용 보전	선거일후 60일이내	법§122의2① 규§51의3②

3 선거매뉴얼 작성 예시

(A4, 횡)

신분	단위사업	분야 및 매체별	항목별	추진계획
입후보예정자	선거운동	• 선전인쇄물 ↳ ·········	• 명함 ↳ ·········	• 명함 제작시기, 매수, 인쇄소 계약 등 ↳ ·········
	절차사무	• 예비후보자등록 ↳ ·········	• 예비후보자등록신청 ↳ ·········	• 가족관계증명서 등 첨부서류 준비 ↳ ·········
	정치자금	• 정치자금 모금 ↳ ·········	• 예비후보자후원회등록신청 ↳ ·········	• 후원회장, 회책 섭외, 사무소 확보 등 ↳ ·········
	기타	• 각종 행사일정 ↳ ·········	• ○○축제 ↳ ·········	• 명함배부 시간, 수행자 등 ↳ ·········
예비후보자	절차사무	• (예비)후보자등록 ↳ ·········	• (예비)후보자등록신청 ↳ ·········	↳ ·········
	선거운동	• 선전인쇄물 ↳ ·········	• 예비후보자홍보물 ↳ ·········	↳ ·········
	정치자금	• 정치자금 모금 · 기부 ↳ ·········	• 후원회등록신청 ↳ ·········	↳ ·········
	기타	• 각종 행사일정 ↳ ·········	• ○○축제 ↳ ·········	↳ ·········
경선후보자	절차사무	• 경선후보자등록 ↳ ·········	• 경선후보자등록신청 ↳ ·········	↳ ·········
	경선운동	• 선전인쇄물 ↳ ·········	• 경선홍보물 ↳ ·········	↳ ·········
	정치자금	• 정치자금 모금 · 기부 ↳ ·········	• 정치자금 수입 · 지출 ↳ ·········	↳ ·········
	기타	• 각종 행사일정 ↳ ·········	• ○○축제 ↳ ·········	↳ ·········
후보자	절차사무	• 후보자등록 ↳ ·········	• 후보자등록신청 ↳ ·········	↳ ·········
	선거운동	• 선전인쇄물 ↳ ·········	• 선거벽보 ↳ ·········	↳ ·········
	정치자금	• 정치자금 모금 · 기부 ↳ ·········	• 정치자금 수입 · 지출 ↳ ·········	↳ ·········
	기타	• 각종 행사일정 ↳ ·········	• ○○축제 ↳ ·········	↳ ·········

❹ 체크리스트 작성 예시

(엑셀, A4 횡)

구분	항목		세부항목	체크사항	담당자
선거 사무소 설치 및 행사 개최	선거사무소 (연락소) 설치		• 장소선정	• 위치, 규모, 현수막 게시, 개소식 가능 등	
			• 계약	• 시설물 설치, 타 입주자 조망권 침해 등 명시	
			• 운영	• 팀 배치, 담당업무 지정	
	출판기념회		• 저서 집필	• 사진 등 자료 준비, 직접 집필 또는 제3자에 의뢰	
			• 출판사 선정 · 계약	• 출판사 선정, 인쇄 시기 · 부수 등 계약	
			• 행사준비	• 장소 설비, 초청장, 외빈초청, 사회자 선정, 진행요원 확보	
			• 행사개최	• 식전공연, 동영상 상영, 참석자 접견	
	개소식		• 행사준비	• 장소 설비, 안내장 발송, 음료, 현수막 게시	
			• 행사개최	• 참석자 접견, 동영상 상영, 행사	
(예비) 후보자 등록 신청 등	예비 후보자 등록 신청 · 제출	등록 자격	• 거주요건 등	• 거주요건(지선), 입후보제한자 사직기한, 피선거권	
			• 비당원확인서	• 당원가입 여부(과거 1년)[교육감, 제주교육위원]	
		서류 준비	• 등록신청서 서식	• 서식, 선거 · 선거구, 인적사항, 학 · 경력 등	
			• 가족관계증명서 및 주민등록표초본	• 거주요건 충족, 상세증명서 발급, 제출	
			• 교육경력 및 교육행정경력 증명서류	• 경력기간, 증명서 발급, 제출[교육감]	
			• 사직 · 해임 증명서	• 법정기한 내 사직(§53), 사직원접수증 또는 해임 증명서	
			• 전과기록 증명서	• 증명서 신청, 작성	
			• 정규학력 증명서	• 증명서 신청, 작성	
			• 기탁금	• 계좌입금(20/100), 후보자 명의	
			• 인영신고	• 후보자 · 선거사무장	
			• 기타	• 사진, 이력서, 사무소 약도 등	
		검토	• 사전검토	• 등록신청 전 선관위 사전검토	
		서류제출	• 등록신청서 제출	• 관할선거구위원회에 제출(위임장), 접수시간, 첨부서류	
	경선 후보자 등록 신청 · 제출	서류준비	• 등록신청서 서식	• 선거 · 선거구, 인적사항, 경력 등	
			• 경력관련 증명서	• 해당기관 발급	
			• 기탁금	• 납부영수증	
			• 기타	• 사진 등	
		서류제출	• 등록신청서 제출	• 관할선거구위원회에 제출(위임장), 접수시간, 첨부서류	

구분	항목		세부항목	체크사항	담당자
후보자 등록 신청 · 제출		등록자격	• 거주요건 등	• 거주요건(지선), 입후보제한자 사직기한, 피선거권	
			• 비당원확인서	• 당원가입 여부(과거 1년)[교육감, 제주교육위원]	
		서류준비	• 등록신청서 서식	• 서식, 선거 · 선거구, 인적사항, 학 · 경력 등	
			• 정당의 후보자추천서(정당추천)	• 중앙당 발부	
			• 선거권자의 후보자추천장 (무소속)	• 검인된 추천장, 추천인수 하한 충족	
			• 가족관계증명서	• 상세증명서 발급, 제출(외손자 확인)	
			• 교육 또는 교육행정경력 증명서	• 경력기간, 증명서 발급, 제출[교육감]	
			• 주민등록표초본	• 거주요건 충족[지선, 교육감, 제주교육위원]	
			• 재직증명서	• §16 해당자[단체장, 교육감]	
			• 사직 · 해임 증명서	• 법정기한 내 사직(§53), 사직원접수증 또는 해임 증명서	
			• 주민등록표초본	• 구시읍면동장 발행[지선]	
			• 재산신고서	• 신고기준일, 신고대상(범위) 및 재산범위, 기재사항	
			• 병역사항에 관한신고서	• 신고서 발급(병무청), 신고기준일, 신고대상, 신고사항 등	
			• 최근 5년간 세금 납부 · 체납 신고서	• 증명서 발급(세무서, 구시군청), 신고대상 기간 · 범위 · 시기	
			• 전과기록증명서	• 신고서 발급(국가경찰관서의 장), 조회대상 범죄	
			• 정규학력증명서	• 최종학력 증명서 등 발급, 학교명 · 수학기간 등, 비정규학력	
			• 공직선거 후보자등록 경력신고서	• 공직선거(교육감, 교육의원선거 포함), 실시연도 · 선거명 등	
			• 기탁금	• 계좌입금(80/100), 후보자 명의	
			• 인영신고	• 후보자 · 선거사무장 · 선거연락소장	
			• 경력방송원고(TV, R)	• TV – 글자 수, 사진, R – 글자 수[총선, 단체장]	
			• 기타	• 사진(경력방송 등), 이력서, 사무소 약도 등	
		검토	• 사전검토	• 등록신청 전 선관위 사전검토	
		서류제출	• 등록신청서 제출	• 관할선거구위원회(위임장), 접수시간(09:00–18:00)	
인적 자원 확보	(예비)후보자 후원회등록 · 신청		• 후원회장, 회책 선임	• 후원회장, 회책 적임자 선정	
			• 준비	• 정관, 취임동의서, 후원회 지정서 등 서류	
			• 등록신청	• 선관위에 등록신청	
	(예비)후보자의 선거사무장, 회책 등		• 사무장, 회책, 사무원, 활동보조인	• 자격요건, 연령 · 계층 · 성별 · 거주지역 등 고려 여부	
			• 교육계획 수립	• 강사지정, 교재 작성	
			• 자리배치, 비상연락망 등	• 서류작성, 담당 업무 지정, 표지교부	
			• 제출	• 선관위에 선임신고서 제출	

구분	항목	세부항목	체크사항	담당자
	투 · 개표참관인	• 사전투표참관인	• 인원, 적격자 선정, 신고서 작성 · 제출	
		• 투표참관인	• 인원, 적격자 선정, 신고서 작성 · 제출	
		• 개표참관인	• 인원, 적격자 선정, 신고서 작성 · 제출	
	자원봉사자	• 전화	• 명부 및 DB 작성(가족, 당원 등)	
		• 유세차량 율동	• 인원 확정	
	구전홍보단원	• 읍면동별 구전홍보	• 교육, 정황파악, 비상연락망 작성	
	전화홍보요원	• 전화, HP DB 구축	• 최대한 많이 확보	
		• 전화시스템	• 업체 계약 및 A/S, 시스템 구축, 육성 녹음	
		• 전화홍보요원 구축	• 홍보요원 DB 작성, 교육, 홍보용 문안 작성	
선전 인쇄물	명함	• 준비	• 인쇄 업체 선정	
		• 인쇄계약	• 작성수량, 인쇄비, 납품시기 · 장소 등	
		• 납품	• 규격, 디자인, 내용 적정	
	예비후보자홍보물	• 준비	• 기획도안 및 인쇄 업체 선정	
		• 인쇄계약	• 작성수량, 인쇄비, 납품시기 · 장소	
		• 납품	• 시기, 장소, 수량, 규격, 면수, 내용의 적정	
		• 발송 신고	• 선관위에 신고(발송일전 2일까지)	
		• 신청	• 세대주명단 교부신청(구시군의 장)	
	예비후보자공약집 ☞ 단체장선거	• 준비	• 인쇄 업체 선정, 원고작성	
		• 인쇄계약	• 작성수량, 인쇄비, 납품시기 · 장소 등	
		• 납품	• 도서형태, 매수, 게재내용, 필수 기재사항(앞면, 맨 뒷면)	
		• 신고	• 선관위(발간 즉시)	
		• 판매	• 통상적인 방법으로 판매	
	선거벽보 및 책자형 선거공보(정보공개 자료 포함)	• 준비	• 기획도안 및 인쇄 업체 선정, 선관위 예비검토	
		• 인쇄계약	• 작성수량, 인쇄비, 납품시기 · 장소 등	
		• 납품	• 시기, 장소, 매수, 규격, 면수, 내용의 적정	
		• 사전검토	• 인쇄 전 선관위 사전검토	
		• 선관위 제출	• 서식, 기한, 선관위 공고한 매수	
		• 동시선거 특례[지선]	• 선거명과 선거구명을 표시, 비용분담 내역	
		• 기타	• 매세대용, 점자용 구분[선거공보]	
	선거공약서 ☞ 단체장선거	• 인쇄계약	• 작성수량, 인쇄비, 납품시기 · 장소	
		• 납품	• 시기, 장소, 매수, 규격, 면수, 내용의 적정	
		• 신고	• 관할선관위(배부일 전일까지), 구시군선관위(배부 전까지)	
		• 기타	• 점자형선거공약서 작성[부담비용]	

구분	항목	세부항목	체크사항	담당자
시설물	선거사무소간판 등	• 준비	• 업체 선정	
		• 설치 등	• 간판 등의 규격 · 수량 · 재질, 특수 장비, 구조물 등	
	거리현수막	• 준비	• 업체 선정 · 계약, 게시장소 선정 및 확보	
		• 제작 · 설치	• 규격(10m² 이내), 수량(읍면동 수의 2배 이내), 재질(천)	
		• 관리	• 이동게시 날짜, 장소 등 기록	
		• 신청	• 표지교부 신청	
	어깨띠, 윗옷, 마스코트 등 소품	• 준비	• 업체 선정 · 계약, 디자인 확정	
		• 제작	• 규격 및 금액 적정	
		• 납품	• 규격, 내용 등	
		• 신청	• 표지교부 신청	
		• 기타	• 어깨띠 착용자 선정	
	유세차량	• 차량	• 계약, 입고(납품), 시운전, 선거벽보 등 선전인쇄물 부착	
		• 녹음기 및 녹화기	• 종류, 선거별 녹화기 화면 규격(m²)	
		• 로고송	• 로고송 선정, 개사 및 원고 작성, 계약서 작성	
		• 차량용 확성장치	• 성능 확인, 나발수(1개 이내)	
		• 휴대용 확성장치	• 앰프 및 마이크 확보, 크기 · 성능 확인	
		• 신청	• 확성장치 표지교부신청	
	자동차 · 선박 선전물	• 사용대수	• 사용대수	
		• 표지 등 부착	• 자동차 · 선박에 표지 및 선전인쇄물 부착(1대, 5매/10매)	
		• 신청	• 표지교부신청(→코팅)	
정보 통신 등	문자메시지	• 준비	• 업체 선정, 발송 대상 · 시기, 문안작성	
		• 발송	• 자동 동보통신 8회 발송(예비 0회, 본후보 0회)	
		• 신고	• 발송전일까지 선관위에 1개 전화번호 신고	
		• 기타	• §82의5 준수	
	전화	• 후보자	• 후보자 홍보용 HP DB 확보	
		• 전화홍보요원(자원봉사자 포함)	• 별도 문안 작성 · 제공	
		• 기타	• 심야 전화 자제	
방송 · 시설 등	선관위 주관 대담 · 토론회 ☞ 총선, 단체장선거	• 준비	• 자문 및 강의수강, 토론원고 및 답변서, 보조자료 작성	
		• 연습	• 반복적인 예행연습 실시	
		• 토론회 개최	• 토론장 도착, 분장, 리허설	
		• 설명회 등 참석	• 선관위 개최 설명회(추첨) 참석	

참고문헌

가오위안, 김정자 역(2019), 《하버드 행동력 수업》, 가나출판사.

강상구(2017), 《마흔에 읽는 손자병법》, 흐름출판.

강원택 · 박원호 · 김석호(2019), 《한국정치의 재편성과 2017년 대통령선거 분석》, 나남.

게리 켈러 · 제이 파파산, 구세희 역(2017), 《원씽》, 비즈니스북.

고토사카 마사히로, 김정환 역(2020), 《경영전략의 역사》, 센시오.

구위안, 차혜정 역(2018), 《공자가 내게 인생을 물었다》, 알에이치코리아.

권오현(2018), 《초격차》, 쌤앤파커스.

기무라 나오노리, 이정환 역(2018), 《최고의 리더는 어떻게 변화를 이끄는가》, 다산북스.

김교훈(2013), 《주역을 활용한 실전 100 손자병법》, 지식공감.

김무일(2015), 《인생한수》, 다연.

김성호(2016), 《보이게 일하라》, 쌤앤파커스.

김재광(2014), 《더 로, 인간관계를 지배하는 5가지 절대법칙》, 마리비즈.

김종철(2021), 《타인의 성장》, 클라우드나인.

김현태 외 2인(2018), 《선거비용 및 선거공영제 개선방안 연구》, 2017년도 중앙선거연수원 연구용역보고서.

김현태(2007), 《한국의 선거운동제도와 정치발전》, 오름.

김효주(2019), 《초독서》, 유노북스.

나가이 다카히사(2020), 김정환 역, 《사장을 위한 MBA 필독서》, 센시오.

나폴레온 힐, 공영훈 역(2021), 《나폴레온 힐 부자 수업》, 알에이치코리아.

니콜로 마키아벨리, 김경준 역(2007), 《마키아벨리의 권력의 법칙》, 원앤원북스.

대검찰청(2018), 《공직선거법 벌칙해설》, 대검찰청.
대니얼 카너먼, 이진원 역(2017), 《생각에 관한 생각》, 김영사.
댄 월드슈미트, 변봉룡 역(2017), 《비범한 대화》, 우현북스.
데일 카네기(2013), 《데일카네기 자기관리론 엣센셜》, 삼지사.
도널드 클리프턴 · 톰 래스, 갤럽 역(2018), 《위대한 나의 발견 강점혁명》, 청림출판.
도리스 컨스 굿윈, 이수연 역(2007), 《권력의 조건》, 21세기북스.
랜디 로스, 김정혜 역(2020), 《앞서가는 조직은 왜 관계에 충실한가》, 현대지성.
램 차란 · 래리 보시디, 김광수 역(2021), 《실행에 집중하라》, 21세기북스.
로버트 그린, 안진환 · 이수경 역(2009), 《권력의 법칙》, 웅진지식하우스.
로버트 브루스 쇼, 박여진 역(2018), 《익스트림 팀》, 더 퀘스트.
로버트 치알디니 외 2인, 김아영 역(2020), 《사회심리학》, 웅진씽크빅.
롭 무어, 이진원 역(2019), 《결단》, 다산북스.
루이스 V. 거스너 Jr., 이무열 역(2014), 《코끼리를 춤추게 하라》, 북앤북스.
르우벤 하잔 · 기드온 라핫, 김인균 외 4인 역(2019), 《공천과 정당정치》, 박영사.
리 하틀리 카터, 이영래 역(2020), 《뇌는 팩트에 끌리지 않는다》, 비즈니스북스.
리드 호프먼 · 크리스 예, 이영래 역(2020), 《블리츠스케일링》, 쌤앤파커스.
리사 보델, 방영준 역(2016), 《심플, 강력한 승리의 전략》, 와이즈맵.
리슈에칭, 정세경 역(2016), 《최고의 리더는 어떻게 사람을 움직이는가》, 라의 눈.
리즈 와이즈먼 외, 변봉룡 역(2014), 《멀티플라이어 이펙트》, 한국경제신문사.
리처드 럼멜트, 김태훈 역(2019), 《전략의 거장으로부터 배우는 좋은 전략 나쁜 전략》, 센시오.
마샬 골드스미스, 김준수 역(2017), 《트리거》, 다산북스.
마이클 E. 포터 외, 이희령 역(2019), 《하버드 비즈니스 리뷰》, 매일경제신문사.
마이클 레빈, 김민주 · 이영숙 역(2019), 《깨진 유리창 법칙》, 흐름출판.
말콤 글래드웰, 노정태 역(2019), 《아웃라이어》, 김영사
말콤 글래드웰, 선대인 역(2016), 《다윗과 골리앗》, 21세기북스.
매리언 울프, 이희수 역(2017), 《책 읽는 뇌》, 살림.
매슈 스위지, 이주만 역(2021), 《콘텍스트 마케팅 혁명》, 시크릿하우스.
미세 레더먼, 도지영 역(2019), 《아는 사람의 힘》, 유노북스.
박용상 · 이상철(2017), 《선거는 2등을 기억하지 않는다》, 바른북스.
박유진 · 김태형(2014), 《올바른 인생성공을 위한 리더십》, 양서각.

박정훈(2017), 《약자들의 전쟁법》, 어크로스.
박종훈(2018), 《역전의 명수》, 인플루엔셜.
박홍윤(2014), 《공공조직을 위한 전략적 기획론》, 대영문화사.
배연국(2016), 《거인의 어깨를 빌려라》, 지상사.
법무법인 한결(2020), 《실전선거법 A to Z》, 매일경제신문사.
브라이언 트레이시, 허선영 역(2017), 《겟 스마트》, 빈티지하우스.
빌 맥고완, 박여진 역(2017), 《세계를 움직이는 리더는 어떻게 공감을 얻는가》, 비즈니스북스.
사토 지에, 송은애 역(2019), 《스탠퍼드 9가지 위대한 법칙 인간을 탐구하는 수업》, 다산북스.
세스 고딘, 유하늘 역(2020), 《트라이브즈》, 시목.
세스 고딘, 김태훈 역(2019), 《마케팅이다》, 쌤앤파커스.
세릴 스트라우스 아인혼, 정지현 역(2018), 《치타처럼 판단하라》, 지식너머.
송근원(2010), 〈제17대 대통령 선거아젠다 구조와 이슈 경쟁〉, 《사회과학연구》 제26집 2호.
송숙희(2018), 《마음을 움직이는 단어 사용법》, 유노북스.
스즈키 히로키, 이정은 역(2021), 《전략수업》, 쌤앤파커스.
스콧 애덤스, 김인수 역(2020), 《더 시스템》, 베리북.
스탠 비첨, 차백만 역(2017), 《엘리트 마인드》, 비즈페이퍼.
스티븐 코비, 김경섭 역(2017), 《성공하는 사람들의 7가지 습관》, 김영사.
신병철(2017), 《더 좋은 해답은 반드시 있다》, 21세기북스.
신시아 A. 몽고메리, 이현주 역(2014), 《당신은 전략가입니까》, 리더스북.
쑤린, 권용중 역(2017), 《유대인 생각공부》, 마일스톤.
안병익(2016), 《커넥터 세상을 지배하는 힘》, 영림카디널.
앨런로이 맥기니스, 안진이 역(2014), 《서번트리더십》, 책찌.
앨리슨 레이놀즈 외 3인, 김미란 역(2020), 《성공하는 리더들의 철학 공부》, 토네이도.
에릭 슈미트 외 2인, 김미주 · 이엽 역(2020), 《빌 캠벨 실리콘밸리의 위대한 코치》, 김영사.
에이미 웹, 박슬라 역(2018), 《시그널스》, 사회평론.
엘렌스테인 주니어 · 존 스턴펠드, 엄성수 역(2020), 《승리하는 습관》, 갤리온.
오웨인 서비스 · 로리 갤러거, 김지연 역(2018), 《씽크 스몰》, 별글.
오윤식(2016), 《공직선거법 해설》, 피앤씨미디어.
왕중추, 허유영 역(2020), 《디테일의 힘》, 올림.
윌리엄 유리, 이수정 역(2017), 《혼자 이기지 마라》, 스몰비라이프.

유재웅(2016), 《이미지 관리》, 커뮤니케이션북스.
이남훈(2015), 《메신저》, 알에이치코리아.
이동규(2019), 《생각의 차이가 일류를 만든다》, 21세기북스.
이드리스 무티, 현호영 역(2019), 《하버드 디자인 씽킹 수업》, 유엑스리뷰.
이필재(2020), 《최고가 되려면 최고에게 배워라》, 시원북스.
장문정(2017), 《팔지 마라 사게 하라》, 쌤앤파커스.
장샤오헝, 이정은 역(2017), 《마윈처럼 생각하라》, 갈대상자.
잭 트라우트 · 엘 리스 저, 안진환 역(2021), 《포지션》, 을유문화사.
전용주 외 8인(2017), 《투표행태의 이해》, 한울엠플러스(주).
제러미 하이먼즈 · 헨리 팀스, 홍지수 역(2019), 《뉴파워: 새로운 권력의 탄생》, 비즈니스북스.
제이 배어 · 다니엘 레민, 이영래 역(2020), 《토크 트리거》, 쌤앤파커스.
제이 새밋, 이지연 역(2018), 《파괴적 혁신》, 한국경제신문.
조슬린 데이비스, 김지원 역(2017), 《인문학 리더십》, 반니.
조연심(2020), 《퍼스널 브랜딩에도 공식이 있다》, 힘찬북스.
조윤재(2019), 《내가 단단해지는 새벽공부 천년의 내공》, 청림출판(주).
조윤호(2017), 《프레임 대 프레임》, 한빛비즈.
조지 레이코프(2018), 《코끼리는 생각하지 마》, 와이즈베리.
조코 윌링크 · 레이프 바빈, 최규민 역(2019), 《네이비씰 승리의 기술》, 메이븐.
존 C. 맥스웰, 서희연 역(2009), 《작은 혁신》, 다산북스.
존 C. 맥스웰, 이혜경 역(2013), 《매일 읽는 맥스웰 리더십》, 니케북스.
존 C. 맥스웰, 김정혜 역(2016), 《인생의 중요한 순간에 다시 물어야할 것들》, 비즈니스북스.
존 C. 맥스웰, 이한이 역(2020), 《다시 리더를 생각한다》, 비즈니스북스.
중앙선거관리위원회(2019), 《공직선거법규운용자료 I · II》, 중앙선거관리위원회.
______(2020), 《공직선거법해설서 I,II》, 중앙선거관리위원회.
______(2020), 《보전비용보전안내서》, 중앙선거관리위원회.
______, 《제19대 · 제20대 · 제21대 국회의원선거 유권자 의식조사》, 중앙선거관리위원회.
______(2018), 《제7회 전국동시지방선거 유권자 의식조사》, 중앙선거관리위원회.
______(2016), 《정당 · 정자법운용자료》, 중앙선거관리위원회.
______(2016), 《정당정자법축조해설 I,II》, 중앙선거관리위원회.
______(2018), 《정치관계법사례예시집》, 중앙선거관리위원회.

———(2020), 《정치관계법사례예시집》, 중앙선거관리위원회.

———(2018), 《제7회 전국동시지방선거 총람》, 중앙선거관리위원회.

———(2020), 《제21대 국회의원선거 총람》, 중앙선거관리위원회.

중앙선거방송토론위원회(2020), 《제21대 국회의원선거 선거방송토론 백서》, 중앙선거방송토론위원회.

중앙선거여론조사위원회(2018), 《2018 선거여론조사 가이드북》, 중앙선거여론조사위원회.

———(2020), 《제21대 국회의원선거 선거여론조사 백서》, 중앙선거여론조사위원회.

짐 콜린스, 이무열 역(2003), 《좋은 기업을 넘어 위대한 기업으로》, 김영사.

———(2021), 《플라이휠을 돌려라》, 김영사.

케럴 드웩, 김준수 역(2017), 《마인드셋》, 스몰비라이프.

캠 바버, 서현정 역(2019), 《반드시 전달되는 메시지의 법칙》, 라이팅하우스.

켄 시걸, 김광수 역(2014), 《미친듯이 심플》, 문학동네.

토드 스미스, 정경옥 역(2016), 《작은 것이 중요하다》, 유니크커뮤니케이션.

토마스 라폴, 강민경 역(2019), 《피터 틸》, 앵글북스.

프레데리케 파브리티우스 · 한스 하게만, 박단비 역(2018), 《뇌를 읽다》, 빈티지하우스.

피터 드러커, 조영덕 역(2020), 《피터드러커 자기경영 노트》, 한국경제신문.

필립 델브스 브러턴, 박영준 역(2016), 《훌륭한 관리자의 평범한 습관들》, 어크로스.

하버드 공개강의 연구회, 송은진 역(2019), 《하버드 마케팅 강의》, 북아지트.